U0448402

学衡社会史丛书
主编　孙江

祖师的族谱
明清白莲教社会历史调查

曹新宇　著

商务印书馆
The Commercial Press

图书在版编目（CIP）数据

祖师的族谱：明清白莲教社会历史调查 / 曹新宇著. — 北京：商务印书馆，2023
（学衡社会史丛书）
ISBN 978-7-100-18416-8

Ⅰ.①祖… Ⅱ.①曹… Ⅲ.①白莲教－研究－中国－明清时代 Ⅳ.①B946.8

中国版本图书馆CIP数据核字（2021）第124382号

权利保留，侵权必究。

本成果受到中国人民大学重大基础研究计划"近世民间秘密宗教文书的调查、整理与研究"（14XNL002）及"双一流"跨学科重大创新规划平台——中华文史研究院支持。

（学衡社会史丛书）
祖师的族谱
明清白莲教社会历史调查
曹新宇　著

商 务 印 书 馆 出 版
（北京王府井大街36号　邮政编码 100710）
商 务 印 书 馆 发 行
北京兰星球彩色印刷有限公司印刷
ISBN 978 - 7 - 100 - 18416 - 8

2023 年 8 月第 1 版	开本 710×1000　1/16
2023 年 8 月第 1 次印刷	印张 19　3/4

定价：128.00 元

《学衡社会史丛书》总序

如果以 1929 年《社会经济史年鉴》杂志创刊、法国"年鉴学派"诞生为起始，作为历史学科的一个研究领域和一种研究方法，社会史业已走过了近九十年的岁月。在此期间，人们对社会史的理解与时俱进：从反对将历史限定为狭隘的政治史而提倡整体的、结构的历史，到追寻地方的、脱结构的历史，社会史的履历显示出她有着不断自我批判和自我超越的反省品格。唯其如此，社会史绿树常青，堪称历史学皇冠上耀眼的明珠。

在中国，社会史研究于 20 世纪 80 年代中叶"复兴"之后，作为一个研究领域，有的倡言整体史，有的钟情于社会生活史；作为一种研究方法，有的倡言多学科对话，有的则取法回归文本世界。经过三十余年的耕耘，社会史由门庭稀落变得熙熙攘攘，似乎成为一个庞杂的百货店。

返璞归真。社会史研究有必要回归对于"社会"的思考。社会是人群的结合体，其结合的方式多种多样，有村落式的，有宗族式的，有社团式的，还有现代从"单位"到"职场"的变化。研究中国历史上的人群结合方式，不能不关注被称为"秘密结社"的结合体。在过去一个多世纪的学术和大众话语中，"秘密结社"的"反社会"、"反体制"形象已经根深蒂固，成为一种广为接受的常识。然而，不要说不同时代、不同地区、不同名目的"秘密结社"，即使同一时代、同一地区、同一名目的"秘密结社"之间，都可能存在根本差异。把各种民间结社尽皆纳入"秘密结社"这一话语范畴，接下来势必涉及更加根本的问题：何为中国社会？如何认识和叙述中国社会？正因为此，我们认为"秘密结社"研究可以成为深化中国社会史研究的突破点。当然，本丛书收录的著作和译著并不限于"秘密结社"，但凡与人群结合有关的实证研究和理论研究，皆为我们欢迎的对象。

南京大学曾为社会史研究的重镇，在20世纪八九十年代社会史研究的复兴过程中发挥过举足轻重的作用。作为一个秉持"全球本土化"宗旨的跨学科研究机构，南京大学学衡研究院自2014年成立之后，即以社会史作为重点研究方向之一。我们希望通过这套丛书的出版，赓续南京大学的社会史研究传统，为深化对中国社会的理解尽绵薄之力。

目 录

引 言 / 1

第一章 村落
——膳房堡的故事 / 8

一、李世瑜《现在华北秘密宗教》留下的问题 / 8

二、膳房堡教案前奏：华北三省的"逆词" / 12

三、膳房堡的祖师：道统、血统与庙产 / 18

四、膳房堡的许姓：村落里的庙权与教权 / 28

五、更多的教派谱系：跨地域的道门网络和复合型的宗教权威 / 42

六、庙宇、圣职与宗教权威的继续"层累"："新道门"的引入 / 57

七、村社与跨村社宗教：村落的义务与摊派 / 65

八、尾声：近代化乡村政治中的物质资源与象征资源 / 69

第二章 宗族
——祖师的族谱 / 73

一、万全发现的《老祖家谱》/ 75

二、祖师的原籍 / 81

三、祖师的家布 / 83

四、想象的宗图与宗族 / 85

第三章 卫所
——戍边军户的来源与生计 / 88

一、卫所制度的特点 / 88

二、籍军建卫的办法 / 91

三、万全左、右卫的建置及其旗军的来源 / 93

四、万全左、右卫建卫后的沿革 / 98

五、拨兑 / 99

六、卫所余丁的出路 / 104

第四章 夫妇
——普明、普光组成的边堡家庭 / 123

一、卫所婚姻 / 124

二、天缘相凑 / 126

三、新发现的普明夫妇年表 / 132

四、王氏娘家的史料 / 136

五、男女双修 / 142

六、李普明去世后的王氏 / 149

第五章 经典（上）
——"成化禁书"的消息 / 162

一、《三煞截鬼经》/ 166

二、"银城图"考 / 179

第六章 经典（下）
——"最早的"教派宝卷 / 191

一、《佛说皇极结果宝卷》的年代之争 / 193

二、"永乐—十年代"刊本的问题 / 196

三、现存三个版本的关系 / 199

  四、被隐藏起来的祖师 / 202

  五、"摘光"的意义 / 203

  六、摘光祖的身份 / 208

  七、普贤的丈夫 / 210

参考文献 / 214

附　录

  附录一　"新发现"的重要明清秘密宗教文献（《明清秘密社会史料撷珍·黄天道卷》代导言）/ 228

  附录二　《明清秘密社会史料撷珍·黄天道卷》总目录 / 237

  附录三　新发现黄天道符图牌印 / 241

  附录四　"民间"何在？——评述曹新宇新著《祖师的族谱：明清白莲教社会历史调查之一》/ 289

后　记 / 301

引 言

　　2012年夏天，笔者在长城脚下的河北省万全县发现了一批罕见的民间文书。这批文书大部分是明、清、民国时期刊刻、抄写、制作的民间教派宝卷。当中有九种大型彩绘帛书宝卷，还有不少失传已久的宝卷抄本，均为学界从未见过的孤本。[①] 宝卷是民间文书里的"席上珍"，历来为民间文献研究者所重视。而且我在华北田野调查这么多年，还从未见过如此完整的一个"文库"，保存这样完好。惊喜和震撼之余，我试探提议：能否出版这批文书，把它们公布给学术界使用？文献收藏者李凤云（化名）女士托人捎话："动这些经卷，需要一件'信物'。"

　　原来，她的藏品中有一件帛书，大小约85cm×95cm，上有半方大印，朱砂绘制，约占整个帛书的一半。（见图0-1）

　　找她拿经卷，就请准备好另一半印。如果

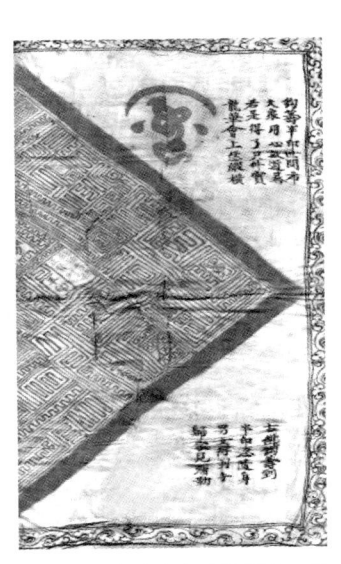

图0-1　珣璃半印（局部），见清代帛书《普明遗留半印真宝》[②]

[①] 这批文献概况，参见拙稿《明清民间教门的地方化：鲜为人知的黄天道历史》，《清史研究》2013年第2期，第1—25页；《新发现的重要明清秘密宗教文献（代导言）》，载曹新宇主编：《明清秘密社会史料撷珍·黄天道卷》第1册，台北博扬文化事业有限公司，2013年，第1—8页。

[②] 曹新宇主编：《明清秘密社会史料撷珍·黄天道卷》第1册，第292页。

两个半印契合，就证明是"贵人"来访，这批文献不仅可供查阅，而且可以随时拿走。

不用说，这个"条件"令我非常惊讶！85岁的老人（2012年）说出这番话来，自然是很认真的。听得出来，很长时间里，她一直在等待另外一个半印的出现。后来我才知道，这批经卷与帛书，在她家里已经保管了两代。直接委托李女士保管经卷的，是她已故的丈夫子祥先生。而传给子祥的，是他的父亲崇善先生。一个多世纪了，从未有人前来打听这些经卷的下落。

更让我惊叹的是，这个普通人家一百多年来坚守承诺的这份"执着"——不用说清末民国时期中国所经历过的一系列剧烈的战争与革命运动，就在1949年以来的"破四旧"和"文化大革命"中，家里保存这样一大批经卷，也要冒很大的风险！显然，这些经卷对她来说，意义不同寻常。她甚至没有因为多年无人来访，就忽略了对经卷的保管，或将其视为己有。在民间"文物热"与商品化意识无孔不入的今天，这样的例子可真不多见！

类似的半印，我在民间教派经卷中见过。从文字来看，似乎是道门内部所谓"末后"时分躲避劫数的符印。我一直怀疑，这种半印，是否只是道教经卷上"道符"的某种衍生品。李女士的这个"条件"，提醒我它还具有组织与联络的功用。此外，通过"合符对印"来确立某种契约式的权利关系，不是封闭的农村社区或缺乏文书系统的"小传统"文化的产物。在历史上，只有当国家权威需要对农村土地、财产契税进行管理时，才出现这种方式。而在民间，这种验证形式，只有在跨村落、跨熟人圈的复杂社会交易体系中，才具有实际意义。也就是说，任何一个陌生人，都有可能带着另一个半印，随时找上门来，而李凤云女士对此，也不会丝毫感到奇怪。这也隐约表明，她所收藏的帛书，某种意义上，是教团内的"公产"，而另外一个半印，就是通往这份"公产"的钥匙。

这些年来，我也收藏了一些"半印"。但我的"半印"多是纸本的，没有帛书上的半印那么大，自然也没有一个能够与李女士的半印契合。不过，这批民间珍藏的魅力，最终让我说服了自己：即便无法契合，我的"半印"，起码可以证明我不是"外行";另外,我还有现代社会"专业研究人员"的"身份",至少人家不会疑心我是江湖骗子。

如果不是"佛法有应",那一定是多年来在这些农村、乡镇里度过的时光,为我赢得了真诚的友谊!最终,在当地朋友的帮助下,我勉强通过了李凤云老人的"审查",文献终于得以出版。①不过,直到今天,我也不清楚老人家最终同意的原因。只是,事后她的儿子丁山先生(化名)告诉我一个"因缘":我的某位祖先,极可能与他的祖上,是同会的善友!

丁山先生所说的"同会",指的是"黄天道",即这些经卷归属的一个道门。黄天道是一个富于传奇色彩的民间教团。明嘉靖三十三年(1554),由宣府西路万全右卫戍边守军李宾创立,初期主要在直、鲁、秦、晋等地传播,明末清初传到江南。②清乾隆年间,万全黄天道涉案,"称佛作祖"的李家后人,以及传抄"违碍"经卷的几个道徒,都遭到清廷镇压。但到了清末同治、光绪之际,黄天道又秘密恢复。民国初年,还一度出现"复兴",在万全县及附近的怀安、阳原等地,成立了不少佛堂。当地人多称其为"黄会"。

李凤云老人则不太说黄天道,或是黄会,她用的词是"法门"。她虽不是出家人,但也有几分脱俗的尊严。李凤云自幼身体不好,17岁随母亲吃素,就算是入了会。她只读到高小,但经卷上的字都念得出来。看得出,她是勤学的人。李凤云很遗憾这辈子没读成书。她外祖父家算得上是书香门第,小时候外祖父教她念的《增广贤文》,至今她还背诵得出来。除了"书香门第",在她心目中,另外值得敬重的,就是"法门"里的经卷。在她看来,世俗教育与"法门",都是通往知识和教养的善举,没有任何冲突之处。

但李凤云毕竟不是民间文献的"专家",她常念的经,仅限几个小手

---

① 参见曹新宇主编《明清秘密社会史料撷珍·黄天道卷》,感谢当地学者振山、丁山先生,以及台湾南台科技大学王见川教授、博扬文化事业有限公司杨莲福社长在出版事宜上的大力帮助。

② 《普明遗留周天火候金丹蜜指心印妙诀》,载曹新宇主编:《明清秘密社会史料撷珍·黄天道卷》第2册,第1—31页。

本。保护经卷的"愿力",终究不同于研究文献的热情。这么多年来,她并没有去专门研究保存下来的那些经卷。家里唯一熟悉"法门里事情"的,是她的丈夫子祥先生。① 她和她的儿子都对我说,如果子祥先生还在世的话,我的调查一定会有更大的收获。当然,今天在华北以及其他地区抢救这类民间文献,类似的遗憾,差不多成了一个永恒的主题。

黄天道在中国民间教派学术史上具有特殊的地位,它是中国学者最早实地调查的民间教派。1947 年,李世瑜先生赴察哈尔省万全县(今属河北省)考察黄天道,开创了中国学者实地调查秘密宗教之先河。此后半个世纪中,泽田瑞穗、司徒洛娃(Э. С. Стулова)②、石汉椿(Richard Shek)、马西沙、喻松青等海内外学者,相继利用公、私收藏黄天道文献,以及清代官书、档案,发表过有关研究。近年来,王见川、宋军、太田出等学者,在古旧书市发现了不少黄天道经卷,拓展了学界已知的黄天道文献。

20 世纪 50 年代到 90 年代,推进黄天道研究的学术著述,主要有以下五种:泽田瑞穗《初期的黄天道》(日文)③;石汉椿《没有造过反的千禧年末世论:华北黄天道》(英文);④ 喻松青《明代黄天道新探》⑤;马西沙《黄天教源流考略》⑥;王见川《黄天道早期史新探——兼论其支派》⑦。这五种论著都是利用黄天道内部道书的重要成果,较之前述李世瑜先生的调查报告,取得不少进展。20 世纪 90 年代后期,王见川等学者公布新发现黄天道资料。此

---

① 参见拙稿《明清民间教门的地方化:鲜为人知的黄天道历史》,《清史研究》2013 年第 2 期。
② 俄罗斯东方学院圣彼得堡分院藏《普明宝卷》,〔俄〕司徒洛娃校注,参见 Э.С. Стулова, *Баоцзюань о Пу-мине*, Москва, Главная редакция Восточной литературы, Памятники письменности Востока LVI, 1979。
③ 〔日〕澤田瑞穗:「初期の黄天道」、氏著『増補寶卷の研究』、國書刊行會、1975、343—365 頁。
④ Richard Shek, "Millenarianism without Rebellion: The Huangtian Dao in North China," *Modern China*, 8 (No.3, 1982): 305-336.
⑤ 喻松青:《明代黄天道新探》,收入氏著《明清白莲教研究》,四川人民出版社,1987 年。
⑥ 马西沙:《黄天教源流考略》,《世界宗教研究》1985 年第 2 期。
⑦ 王见川:《黄天道早期史新探——兼论其支派》,载王见川、蒋竹山编:《明清以来民间宗教的探索——纪念戴玄之教授论文集》,台北商鼎文化出版社,1996 年。

后，日本学者大部理惠、浅井纪相继发表了有关论文①，喻松青又发表《〈八牛宝赞〉探研》。②台湾学者吴昕朔也利用这些资料，完成以"明清黄天道"为专题的硕士学位论文。③

20世纪90年代以来，国内外不少学者重访李世瑜当年田野调查的地方。20世纪90年代中期，秦宝琦先生曾走访河北省万全、怀安、阳原等地，查阅地方档案，并与当地学者开过座谈会。④从1998年开始，笔者为了撰写博士学位论文，曾在山西大同，河北阳原、保定、定州、邢台、邯郸，以及山东青岛等华北农村地区进行田野调查。2004年前后，又多次在北京密云、延庆、官厅，以及河北万全、怀安、蔚县等地调查。另外，据笔者所知，路遥、梁景之、浅井纪、小武海英子、王大为（David Ownby）、王见川、范纯武、赵昕毅等学者，也都访问过李世瑜先生当年调查的地方。

需要指出，研究民间秘密宗教的历史，是一项艰苦琐碎的学术工作。由于民间秘密宗教所处的环境复杂，种种外部压力没有彻底取消，这类田野工作，要比一般的社会史或社会人类学的田野调查，付出更多的辛劳。真正做到"以民间史料写民间历史"，绝非易事。民间史料本属零散、支离，何况秘密宗教，一向在政治上和文化上受到打压与贬斥，他们的内部文献，就更不容易存留下来；而这类文书的保管人对于忽然"闯入"的调查者，也往往保持更多的警惕。

20世纪30年代，著名史学家魏建猷先生即感叹历史上的民间秘密教派"永久处于秘密形势之下"，"其经典多被焚毁，故世罕传本。即有少数流

---

① 〔日〕大部理惠「中国明清代民間宗教結社の教義に関する一考察 — 黄天道の宝卷を中心として」、『言語・地域文化研究』第2号（1996年3月）、177—204頁。淺井紀「黄天道とその宝卷」、『東海大学紀要・文学部』第67輯（1997）、1—19頁。

② 喻松青：《〈八牛宝赞〉探研》，载王春瑜主编：《明史论丛》（二），兰州大学出版社，2003年，第301—321页。

③ 吴昕朔：《中国明清时期的黄天道：宗教与政治层面的考察》，台湾政治大学宗教所硕士学位论文（李丰楙教授指导），2005年。

④ 秦宝琦、晏乐斌：《地下神秘王国—一贯道的兴衰》，福建人民出版社，2000年，第72—93页。

传，亦决非外人所得见，此研究社会学历史学者不得不引为憾事也！"① 直到20世纪80年代初，台湾著名民间宗教学者宋光宇先生，在概括"无生老母"宗教的特点时，也曾感叹："只可惜，如今已看不到明朝各种宝卷全文。"② 著名学者、藏书家周绍良先生，将自己经眼的公私收藏明代民间经卷，与明人朱国祯《涌幢小品》载成化"妖书"目录对比之后，也不禁感慨，成化目录所载禁书90种，"可惜今天一本也没发现过！"③ 以周绍良藏书之丰富，学识之渊贯，仍然发出这样的感喟，民间道门经卷之难得，可见一斑。

材料上的限制，也在"圈内"造就了一些不尽如人意的研究"方法"。例如，"按名索骥"，以经卷的名称推测其内容，或以教团的名称推论其渊源。这样一来，豕亥鱼鲁，自不待言。"巧妇难为无米之炊"，多数情况下，上述"危险"的推论，并非完全是由于研究者本人粗率所致，实在是材料缺乏，"不得已"而为之。20世纪30年代末，吴晗先生考证"明教与大明帝国国号"之关系时，竟然没有找到元末明初"红巾教"的任何经卷文献（此后，学界也一直没有发现）。④

很多时候，即便发现了新的道门经卷，将其"复原"到具体的历史环境当中，难度也非常大。1948年，李世瑜先生在北京德胜门外的一个道首家中发现了《家谱宝卷》残本七、八、九品，钻研54年之后，才发表公布自己的考证。⑤ 这一方面与李老本人治学严谨有关；但另一方面，也说明民间道门文献背景复杂，艰涩费解。一般研究者难以登堂入室，深入研究。因

---

① 魏建猷：《跋黄育楩〈破邪详辩〉》，《燕京大学图书馆报》，第44期，1933年2月15日，第1—2页。

② 宋光宇：《试论"无生老母"宗教信仰的一些特质》，载台湾"中研院"：《历史语言研究所集刊》第五十二本，第三分（1981），第579页。

③ 周绍良：《无为教经三种》，载北京图书馆《文献》丛刊编辑部编：《文献》第十八辑，书目文献出版社，1983年，第200页。

④ 参见吴晗：《明教与大明帝国》，《清华学报》第13卷第1期（1941年），第49—85页；收入氏著《读史札记》，生活·读书·新知三联书店，1956年，第235—270页。

⑤ 李世瑜：《〈家谱宝卷〉后部七、八、九品校释》、《〈家谱宝卷〉后部七、八、九品研究》、《〈家谱宝卷〉后部缺品补》，收入氏著《宝卷论集》，台北兰台出版社，2007年，第137—293页。

此，1992年马西沙、韩秉方先生合著《中国民间宗教史》，结合当时所见民间教派经卷，比较全面地梳理了清代中央档案中民间教派案件的史料，对后续研究者帮助很大。《中国民间宗教史》已出版20多年，今天看来，不少结论，需要重新考虑。①但该书廓清民间教派案件的档案史料脉络，用力甚勤，功不可没。

具体到黄天道研究，20世纪90年代后期王见川、宋军等学者公布的黄天道经卷，非常重要，值得深入研究。②但这批文献，如见川教授所言，大多购自古旧书店、古玩市场，研究者难以复原其具体的社会历史环境。而仅从局部的新发现来看，很多文献具体的创作年代，也难以考订清楚。加上现存清代黄天道档案史料，除了乾隆二十八年（1763）黄天道案的奏禀之外，并不多见。官书、地方志、文人笔记，或有涉及，也多语焉不详。这批珍贵文献的史料价值，因之受到限制。

2013年，最新发现的黄天道"文库"，经过紧张的合缀、修补工作，已经影印出版。对于苦于资料难得的民间教派研究领域，这么一大批民间教团内部集中保存的经卷文献，应该说是一个不小的"发现"。加上此前王见川教授和宋军博士等学者发现的黄天道文献，黄天道的"内部文书"，比明清时期任何其他民间道门的文献都要完整。这些珍贵的民间文书，又可以为我们揭开多少民间教派的秘密呢？

---

① 参见王见川：《关于〈金幢教渊源史实辨证〉——兼论明清民间宗教的某些问题》，载王见川、江灿腾主编：《台湾斋教的历史观察与展望——首届台湾斋教学术研讨会论文集》，台北新文丰出版公司，1994年，第275—306页；曹新宇：《〈立天卷〉与收元教》，载曹新宇、鲍齐、宋军：《中国秘密社会》第三卷《清代教门》，福建人民出版社，2003年，第18—27页；杨讷：《元代白莲教研究》，上海古籍出版社，2004年，第140—141页。

② 这批黄天道经卷部分已经影印出版，具体文献见王见川、车锡伦、宋军、李世伟、范纯武编：《明清民间宗教经卷文献续编》，台北新文丰出版公司，2006年；对于同批发现黄天道经卷的介绍，参见宋军：《新发现黄天道宝卷经眼录》，《台湾宗教研究通讯》第6期，台北兰台出版社，2003年，第137—155页。

第一章　村落
——膳房堡的故事

近年来，为了研究黄天道，笔者经常到河北省万全县做田野调查。工作中，多次遇到热心桑梓的当地学者追问：为什么要研究黄天道？或者，万全黄天道在全国（同类的民间教门中）算得上第几？[①]这些关于"学术价值"和"排名"的问题，包含着当下"文化活县"经济战略下的某种考虑[②]，但无疑也是当地学者对乡土文化资源的珍视和推崇。不过，这样的问题，回答起来，着实令人犯难。好在李世瑜先生1948年出版的《现在华北秘密宗教》，第一章就是"黄天道"。该书是中国学者研究秘密宗教的拓荒之作，因此，按照这种"排序"，黄天道自然是"第一"。

一、李世瑜《现在华北秘密宗教》留下的问题

黄天道被学术界"发现"，是个"意外"。李世瑜在辅仁大学社会学系就读时，因在赵邦贤先生指导下，出色完成了调查平津一带一贯道、在理

[①] 2004年以来，笔者与河北省张家口市及万全县的学者合作开展对黄天道的田野调查。
[②] "文化活县"指保护、开发、利用有地方特色的传统文化资源，吸引游客观光、度假，搞活经济。

第一章　村落
——膳房堡的故事

教、圣贤道、理门的论文，毕业后被保送至辅仁大学人类学研究院继续深造。1947年夏天，他随导师贺登崧（Willem A. Grootaers）在万全一带调查当地的庙宇、神明、民俗、方言。[①] 在实地调查中，有关"普明"的神明崇拜，引起了李世瑜的注意。最初，他发现当地人俗称的"普明爷爷"一家五口的崇拜，是附着在县城和万全西南部的各个村庙里面的。后来得知，普明的祖庙，在本县东北的膳房堡，便向北进入山区，直奔长城脚下的膳房堡。堡城迤西的大庙，就是黄天道的普佛寺，但直到折回万全南部的张贵屯，他才意识到普明崇拜的宗教意义。这里的普佛殿，在三官殿旁边，里面立有五尊塑像，与普明奶奶和家人在一起的，是头戴粉红色莲花冠的一尊大肚弥勒佛像——显然，普明在黄天道内，就是弥勒佛的化身。[②] 李世瑜有研究一贯道等道门的经验，明白弥勒佛在秘密道门中意味着"当来佛"和"救世主"。万全的黄天道，创自明嘉靖年间。清乾隆年间，因在寺中查出逆词，黄天道大庙被官府下令摧毁。光绪初年，黄天道再度复兴。直至1947年李世瑜调查的时候，仍顽强地生存在当时贫困、衰败、濒临破产的乡村世界。发现这样一个有"历史"的黄天道，与民国时期城市里活跃着的道门在教理上有很多一致性，让他感到兴奋。[③] 黄天道的调查取得了重要发现，也留下不少疑问。李世瑜已经注意到，他收集的资料，彼此间存在不少"矛盾"：黄天道的中心在膳房堡大庙。但据当地县志记载，庙里不只有黄天道，还有"明、黄二会"争寺。争执不下，后由十八村轮流经管。明、黄二会究系何指？因何争庙？十八村又何以接管？另外，黄天道的某些寺庙，主张自身有不同的来源，似乎并不赞同膳房堡的中心地位。

---

① 贺登崧是比利时圣母圣心会（C.I.C.M）神父，辅仁大学人类学研究院方言地理研究室教授。他主持的宣化、万全一带的方言、庙宇调查，是其在大同地区调查的继续。万全庙宇的调查，见Willem A. Grootaers, "Temples and History of Wan-ch'üan (Chahar): The Geographical Method Applied to Folklore," *Monumenta Serica: Journal of Oriental Studies*, 8 (1948): 209-316. 另见李世瑜：《我的治学道路》，收入氏著《社会历史学文集》，天津古籍出版社，2007年，第1页；氏著《现在华北秘密宗教》，华西协合大学中国文化研究所、国立四川大学史学系联合印行，1948年，第9页。

② 李世瑜：《现在华北秘密宗教》，第12页。

③ 李世瑜：《万全县的黄天道》，《文藻月刊》，南京，1948年4月，第3页。

李世瑜发现，赵家梁村普佛寺的碑文上"所说的黄天道，好像和膳房堡全无关联"。而庙主赵尔理与李的谈话，也似乎"是有意的要和膳房堡脱离关系"。①当时黄天道尚处于"秘密"状态，这些问题又涉及当地宗教生活的很多细节，不是一次调查就可以解决的。李世瑜也表示，"因为再无其他材料，所以不便再加以研究"②。

黄天道之外，《现在华北秘密宗教》还记述了一贯道、皈一道、一心天道龙华圣教会三个道门。而李世瑜收集的材料，涉及其他十个类似组织，即理教、蓝卍字会道院、黄卍字会道院、世界红卍字会道院、道德社、悟善社、同善社、救世新教、圣贤道、九宫道。③其中，理教、蓝卍字会、黄卍字会和世界红卍字会，对外以慈善活动为主，社会上由上层人士主持，流于半秘密，秘密宗教性质已经丧失。道德社类似蓝卍字会，而且没有收集到丰富的材料；而悟善社、同善社、救世新教，均活跃于民国十年（1921）前后，不属"现在"，只好暂时割爱。④李世瑜对"秘密宗教"的这种分类，有其时代特点。在他看来，黄天道这一已有400年以上历史的民间道门，与一贯道等总部设在城市里的"新兴道门"，都是华北秘密宗教的组成部分。黄天道的发现，为以"劫变论"为核心信仰的新兴道门找到了一个更为久远的历史例证。

李世瑜的《现在华北秘密宗教》，已经被列为海内外汉人宗教研究的重要"文献"。他的调查研究成果，已经被纳入杨庆堃、芮马丁（Emily Martin Ahern）等学者构建的"理论"框架，成为社会人类学中国宗教理论的重要经验材料。⑤不过，由于历史原因，李世瑜开拓的民间道门研究，很长时间

---

① 李世瑜：《现在华北秘密宗教》，第18页。
② 李世瑜：《万全县的黄天道》，第8页。
③ 李世瑜：《现在华北秘密宗教》，第2页。
④ 《现在华北秘密宗教》为什么没有包括圣贤道、九宫道，李世瑜没有说明。
⑤ C. K. Yang, *Religion in Chinese Society, A Study of Contemporary Social Functions of Religion and Some of Their Historical Factors*, Berkeley: University of California Press, 1961, pp. 230-232; Emily Martin Ahern, *Chinese Ritual and Politics*, Cambridge: Cambridge University Press, 1981, p. 90.

内，没有获得中国大陆主流学术界的后续支持。① 直到 20 世纪 80 年代，随着社会史研究的兴起，中国学者才开始从秘密社会史的秘密宗教专题研究中，重新开始对这些"新兴道门"的探索。

然而，自从 1995 年杜赞奇（Prasenjit Duara）批判学术界忽视对近代中国"救度团体"（redemptive society）的研究之后，原来多限于人类学家讨论的民间教派，或上述李世瑜研究的民国时期的各个大开普度的民间道门，引起更多西方学者的关注。②

但值得注意的是，欧美人类学家关于民间道门的研究，主要针对的是近代城市化背景下兴起的"新兴道门"。人类学家焦大卫（David K. Jordan）③、孔迈隆（Myron L. Cohen）④、桑高仁（Steven Sangren）⑤、王斯福（Stephan Feuchtwang）⑥、魏乐博（Robert P. Weller）⑦等人所做的田野工作，都是围绕先天道系统，特别是一贯道的佛堂展开的。上述人类学家的观察和分析，倾向于把"道门"从传统中国宗教环境中"异化"出来。史学著作中从秘密宗教到"农民革命运动"的单线性话语，因之成为社会科学理论解读中国宗教社会"结构性"冲突的历史证据：民间道门从仪式、组织、宇宙观到救赎方

---

① 日本学者对这些组织做过些零星的研究，如吉冈义丰、酒井忠夫、泽田瑞穗等学者曾在日本侵华战争期间，收集当时不少民间道门的道书、善书，"二战"后日本研究近世中国民间道门即滥觞于此。

② 另一个背景是 20 世纪 70 年代以来，宗教在当代中国的政治、社会领域里，仍然扮演着不可忽视的角色。在中国，天主教、基督教（新教）、佛教、道教、伊斯兰教以及各种新兴宗教发展很快，而在世界范围的华人文化圈，中国传统的宗教仪式和民间教门，以及新形势下出现的各类修炼活动和气功运动，也有较大影响。

③ David K. Jordan, "Foreword," in David K. Jordan & Daniel L. Overmyer, *The Flying Phoenix: Aspects of Chinese Sectarianism in Taiwan,* Princeton: Princeton University Press, 1986.

④ Myron L. Cohen, "Souls and Salvation: Conflicting Themes in Chinese Popular Religion," in Watson & Rawski, eds., *Death Ritual in Late Imperial and Modern China,* pp. 180-202.

⑤ Steven Sangren, *History and Magical Power in a Chinese Community,* Stanford: Stanford University Press, 1987.

⑥ Stephan Feuchtwang, *Popular Religion in China: The Imperial Metaphor,* London: Curzon, 2001.

⑦ Robert P. Weller, *Resistance, Chaos, and Control in China: Taiping Rebels, Taiwanese Ghosts, and Tiananmen,* Seattle: University of Washington Press, 1994.

式，都被看作中国宗教的"异数"和"他者"，因此，民间道门与传统社会的冲突不可避免。尽管近年来的实地调查研究，已经注意到道门与乡村社会宗教传统的同质性①，但从整体上来说，西方研究者倾向认为，中国民间教派与佛教、道教以及村社、香社、宗祠等宗教性组织，存在着结构性的差异。②

然而，如果从李世瑜的"发现"来看，现在的研究并不均衡。那些基于近代城市环境中的"新兴道门"的调查研究，恐怕只能反映整个"道门"传统的局部面向。而黄天道这类"老派"的"明清新兴宗教"，在中国民间宗教的探索当中，似应获得更多的关注。

最近的历史研究表明，民间教派在同一地域，甚至同一村落社区的存在，远比单个朝代的历史更为长久。揭示民间教派在不同阶段的生存实相，无疑将有助于我们解读地方社会形成的"秘密"，而这些浮出历史冰面的"例证"，反过来，也将帮助我们更好地理解明清国家与民间社会的共同历史。③

二、膳房堡教案前奏：华北三省的"逆词"

乾隆二十七年（1762）的一个夏日晌午，直隶正定的几个绿营兵丁在路上拾到一份附有名单的"逆词"。这几人看过后，随即上报官厅。他们一定没想到，"逆案"一旦查不出下落，"报案人"也有危险。果然，这几个可怜的兵丁很快即被一并抓捕，并被严加拷问是否预知逆情。到了七月，案情有

---

① Thomas Dubois, *The Sacred Village: Social Change and Religious Life in Rural North China*, Honolulu: University of Hawai'i Press, 2005.

② 高万桑（Vincent Goossaert）和宗树人（David A. Palmer）对这个问题的理论反思和学术史梳理，做过一个很好的总结，见 Vincent Goossaert & David A. Palmer, *The Religious Question in Modern China*, Chicago: The University of Chicago Press, 2011, pp.20-41。

③ 由于资料所限，以往学界对黄天道的研究，仍侧重教理、教义方面的文本整理，尚未触及黄天道与地方社会的关系。就连李世瑜先生本人，也认为万全历史文物破坏严重，通过人类学调查，难以深入。

了进展，直隶总督方观承向乾隆皇帝奏报，已经抓获逆词名单上的"案犯"六人，"逆词"原本，也随奏疏上呈御览。

不料，乾隆帝阅罢"逆词"，勃然大怒，大骂"横肆狂悖，从来未有大逆之尤！"当即命令军机大臣将"逆词"原本烧毁。转念，又命将原本年月姓名等页揭下，廷寄直隶总督方观承，令其在办案中核对笔迹使用。是何等"逆词"，竟然引得乾隆帝盛怒？"上谕"中只说逆词"不忍寓目"。从更多的档案、官书中我们可以知道，"逆词"中提到"赵、李"等姓，另有"四月十五出令，五月端阳聚会"，以及"清茶教"、"做买做卖人不见"与"到北京"等几句，似隐藏着预言国家兴废的谶语，被乾隆帝特意摘出，以示其何等"悖逆"。[①]

乾隆帝怒气未消，方观承又上一疏，奏称案情有所突破，现获磁州彭城镇李怀林、闫景成等惯造匿名歌词，或涉挟仇陷害！[②] 未过多久，直隶地方宣布破案，已经讯明是李怀林、闫景成与案犯王太等人素有冤仇，因此嫌怨构陷，将王太等人姓名编入逆词名单，并到处散发逆札。

抓到李怀林、闫景成后，方观承松了口气。每遇"逆词"案，乾隆皇帝都极度敏感。但如果此案仅是挟仇诬陷，至多是"民风浇薄，小人毒恶"，逆案就成了编造逆词、构陷他人的挟私诬告案。

逆词案的"主谋"李怀林，已年逾七十，他为何要陷害王太？据李怀林的"同党"闫景成供出：王太假托狐仙，为人治病敛财[③]，"立教聚众"[④]。王太也有"同党"，李怀林所散逆词，其中就列出王太同党的名字。王太伪托狐仙附体，看病骗财，与李怀林何干？若李怀林不信，不去看病即可，何必大动干戈，借刀杀人，必置王太于死地呢？

原来，李怀林是个道门。此案问结，官书上称其为"黄教大逆"，似乎

---

① 《清实录》，乾隆二十七年七月壬申，中华书局1986年影印，第450—451页。
② 《清实录》，乾隆二十七年七月壬申，第450页。
③ 《清实录》，乾隆二十七年七月辛巳、庚寅，第458、462页。
④ 《清实录》，乾隆二十七年七月己卯，第456页。

他信奉的教派，就是黄天道。① 而王太也是个道门，具体信奉，不得而知。王太称狐仙治病之后，远近的病人和看病的"香资"，都被招徕到他的门下，坏了李怀林治病收徒的"门路"，两派才起了纷争。后来竟然愈演愈烈，引出"投词陷害"的一幕。

正当方观承就要以"投词陷害"结案的时候，河南传来一个"坏消息"。逆词名单上被列为王太同党的孙耀宗，在河南被捕，官府还从其家中搜出一本"逆书"。另外，河南巡抚胡宝瑔向乾隆帝奏报：孙耀宗已经供出，"皇（黄）天道"、"收元教"等教，不仅在直隶传播，而且山西、河南等省均有流传。②

孙耀宗被捕，"逆词"案的案情迅速发生逆转。乾隆帝不再相信"逆词"仅是李怀林等人虚捏构陷。此案不止与李怀林、王太几人有关，直隶显然有人立教聚众，逆词一事"断非无因构陷，尽属子虚"③。他马上谕令山西、河南、直隶三省，严厉稽查逆词案关涉所有人犯。即便名单上看似一位虚构出来的"李真祖"，也谕令山西巡抚明德"严拿务获"。④ 孙耀宗在河南还供出，家中被官府起获"逆书"，是从收元教"同犯"陈武家抄出。孙耀宗与陈武，均于乾隆七年（1742）山西长子县田金台收元教案内被捕。⑤ 现在孙耀宗再次落网，乾隆帝大感前案办理失之宽纵。他随即转斥山西巡抚当年敷衍了事，以致"根株未尽，芽蘖又生"，"非封疆大臣实力安靖地方之道也"。⑥ 对于直隶总督方观承，乾隆帝更为不满，对其所上奏疏，句句批驳，竟至命

---

① 《清朝通典》，卷八十七，《刑八·宽恕》，乾隆三十四年条，商务印书馆1935年影印，第2684 b 页。
② 《清实录》，乾隆二十七年七月己卯，第455—456 页。
③ 《清实录》，乾隆二十七年七月己卯，第456 页。
④ 《朱批奏折》，乾隆二十七年七月二十三日山西巡抚明德奏折，中国第一历史档案馆藏，档号：04-01-38-0044-015。
⑤ 孙耀宗在乾隆七年被捕一案，参见曹新宇等：《中国秘密社会》第三卷《清代教门》，第78—79 页；马西沙、韩秉方：《中国民间宗教史》，第421 页。
⑥ 《清实录》，乾隆二十七年七月己卯，第457 页。

令廷寄方观承口谕："该督自问，于心安乎？"逼问方观承准备何以自处。①

此刻的方观承如坐针毡，"逆词"一案，已无回旋之地。

乾隆帝已经开始怀疑，直、晋各省又在以因循自保的官场习气，敷衍了事。他指示将河南孙耀宗拿获，归并李怀林"逆词案"一并审理，并斥责方观承含混办案，"始终欲以逆党、邪教判为两案归结，殊属回护"。更麻烦的是，孙耀宗在河南供出磁县同教姓名，李朝界、李美、冯玉成、关禄、闫发、闫悦、曹宽等人，都在李怀林散札"逆词"的人名单内。乾隆帝再次以此质询方观承：

> 倘非（孙耀宗等）与李怀林声息相通，安能一一吻合若此？即先已到案之王太等，独非列名逆单者乎？乃该督不能谓李朝界等非原单有名之人，而于王太等，则坚执为挟嫌被诬之犯，竟据该犯等前此避罪狡脱之供，并不实力究诘，于情理甚不可解。盖由该督前此折奏，欲以李怀林耄年将毙之一犯，完结重案。而于案内各犯，或指为被诬开释。又分出邪教一案，可以别为枝节，笼统了事。此乃该督豫存加护成见，执而不化，是以前后如出一辙，自相矛盾若此，岂封疆大臣执法锄奸之道乎？此案方观承不能审明矣！著将孙耀宗供出各犯并王太等皆带至行在。究问实在情节定案。该督遵谕速行。②

但这次质询，已经不再是督促直隶办案。所有人犯，竟被谕令转到乾隆帝正在行围的热河行宫，直接由行在大臣亲审。方观承不堪办理此案。

乾隆二十七年（1762）九月十四日，热河行宫的军机大臣将此案审明办结，请旨将李怀林、闫景成二人凌迟处死，孙耀宗处斩，三人都在热河即行"正法"。其他从犯：李楷、李大良、李二良、李三良、李四良五人，著即处

---

① 《清实录》，乾隆二十七年七月庚辰，第458页。
② 《清实录》，乾隆二十七年七月乙酉，第461页。

斩；陈武、李张氏，著即绞决。王太、田道济，依拟应绞监候秋后处决，令直隶按察使王检，将各犯押回各自本籍，正法示众。其余家属并年幼子女，俱加恩免死，发往叶尔羌，赏给额敏和卓、鄂对等为奴。①

直隶官员战战兢兢，急忙遵旨从热河领回人犯处决。行刑之后，按察使王检极尽阿谀之能，向乾隆帝奏报处决各犯的情况：

> 窃臣押犯至磁，于本月十七日，传集士民，遍行宣谕后，次日，遵旨将逆案内李楷、李大良、李二良、李三良、李四良，邪教人犯陈武，绑赴市曹正法示众。并将枷责人犯郭有道等，对众发落，其省释人犯，亦俱带往，令其观看。是日，远近毕集男妇，亦数万人。臣当将律例罪由，明切宣示。案内省释各犯，感悚交迫，而旁观士民，畏惧之下，及见逆种就戮，又复齐声称快，且尚以未见李怀林等典刑为憾。惟磁州境内，麦多未种，望雨方殷。正法之际，忽而甘霖普被，百姓欢呼。皆以为戾气消除，感召天和也。

磁州百姓"齐声称快"地观看各犯处决之后，直隶官府又派人平毁李怀林等人的居住之屋。同样向乾隆帝称道直隶百姓对此举之拥戴："百姓争先刨掘，顷刻都尽，顿成坑堑。并投以污秽之物。"之后，王检又下令将李怀林教团在磁州彭城镇集会的"空位殿"加以整改，并"饬令该州于大门之上，悬挂匾额，刊刻玉皇殿字样，以定庙名，以祛众惑"②。

彭城镇改换庙额，还透露出一个值得注意的细节：空位殿因向无神像，故俗传此名。后塑玉皇供奉，而旧名仍相沿未改。这个空位殿，是否即与民间教团所说"真空家乡"有关？实在耐人寻味。

方观承唯恐难以平息乾隆帝的怒气，直隶上下很快展开自查，将磁州历

---

① 《清实录》，乾隆二十七年九月癸亥，第486—487页。
② 《朱批奏折》，乾隆二十七年九月二十日直隶按察使王检奏折，中国第一历史档案馆藏，档号：04-01-08-0153-018。

第一章 村落
——膳房堡的故事

任"失察邪教"知县、知州等正署各职名上报听候议处。① 另外，为了弥补过失，方观承亲自调阅乾隆八年（1743）以来的"邪教"案卷，对孙耀宗一案重新展开调查；并面嘱口北道玉神保，命其查明乾隆八年旧案中孙耀宗供出的万全县膳房堡大庙。

玉神保很快回禀，在膳房堡之西二里碧天寺内，建有"石塔十三层，即李宾坟墓。李宾号为普明，其妻号为普光，同葬一塔，人皆称为佛祖。"内有住庙人李继印，不僧不道，行踪诡秘。② 黄天道大庙果然仍旧有人奉教，方观承闻报，立即下令口北道缉拿人犯，等候自己亲自前往勘察。

方观承一到万全县，就迅速查抄了碧天寺及守庙"道士"李继印的住所，并向乾隆帝详尽描述了亲自勘察的经过：

> 兹臣由张家口赴膳房堡，碧天寺四面环山，基址颇大。寺门镌"祇园"二字，一、二、三层供立佛、坐佛诸像，三层东西两壁绘画李宾平生事迹。后层高阁，阁上匾额，正中题"先天都斗宫"，东题"玉清殿"，西题"斗牛宫"，阁前石塔十三层，高三丈六尺，周二十步，称为明光塔，以李宾号普明，其妻王氏号普光也。楼下尽东尽西二间屋宇之内，复用灰砖发圈，砌为洞形，绘书种种异像。其李继印住居三间，以于屋内圈砌成洞，殊觉诡异。而节次查出经卷刻本、抄本，只系鄙俚之词，因同该道等细察情形，疑其另有藏匿，当经该县领同弁目人等，将李继印所居圈洞刨毁，其空隙处果有经卷、符篆、字迹、木戳藏匿在内。随与该道等公同检查，种种邪谬，始知从前孙耀宗、田金台等逆词案内所云"云盘、都斗、龙华、收元、明祖、暗祖、头行、引进"等字样，皆本于此。而其中狂吠之语，甚属悖逆，尤堪发指。……

---

① 《朱批奏折》，乾隆二十七年九月二十四日直隶总督方观承奏折，中国第一历史档案馆藏，档号：04-01-01-0258-026。

② 《军机处录副奏折》，乾隆二十八年三月二十七日方观承奏折，载《历史档案》1990年第3期，第31—41页。

臣现督率道府县等，将住庙之李继印、蔚天海、匪党杜孔智、刘七连、李文忠及李宾裔孙李遐年、李奉吉等先后拘获到案，并于各犯家内再行搜查，严审造作、收藏、传播各情，……其有悖逆邪妄言词之字迹四十七张、经卷七本，谨另封恭呈御览。①

方观承亲自办案，一经调查，立即"验证"了乾隆帝的"先见之明"。乾隆帝闻讯，果然怒火平息，当即朱笔批谕，肯定方观承"此案发摘，甚属可嘉"②；并派出钦差大臣兆惠，前往直隶万全县督办此案。

三、膳房堡的祖师：道统、血统与庙产

显然，李世瑜1947年调查所发现的黄天道"普明信仰"，在二百多年前，就被清朝政府"发现"过一次。乾隆二十八年（1763）四月十二日，钦差大臣兆惠、直隶总督方观承等人向乾隆帝联名奏报：万全县膳房堡黄天道祖师李宾（普明）家族的情况，已经彻底查清。黄天道的庙宇也经过他们亲自勘察，"遇有碑碣字迹，即行详细阅看"，其认真程度，不输于田野工作中勤奋的人类学家和社会学家。认真勘察的效果明显，李姓几乎被彻底清理，今天膳房堡似乎已经没有李家的后人。

（一）边堡地区的移民与宗族

膳房堡位于野狐岭长城脚下，从明朝起，就是北边卫所体系中的一个边

---

① 《军机处录副奏折》，乾隆二十八年三月二十七日方观承奏折，载《历史档案》1990年第3期，第31页。马西沙先生所引史料日期有误，参见马西沙、韩秉方：《中国民间宗教史》，上海人民出版社，1992年，第415—416页。

② 《军机处录副奏折》，乾隆二十八年三月二十七日方观承奏折，载《历史档案》1990年第3期，第32页。

堡，属于宣府西路万全右卫的辅助军事建置。这里地处农耕文明与游牧文明的交界线，自古以来就是著名的交通要冲与争战之地。金元之际，成吉思汗的猛将木华黎曾在此与金人展开大战，歼灭金军有生力量三十万，是蒙古灭金的一场决定性胜利。

膳房堡原本是为明万全右卫的卫所守军提供饭食、粮草之地，故名膳房。堡城位于万全右卫城北约二十里，周围是明军的马场、菜园、驿站。明代的当地居民，基本上都是移民。除了戍值卫所的守军及其家属之外，还有逐渐迁移到此的募兵、军犯、力差军余、民户、商人。这种高度军事化的边境地带，宗族发育程度远远不及内地。

黄天道的创教祖师李宾，也是移民。李世瑜当年在万全县调查时，看到县境内多座庙宇里都有关于黄天道祖师李宾的"画传"，而几种"画传"中，均有一幅题为"立春随父移居膳房"的壁画。[①] 李世瑜调查过的村庙，大多已被拆除。他当年看到的壁画，大部分没有保留到今天。但在赵家梁村原属村民赵尔理自家修建的"普佛寺"，由于改作民居幸存下来，里面还可以看到李世瑜当年所见的壁画（见图1-1）。[②]

画面上可以看到李宾的父亲（背面居中者），展开图籍，似乎正在相度田地房宅。而在他右侧站立的，应该就是李宾本人。看来，当地一直传说李宾幼年（一说7岁）随父移居膳房堡，似属可信。[③] 膳房堡的城堡，"高二丈八尺，方一里三十步，西、南二门"。明"成化十五年（1479）都御史殷谦筑，嘉靖十二年（1533）操守指挥丁璋扩建，共二里有奇"。嘉靖三十二年（1553），守备王汉重修，万历元年（1573）砖包。[④] 而据说李宾生于明正德

---

① 李世瑜：《现在华北秘密宗教》，第16页。
② 赵尔理无后，也没有家室，这座普佛寺的家庙，在解放后已经改成民居，给他人居住，原来的佛堂成了堆放杂物的储藏室，壁画虽然幸存，但年久失修，濒临彻底的毁坏。
③ 感谢克东先生提供材料（2005年）。李宾家族移民的历史比较复杂，详见下章。
④ 参见（清）左承业纂修：（乾隆）《万全县志》卷二《建置志·城池》，第2页；（清）施彦士纂修：（道光）《万全县志》卷二《建置志》，第2页。

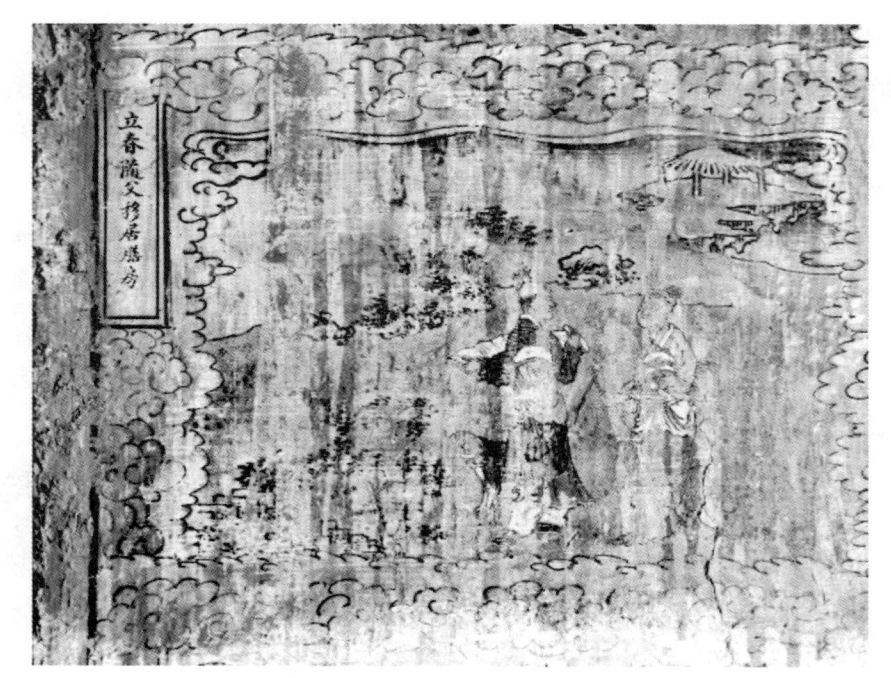

图 1-1 "立春随父移居膳房"，万全县赵家梁普佛寺壁画局部，曹新宇 2010 年摄

八年（1513），卒于嘉靖四十一年（1562）。[①] 可见，在其有生之年，膳房堡正是一座不断扩建的军卫城堡。

这种按照军事功能形成的聚落，最初的居民，大多是移来戍守城堡的军户。他们当中除世袭军官外，大多出身寒微。李宾也是军户出身。上述民国年间黄天道庙宇的壁画画传上都说，他在效力边庭时受伤，以致一目失明，因此后号"虎眼禅师"。明朝这类边卫军籍，多从事屯垦，李姓后人也说，李宾是"北鄙农人"。[②] 李宾生前创立黄天道，传下二十四会，因此徒众在其死后兴建碧天寺，又树立坟塔，埋葬李宾夫妇。

乾隆二十八年（1763）碧天寺案发，李姓后裔李遐年被捕后，申辩不是

[①] 他的诞日、祭日，都是黄天道的节日，各种记述比较准确。

[②] （清）李蔚：《虎眼禅师遗留唱经卷》序，康熙三十一年壬申（1692），日本早稻田大学图书馆风陵文库本。

普明嫡系，曾供出有家谱可查。① 现据清代档案文献及道内传说，将李氏家族比较确定的资讯，整理简谱如图 1-2 所示：

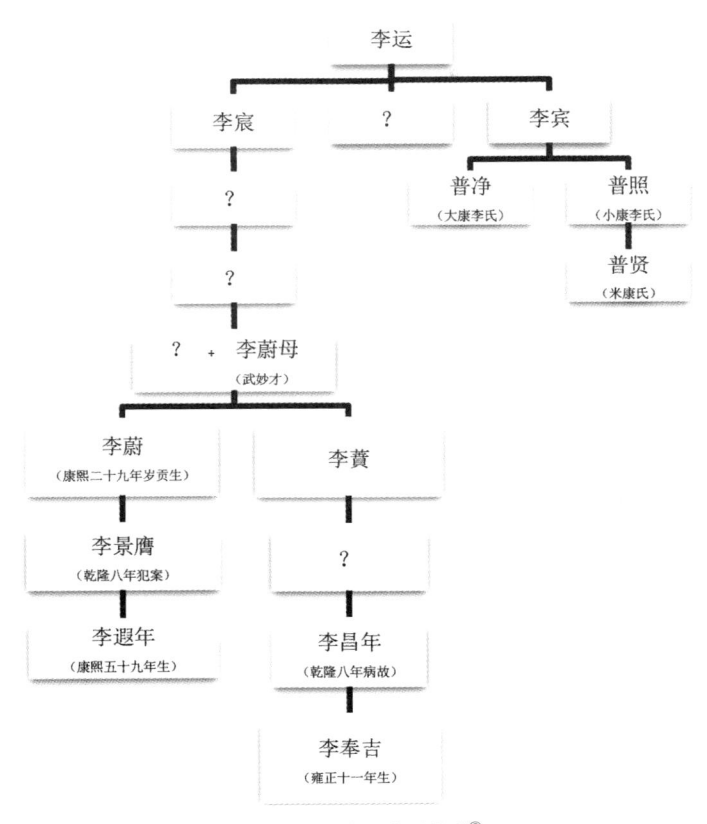

```
                        李运
        ┌────────────────┼────────────────┐
       李宸              ?               李宾
        │                         ┌───────┴───────┐
        ?                        普净            普照
        │                      (大康李氏)      (小康李氏)
        ?                                         │
        │                                        普贤
   ? + 李蔚母                                  (米康氏)
     (武妙才)
        │
   ┌────┴────┐
  李蔚       李蕡
(康熙二十九年岁贡生)  │
   │          ?
  李景膺       │
(乾隆八年犯案)  │
   │         李昌年
  李遐年    (乾隆八年病故)
(康熙五十九年生)  │
             李奉吉
           (雍正十一年生)
```

图 1-2　膳房堡李氏简谱②

据上谱，李遐年为李姓移居膳房堡的第八代。他生于康熙五十九年（1720）③，家谱上若有其姓名，修谱或续修的时间当在此后。家谱的出现，是

---

① 乾隆二十八年四月十六日协办大学士兆惠、直隶总督方观承等奏折及附录供词，载《历史档案》1990 年第 3 期，第 40 页。
② 据档案上说，膳房堡李氏第八代，尚有李椿年，与李遐年、李昌年一辈，因案发时在乌里雅苏台贸易，后在巴里坤被拿获取供，不详其宗支。
③ 乾隆二十八年，李遐年招供时 44 岁（实 43 岁）。

宗族发展的结果和证明，修谱往往与本族出现重要人物有关。膳房堡李姓出过两位人物：一是创黄天道的李宾；二是曾做过岁贡生的李蔚，他是李家历史记录上唯一一位有功名的人。但除此之外，李家似乎没有什么显赫的家世可言。

（二）李宾身后黄天道的女性道统

李宾在嘉靖末年创教之后，很快发展出二十四会，会众遍及万全右卫、左卫，以及宣府、大同一带。李宾死后几年，其妻王氏自号"传灯"。王氏道号普光（即普明奶奶）。① 她的两个女儿普净、普照，以及普照之女普贤，都曾在教内称佛做祖。据笔者的调查，在这几位女性宗教家当中，普光之后，以外孙女普贤最为著名。普贤即米康氏，适万全暖店堡米姓。传说她的女儿，日后也成为民间宗教家。

李宾只有两个女儿，黄天道的教权，经王氏，沿女性后裔下传，形成非常有特色的道统传递。然而明清时期的女性，毕竟传统上以夫家为重，因此三传之后，渐渐散乱。

黄天道女性道统中有一个值得注意的现象。上述普净、普照、普贤三位女性宗教家的夫婿，在道内也有佛号，占据黄天道道统的一席之地。据笔者最新发现的民国抄本《明光古佛圣诞文表》中记载，普明夫妇的两位女婿，即普净与普照的丈夫，分别号"文义圣真佛"、"武公大真佛"；外孙女婿，即普贤的丈夫，号"欲公大祖"。他们的生日依次为三月十三日、五月初一日和三月二十日。与普明一家五口的诞日一样，每逢这些日子，道徒都会烧香礼拜，以致崇敬。② 极可能在普光为女儿择婿之时，宗教因素就被作为一项重要的考量。

---

① 王氏在普明去世七年之后开始掌教，详后。
② 《明光古佛圣诞文表》，载曹新宇主编：《明清秘密社会史料撷珍·黄天道卷》第 5 册，第 297—298 页。

（三）碑刻、经卷、庙产：李姓在道内重塑权威

李宾故后，黄天道的"道统"与李姓家族没有什么关联。但最晚从李蔚开始，李家又宣布对黄天道的继承。

从族谱上论，李蔚只是普明的四代侄孙，他的四世祖李宸，是李宾的胞兄。据直隶总督方观承的调查，李蔚"生前曾当会首"，康熙四十一年（1702），在普明塔前树碑，死后被尊为"普慧佛"。[①] 这样看来，李蔚在黄天道内道号普慧，应该很早就入教，还是一位会首。

会首只是一个"香头"，其职责在于组织信仰类似的善男信女进行宗教活动。活动的费用，一般为自愿捐助，也有平均摊派的，但一般只限于会内成员，不便叨扰不在会的其他乡邻。换句话说，在信仰没有扩展到整个村落、乡镇的地方，"会"往往是一种自愿性质，甚至临时性的宗教组织。在地方上，会并不具备村社那样按照地域进行摊派的权威和习惯。也可以粗略地说，"社"是地域化的祭祀单位，而"会"则不必。"会"可以是村落内部的很少信仰者的组织，也可以是跨村落，甚至跨地域的，拥有众多成员的组织。

李蔚显然不是一般的会首，他是"岁贡生"。清康熙初年的岁贡生均由直省学政从廪生中考选，县学每两年方有一名。考选出的岁贡生，一般送京师国子监入读八个月后肄业。[②] 清朝岁贡生即有授官的资格，而且被视为正途之一。李蔚是康熙二十九年（1690）的贡生，肄业之后，似乎没有入仕，仅是在籍贡生。但岁贡生在地方偏僻的万全右卫，也是难得的士子，乾隆初年的县志还收录着他的名字。[③] 李蔚熟谙儒学经义，懂得如何使用官方的话语容纳民间宗教，他很顺利地归纳出普明经卷实为三教合一，并将黄天道总结为"乾竺之流裔，柱下之附庸"。[④] 李蔚几次为黄天道编纂经卷，并发

[①] 乾隆二十八年四月十二日协办大学士兆惠等奏折，载《历史档案》1990年第3期，第35页。

[②] 对贡生的廷试一直延续至康熙二十六年（1687），见《钦定学政全书》卷三十九《贡监事例》下。

[③] （乾隆）《万全县志》卷六《选举志·甲科·贡生例贡例监附》。

[④] （清）李蔚：《虎眼禅师遗留唱经卷》序，康熙三十一年壬申（1692）。

起会众捐资刊印。康熙二十五年（1686），《清静无为妙道真经宝忏》刊行；康熙三十一年（1692），李蔚又将普明的《了义宝卷》（即《普明无为了义宝卷》）、《清静真经》（即《清静无为妙道真经》），"合集成卷，为咏为歌"，刊成《虎眼禅师遗留唱经卷》。这两种经卷都是以普明名下的经卷为依据编纂而成，"忏"和"唱经"更适合念诵，便于仪式所用。

《清静无为妙道真经宝忏》卷末列出主要捐助者的姓名和乡里。他们分别来自"万全右卫（城）、张贵屯、赵家梁、沙家庄、沙岭堡、保安卫、东八里、宣府（宣化府）、杨家坨"。这些施主在地理分布上，远远超出李世瑜当年调查的范围，而且他们开列的姓名都是真名。李蔚的母亲武妙才和他胞弟李蕡，公开在宝卷上忝列其名。显然，被清朝官府斥为"邪教"的黄天道，至少在查禁之前，被当地人公然视为某种"正统"。万全右卫地处塞上，权威资源比较稀缺，儒学与黄天道，似乎并不矛盾。① 这一点，在方观承办理碧天寺"逆词案"中也可以看出。官府之所以能够迅速抓获涉案人犯，很大程度上得益于黄天道寺庙传抄的经卷和"逆词"都是"实名"。无论雇人誊抄、出资装裱的"施主"，还是执笔的写手，均在这些经卷上签署真名，以示功德，丝毫没有隐讳之意。

编纂经卷，开版刊印，自然"功德"无量，但兹事体大，除了号召会众捐献银米，质朴无文之人，也难以造经。因此，在明清道门当中，除了造经、印经，经卷的流动也是宗教权威转移的重要表征。李蔚死后，其弟李蕡接管家中存留的经卷，充当会首；李蕡故后，其孙李昌年接任会首。乾隆八年（1743），李昌年病故，因数嗣年幼，保存经卷和充当会首的职责，就转给了族弟李遐年。李遐年即"普慧佛"李蔚的嫡孙。乾隆八年他充当会首时，黄天道已经引起了官府的注意；就在同年，李遐年之父李景膺因山西收元教案发受到连累。② 李遐年害怕更大的牵连，就把传留下的经卷全部烧毁，

---

① 高万桑也认为，明清以来的儒教"反异端"言论，可能多停留在口号上面，而并非明清社会普遍的事实。见 Vincent Goossaert & David Palmer, *The Religious Question in Modern China*, p.30。
② 乾隆二十八年三月三十日直隶总督方观承附李遐年供词，载《历史档案》1990 年第 3 期，第 40 页。

很长时间不敢做会。

李遐年为何愿意在这种危险的时刻充当"会首"？方观承办案过程中，揭出当中的一层隐情——

明代的膳房堡，只是卫所下属的一个辅助性军事化建制，不论从人口还是财力上来说，都难以维持碧天寺这样的大庙。黄天道创教成功后，众多道徒为他在膳房堡建成宏伟的大庙，也购置不少香火地。因此，碧天寺虽地处膳房，却不简单是膳房堡的村庙；另外，山坳里的大庙，名义上是普明祖李宾的崇拜中心，但也并非李姓的家庙。何况，李宾没有嫡传子孙，身后由妻女掌教，道统外传。这时候在膳房堡大庙的"会首"，实际上成为维系道门网络和村社关系的经理人。李蔚在经卷上署名万全右卫（城）（见图1-3），以别其他村镇，显然他已久不在膳房堡居住。但他通过编纂、刊印经卷，并于碧天寺大庙树碑立说，自居普明后裔之"正统"。李遐年接任会首，当然是要继承这种"正统"，另外，碧天寺的香火地也让李遐年动起了心思。

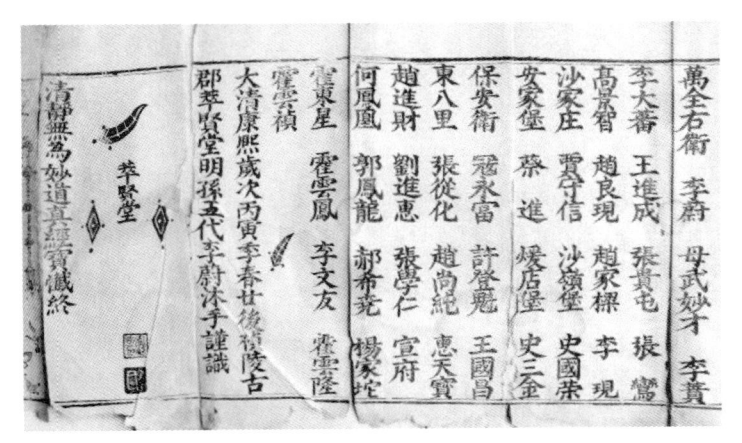

图1-3　康熙二十五年丙寅（1686）《清静无为妙道真经宝忏》（近勇堂藏本）

（四）庙产与碧天寺内的道教圣职人员

碧天寺是黄天道整个道门网络的祖庙。但早在清康熙四十年（1701）之前①，碧天寺就开始由华山派的道士住庙主持，庙里的香火地，也由这些道士来管理。根据清朝档案，康熙四十年起，碧天寺延请的住持，是直隶怀来县的道士倪子佩，之后为任纬、王玉成。乾隆七年，怀安县华山庙道士山西榆次人李怀雨和徒弟李继印，被请去住持碧天寺，乾隆十七年（1752）李怀雨死后，李继印住庙主持。②那么，这些"正规"出家人的道士，是谁代表碧天寺请来的呢？档案阙如。似乎这件事不言自明：经理庙宇的人，不外乎守庙的村落以及附近黄天道的会首。

乾隆二十四年（1759），"会首"李遐年向碧天寺的住持李继印索夺庙里的香火地。李姓可以自居正统的"庙主"，但大庙的香火、布施，实际上主要还靠整个道门的庞大网络来维持。情急之下，李继印只好向黄天道的网络求援，请求主持公道。碧天寺辗转请到了一位黄天道内较有影响的人物——王进贤。王进贤是直隶昌平州孟村人，祖上几代都信奉黄天道，在教内有"做人公道"的名气。王进贤于乾隆二十五年（1760）正月前往碧天寺调解。他劝说李遐年不要争占庙产，"道理"很明显，李遐年是有家眷的人，如何住庙占香火地呢？③昌平州就是今天北京市昌平区，离膳房堡二百多公里，考虑到前近代时期交通条件下的距离感，膳房堡碧天寺在黄天道内辐射的地域之大，让人吃惊。

李遐年原本只想赶走几个外来的道士，但当来自更大范围的道门网络表示反对时，他很明智地表示让步。

这一幕让我们看到，华山庙的道士与民间道门之间，似乎是水乳交融。获得明清官方认可的释、道圣职人员，与民间道门的界限，显然不像学者猜

---

① 据兆惠等人的调查推算，乾隆二十八年四月十二日协办大学士兆惠等奏折，载《历史档案》1990 年第 3 期，第 35—36 页。

② 方观承之前奏称李继印"不僧不道"，似乎李继印没有度牒。清朝从乾隆三十九年（1774）才开始停止由官方发度牒。参见乾隆二十八年四月十六日协办大学士兆惠等奏折附李继印供词，载《历史档案》1990 年第 3 期，第 38—39 页。

③ 乾隆二十八年四月十六日协办大学士兆惠等奏折附王进贤供词，载《历史档案》1990 年第 3 期，第 39—40 页。

测得那么森严。原因并不复杂：官府强调防范"异端"，或者政教关系上强调的所谓"许可的宗教"与"不许可的宗教"的差异，对民间的僧、道来说，远远不如庙产与生计更为迫切与直接。这种道教与民间道门之间的亲和力，甚至不全是因为道教系统内部的复杂和多神而造成。因为，从光绪初年以来，膳房堡大庙的住持变成了佛家的和尚，而且据笔者了解，最多的时候，和尚多达十几个。

清初黄天道内部的经卷、符箓，也似乎没有任何障碍地被华山庙的道士所接受。王进贤成功地调解了这场庙产纠纷，住持李继印为了感谢，拿出了一些平常不轻易给人看的黄天道经、符，让王进贤拿回去借看。但王进贤万万也没有料到，这次"看经"，竟给他带来杀身之祸。

王进贤借去看过的经卷，四年之后，即乾隆二十八年（1763），被方观承查获，发现其中有"逆词"，另有缴获三角符三张，其中暗含"大王朱相、朱王复照、日月天下"等字；又有"先天敕札"一张，内称"走肖传于朱家，朱家传于木子"。[①] 查办邪教，却搜出了"逆词"。一时间，碧天寺出了惊天大案，从碧天寺抄阅经卷的人被逐一捕获。曾在碧天寺抄写经、符的道士，山西介休县人曹生泰，同住持李继印一起拟凌迟处死，王进贤看到"逆词"不报，斩立决；甚至陪他一同去碧天寺的深州人吴自显，虽然不大识字，不知"逆词"，但也被拟发乌鲁木齐。

方观承下令拆毁了普明夫妇的"光明塔"和"康李氏二女"（二女均适康姓）、"米康氏外孙女"的三座塔。拥有"佛号"的教首的骸骨，不管埋藏多深，都被挖掘出来，锉尸示众。李蔚，虽为贡生，却甘附邪教，号称"普慧佛"，同样被下令锉尸示众。为了震慑更多的观众，这场审判死者与惩罚尸体的"酷刑"，带有强烈的演剧色彩。普净、普照、普贤在夫家安葬处的坟、塔，被一一掘坟、锉尸、毁塔，"远近居民，观者如堵"。考虑到膳房堡

[①] 乾隆二十八年四月十二日协办大学士兆惠等奏折，《宫中档乾隆朝奏折》第17辑，台北"故宫博物院"印行，第423—425页。

地处偏僻山坳，不能以壮观瞻，儆惕顽愚，方观承下令将普明、普光的尸骨"橐至郡城，投弃城外车道，寸磔扬灭，宣示众庶"①。

　　随着清朝中央对潜伏草莽反抗力量的疑惧不安与日俱增，康熙朝宗教政策的宽松时代悄然结束。直隶"邪教"案频发，方观承刚刚向乾隆帝呈请将二位磁州案中因邪教失察的革职官员暂留原任，现在又出了大案。②他马上调整姿态，亲躬现场，一查到底。方观承深知，乾隆帝真正关心的是反清的"逆案"。因此，在制造耸人听闻的震慑效应的同时，他并没有无限制地扩大镇压和株连的范围。相对而言，李家后人受到的惩处较轻。方观承很巧妙地向乾隆帝强调，普明绝无嫡系后裔，"逆词"也非当下所作，一切毋庸担心。虽然李蔚及其弟李蕡这两支的后嗣子孙不乏收藏经卷、充当会首者，但最终仅以"邪教"犯案，未涉"逆词"，李遐年及其侄子李奉吉，最终被拟流放乌鲁木齐。③

四、膳房堡的许姓：村落里的庙权与教权

（一）忽略了的许姓：宗族保护下的村庙

　　明代以来，膳房堡的居民即以军户为主，其中以许姓最多。这种单姓大姓村的情况一直延续到今天。入清之后，万全卫所虽被裁撤，但膳房堡城内仍设守备署，军事化的特征依旧保留。许姓自明代万全右卫军事建置，便移

---

① 乾隆二十八年四月十二日协办大学士兆惠等奏折，载《历史档案》1990年第3期，第35—36页。
② 中国第一历史档案馆藏《军机处录副奏折》，直隶总督方观承乾隆二十七年十一月十一日奏折（档案号：03-0107-038，缩微号：007-1978）；方观承乾隆二十八年正月初九日奏折（档案号：03-0108-003，缩微号：007-2115）。
③ 另查到李遐年一辈的李椿年在乌里雅苏台经商，尽管和逆词案无关，也拟照李遐年等，一律发配。见乾隆二十八年四月十六日大学士兆惠等奏折。

民至此。今天万全县各地的许姓都传说，他们原本是一姓的同宗。我还没有在调查中发现许姓有族谱传世，询问各村的许姓，也从未听说过许家在明清两朝曾出过获取过功名的人。他们是真正的"草根"，即便在最具有"乡土性"的地方历史文献中，也很难发现什么关于他们的记载。

然而，经乾隆帝过目的查办碧天寺"逆词案"的奏折中，膳房堡的许姓至少出现过两次，若隐若现，至为隐秘。第一次是方观承调阅乾隆八年（1743）山西、直隶邪教案卷时，发现案卷中提到了万全黄天道在膳房堡的"同教许姓"：

> 黄天道教倡自前明万全卫属膳房堡李宾，乃嘉靖时人，法号普明，死后在堡起有庙、塔。李宾坟在塔下，凡皈教者，俱来上坟，有同教之许姓在彼居住、接待。

方观承查办碧天寺案时，曾将此节一并奏报乾隆帝。① 第二次在大内档案中出现许姓，是兆惠、方观承等人查访碧天寺历任住持去向，向膳房堡耆老询问旧事所得。该奏疏上说：

> 访得碧天寺邻近有住居民人许聪慧，年六十余，颇能记忆寺中旧事，随传唤详询。据云：伊十几岁时，见有倪姓道人，年已四十有余，住持庙中，常时披发。又访得万全第三屯有倪之（子）玉……，疑即其人，随传到案，令许聪慧认识，据称并非从前所见倪姓住持……，据称……曾有族户倪之（子）佩者，在寺二十余年，后往怀来。随即飞檄怀来县访查，有无倪之佩其人。据禀：询之乡保，以前原有倪之佩在县，今已物故，其年岁、住址及披发状观，俱与案证所供无异，则住

---

① 乾隆二十八年三月二十七日直隶总督方观承奏折，载《历史档案》1990 年第 3 期，第 31—32 页。

持之人为之佩而非之玉无疑。

乾隆八年，膳房堡许姓以"同教"身份，接待四方来拜庙的道友，留下"案底"。但清廷似乎没有特别追查这些"守庙"的当地人。当然，追查可能也没有什么结果，谁真正知道这些"草根"的情况呢？乾隆二十八年方观承查案的经验很说明问题，恐怕问过一圈，还得去求他们自己来说清楚。碧天寺案已查出了庙里历代住持道士的来历。"逆犯"查明，谁还去找证人的麻烦呢？此刻，地方化的宗姓、村落为许姓"同教"提供了有效的保护。方观承摧毁了黄天道的象征：碧天寺大庙和李家的教祖，又查出了"逆犯"，流放了李宾家族的"后裔"，其余人等"审系无干"，便"概行省释"了。①

（二）庙宇的归属：许姓还是王姓？

李世瑜当年曾在民国《万全县志》中发现过一则关于碧天寺的传说。该县志称：

> 就耆老传闻：明嘉靖四十一年有马房州人李宾来膳房堡，娶许姓女，夫妇修道成真，号曰普明，葬于碧天寺内。后寺宇为官家所毁，仅存佛像；经该堡许姓迁佛像于其家。②

县志上的故事似乎说明：方观承平毁了碧天寺之后，庙里的佛像是由当地的许姓保护了起来。许姓再次出现！更有趣的是，膳房堡一带的一个传说称：李宾娶了膳房堡许姓的姑娘之后才修道成真。黄天道存世的道书不少，都说普明夫妇是"李普明、王普光"。李宾生于"牛角堡"，王氏生于"狮

---

① 乾隆二十八年四月十二日兆惠等奏折，载《历史档案》1990年第3期，第35—36页。
② 路联逵修，任守恭纂：《万全县志》卷七《政治·建设》，民国二十三年，第49页，见李世瑜：《现在华北秘密宗教》，第17页。

子村"。①

　　为什么膳房堡一带说李宾娶了许姓姑娘呢？传说膳房堡一户许姓财主，家中广有资财，夫妇二人虔心向善，吃斋念佛。他们膝下只有一女，生得端正，人品贤淑，只可惜是个哑巴。夫妇二人心中郁闷，请游方道士为此女算命。道士说，此女命中夫婿前来，即能开口讲话。一日，此女果然开口禀告二老："他来了。"二人大惊，开门发现一个穷苦男孩上门讨饭。此人便是李宾。既有道士前言，二老不敢怠慢，将李宾收留在家，日后招赘与女儿成亲。此后，李宾夫妇二人一同修道，果然双双得道成真。

　　王见川先生曾敏锐地猜测，这"可能是活跃于碧天寺附近的许氏教友所传"②。哑女成亲这个传说中，李宾以贫苦乞儿入赘膳房堡许家。而道士算命、李宾入赘、哑女开口，都表明李宾入赘许家乃是前定姻缘，天作之合，为的便是夫妇得道成真，普度众生。然而，如此一来，黄天道建在膳房堡的碧天寺大庙便名正言顺，要变成膳房堡许姓应该继承的村庙了。

　　民间道门网络中的核心庙宇，往往在其漫长的地方化历史中逐渐与地方的宗族、聚落、村社产生深刻的联系。由于天然的地缘关系，庙宇势必处于某些村落的直接监护之下。一般来说，随着年复一年的香会、朝圣，加上庙会、庙产等复杂的经济、宗教交往，村落对于道门庙宇、庙产的整体认同会渐趋强烈。但这种认同，另一方面，也会相应地支持或刺激地方话语对庙宇归属权的主张。这种现象在华北民间道门系统中并不少见。例如，直隶定州北齐村的大姓陈家，在清初即主张明朝万历末年建在本村的红阳教大庙，应属本村，因而与该庙所辐射的整个道门系统，形成一种微妙的紧张关系。③

---

　　① 据笔者访查，这两个村子，就是今天怀安县的牛家堡及附近的狮子口村。
　　② 王见川：《黄天道早期史新探——兼论其支派》，载王见川、蒋竹山编：《明清以来民间宗教的探索——纪念戴玄之教授论文集》，第 50—80 页。
　　③ 参见拙文《从灾荒历史到灾难隐喻》，李文海、夏明方编：《天有凶年：清代灾荒与中国社会》，生活·读书·新知三联书店，2007 年，第 465—478 页；Cao Xinyu, "From Famine History to Crisis Metaphor: Social Memory and Cultural Identity in Chinese Rural Society," trans. by David Ownby, *Chinese Studies in History*, 44 (Fall/Winter 2010): 156-171.

（三）民间传说与乡村戏剧：民间道门反抗清廷国家暴力的象征化场域

乾隆二十八年方观承下令毁庙锉尸所造成的惊恐，已经载入了万全县的历史记忆。直到今天，当地的民间传说和乡村戏剧中仍旧保存许多有关方观承的故事。

方观承办案，膳房堡的许姓毫发无损，李姓后裔也并未遭到杀戮。但万全当地的一个传说却称，方观承曾在万全屠城。据说，方观承向乾隆帝进了谗言，诬告万全膳房堡准备"反清复明"，反清义士兵马猬集，马粪都积了三尺多厚。若不马上剿灭，必成大患。乾隆帝闻报大惊，派大军随方观承至膳房堡清剿。但清兵到了之后，普明用法术把膳房堡升在空中，清兵没有找到反清的兵马，也没有看到堆积三尺厚的马粪。继续进兵至巨德堡时，见路边两个捡粪小孩儿正在为争抢一块马粪打架，带兵将领始悟其诬。只好调兵回转，仍未发现膳房堡，便纵兵毁了堡城外的碧天寺。待清兵走后，普明才赶忙放下堡城，心里一急，放得快了，结果把堡城跌坏了。所以，直到现在，膳房堡的土城还是破碎的。[①] 还有人说，碧天寺案后，方观承在万全大肆屠杀，"抄家毁坟不下百户，戮杀受株者上千"[②]。

明清鼎革之际，清兵确实曾在万全屠城，但杀戮最重之地，为万全左卫（左卫城在今怀安县），并非万全右卫。[③] 显然，所谓方观承万全"屠城"的传说，是口耳相传之间，将他曾制造的恐怖气氛与更多痛苦的历史记忆联系到了一起。值得注意的是，当我们将万全县关于方观承的各种零碎的传说汇集起来，这些民间故事编织成的整体图景，才将这起逆词大案的地方记忆强烈地表达出来。

---

① 万全县"三套集成"办公室编：《古洞山村有传奇：中国民间文学集成万全县资料本》，1988年，第36页。

② 倪昌有整理：《普明及黄天道》，《万全文史资料》第七、第八合辑，政协万全委员会文史资料委员会，2006年12月，第32页。

③ 崇祯七年闰八月初四（1634年9月25日），清兵攻克万全左卫。载《明史》卷二三《本纪·庄烈帝一》。

第一章 村落
——膳房堡的故事

据深谙万全县黄天道掌故的子祥先生说：方观承在未做官之前，是江南才子，但后来父亲官场落难，被发配口外，家道开始中落。方观承独自一人，出塞访父，经过膳房堡碧天寺，遇到庙主许魁接待其中。方观承在碧天寺叨扰数日，辞别之际，留字致谢。但由于少年气盛，方观承题写四字——"江南第一"，欲明其志。许魁也是一个异才，见字心中暗忖此人狂妄，便回写"塞北无双"，扼其气焰。谁料到方观承心胸狭窄，对此嫉恨在心。待科场高中，放官山西不去，待官至直隶总督之后，借口碧天寺内有人"反清复明"，将其平毁。

子祥先生还提到一出已经失传了的万全地方戏——《金林寺》。戏里说的就是方观承与许魁之间的较量。据说，方观承平毁了碧天寺之后，回朝复命。但好景不长，因果报应。不久，朝中有人暗中构陷，方观承在乾隆帝跟前失宠，最终被贬，流放塞上。后竟双目失明，沦为乞丐，一步一揸，走出了张家口的大境门，竟然鬼使神差，讨饭到了膳房堡的碧天寺大庙。等待他的，当然是大家的唾弃。①

方观承题字蒙羞，似乎不是独有的说法。民国《万全县志》收录了关于城北"玄坛庙"的一则逸闻，名之曰"方观承卖字"。该县志记载：

> 桐城方观承之父因清初文字之狱，戍死塞外，承访其骨，周游塞北，以卖字为生。一日到县城以其所书，强售于某商号，索值甚昂，相持不决。适邑人孙姓翁持粪筐立街旁，某商号执事指承曰："如尔书果胜于彼捡粪老翁者，吾当倍其值。"承诺之，召翁至前，给以纸笔。书立就，承视之，自愧弗如。立收纸笔，离城他适。盖孙翁者，本邑大家也。即今所谓之南孙宅者是也，因式微而捡粪，故其书能折之也。方氏后官至直隶总督，令万全县于城北郊孙姓茔中，建玄坛庙，借名县城风鉴，实则意在报复，以致孙姓坟不能不他迁。说者谓，孙姓旧茔风水甚

---

① 王子祥口述材料，1986 年 1 月。原件由张家口市克东先生提供。

佳,经方破坏,致孙姓一蹶不振云。①

当地也有传说,这座玄坛庙,是平毁碧天寺之后,方观承为了镇压当地的"气运"而建。那位写字赛过方观承的老头,就是"李普明"的化身。②

玄坛庙的故事,曲折反映出类似碧天寺传说的"地方表达":方观承出于嫉恨,挟私报仇。他不论是平逆毁庙,还是建庙镇厌,都是私心作怪,目的就是要破坏别人的风水。

图 1-4　保定府莲池书院方观承题额,曹新宇 2011 年摄

方观承少时,确曾塞外探父,但并非长城口外,实为黑龙江。承父式济,官至内阁中书,因受戴名世《南山集》狱牵连,被发配黑龙江戍边。③大约年少多经磨砺,民间也流传其多能鄙事,甚至说他于舆地、相术,无所不通。④

在这种传说与历史的不断交互当中,万全当地的民间文学和乡村戏剧,

---

① 《万全县志》卷十一《艺文·故事》,民国二十三年,第 16 页。
② 刘建云收集整理:《普明爷爷与智明师傅》,《古洞山村有传奇》,第 36 页。
③ 《清史稿》卷三百二十四,列传一百十一。
④ 刘建云收集整理:《方观承卖字》,《古洞山村有传奇》,第 53 页。

在象征化了的因果报应中，审判了这位曾经摧毁民间庙宇的官府代表。然而，这些公开的戏剧与传说，却没有提到方观承对碧天寺"反清复明"的政治指控。恰恰相反，方观承毁庙砸碑刨坟锉尸的暴力形象，被消解为一个心胸狭窄的落魄书生和一个略通阴阳舆地的"术士"。换句话说，传说和戏剧中的方观承，远非国家权威的完美代表。他的形象，更像是一个饱受民间疾苦和熟悉民间宗教的"自己人"，只不过他心术不正，福薄命浅，最终还是在冥冥之中，堕入因果报应的审判。

有点讽刺意味的是，传说中方观承为了镇压目的所建的玄坛庙，正是日后李世瑜在万全第一次发现普明崇拜的地方。玄坛庙的供桌上面有三个木制的牌位，中间的写着"供奉普明佛之神位"。[1]

（四）庙权与教权：许姓的黄天道

上述戏剧中挑战方观承的许魁，由于戏剧化色彩太浓，很长时间内，我都心存疑问，膳房堡历史上是否真有其人。而随着田野调查的深入，我才逐渐意识到，民间传说和乡村戏剧中粗糙直白者，通常写实成分较重，而文学加工较少。这类戏剧与传说，虽然不太受到文人的重视，但往往能够更真实地反映地方政治与宗族、宗教之间的纠葛。

而这位与方观承斗法的许魁，笔者即在黄天道的一本道书中，意外地找到了关于他的记载。

这本道书题《普明古佛遗留玉篆交册文簿》（以下略作《玉篆文簿》），只存民国抄本，而且是一个孤本。它的内容是假托普明嘉靖四十一年（1562）升天之前所留预言。[2] 这本书非常晦涩难懂。多年前，因为我关注黄天道，著名民间道书收藏家宋军先生就慨允我攻读清心阁所藏该书的原件。

---

[1] 李世瑜：《现在华北秘密宗教》，第10页。
[2] 感谢宋军先生提供清心阁藏原本。

但为了读懂它，我在田野调查中不断拿出来参考，花去了很多时间。宋军博士最早注意到该书为黄天道道统之争的写照，而且类似的道书，似乎有一大批。① 这种情况只能说明当时黄天道内部的争斗必定异常激烈，同时也说明当时黄天道的规模一定很可观。否则，道门内部不会刺激出这么多的作品。

《玉篆文簿》是围绕膳房堡所作，膳房堡村被隐作"南阎之地，善月之村"（善月暗含"膳"字），也略作"南阎之村"；碧天寺作"木子坟茔"。关于许姓的隐语，多次出现，但系统研究之后，可发现代表二人。一位在该书开篇不久出现，号称"普明封就掌法子，言午掌定古传登"，又说"言午掌法七十载，不免也去见古佛"。后面还有一位，则藏头露尾，拆其姓名为"一二口人十"和"鬼斗"，暗含"许魁"二字。书中假借黄天道祖师普明之口略云：

　　老爷这里焚香火，接待虚空过往神。
　　我今一命归天去，交与普光掌法门。
　　二十四会各分散，七十二贤各度生。
　　一年四季勤赴会，不要错了半毫分。
　　错了一字难了道，改了一字变鱼虫。
　　法门底下魔人混，混得圆通大埋名。
　　一伙魔人分枝叶，都是一伙傻妖精。
　　邪人进表三元混，五腊二会遭苦刑。
　　这些表章升答过，天降灾星会雪崩。
　　⋯⋯⋯⋯⋯⋯
　　专逼圆通离了世，那会跌足无处魔。
　　有朝一日金童现，可看大胆拗令人。
　　遣差四帅头里走，康刘朱党下油锅。

---

① 宋军：《新发现黄天道宝卷经眼录》，《台湾宗教研究通讯》第6期，第137—155页。

第一章　村落
——膳房堡的故事

因为拗了圆通令，锅煮油煎大胆人。
来来往往不断走，天宫请母赴龙楼。
倒庄换壳人难晓，日月无光天地愁。
阳返阴身娑婆住，阴返阳身要成佛。
南阎地上铁罗汉，桅杆不动半毫分。
普明封就掌法子，言午掌定古传登。
大男小女齐访问，奔在大树不怕风。
言午掌法七十载，不免也去见古佛。
若是有缘真正子，早投大杆不怕风。

此段大讲圆通死后，普明、普光、圆通派下的道脉分化，各会散乱。黄天道暗传"铁罗汉"许姓，掌法七十年。"铁罗汉"，书中也称"铁心罗汉"。后文借"菩萨"预言，略谓其身后之事：

菩萨言：老爷升天去也，邪人敢又来在南阎之村，他又拨乱老爷只（这）根桅杆。佛言：吾奉无生命令，亲口封就"铁心罗汉"，他也不随邪倒贱，他也不卖口宣阳（扬），一心正大，掌定古根。菩萨言：到那（哪）年出头漏名？佛言：久后真僧出现，普光交法之时，掌定一乘大法，谁人不晓，谁人不明？三元圣地上木子坟茔，楬立一根大杆。菩萨言：罗汉子之掌法子之落在何人，落在何姓？佛言：封就一二口人十姓。菩萨言：要问真名姓？〔佛言：〕鬼斗字里安身命，掌了普明大法门。

"铁心罗汉"许姓，自居护定老教"古根"，在碧天寺（木子坟茔）掌法七十年后归天。而经菩萨追问明白，"铁心罗汉"的传人，亦在许姓，真名"许魁"。因为内容隐晦，《玉篆文簿》未曾明言，"铁心罗汉"是否就是许魁的祖上。不过，书中提到，末劫来临之时，膳房堡村出"八公祖"，在救劫云城（或银城）的七山关口，等候金童。经卷上说：

> 末后南阎之地，善月之村，出八公祖。他在七山关等金童出现，合同欲公大祖，机（稽）查表章。若不正邪表，铜锤一降，打入灰河，枉费钱，永不上申。

这一段也非常曲折离奇，从民间道门叙事之常理推之，前文隐约透露膳房堡碧天寺"铁心罗汉言午子"掌教七十年升天，留下未来掌法人的名字"许魁"。后文又叙末后来临，膳房堡（善月之村）"八公祖"等待"金童"。民间道门强调凡、圣两途，"八公祖"似乎即对应凡间传法七十年的"铁心罗汉言午子"，而未来金童，则对应"许魁"。这种猜测当然是暂时性的，直到最近的调查中，我才大致弄清了他们的真相（详后）。

上文中的"欲公大祖"，我已经找出他的来历。据前文所叙黄天道的《明光古佛圣诞文表》可知，他是普明、普光夫妇外孙女"普贤"的夫婿。许家"八公祖"与"欲公大祖"是同坛的同志，一道稽查表章，应同为万历年间经管黄天道之教首。看来，膳房堡许姓在明末也曾奉普贤派下的黄天道为正统。但这部经卷上说，自"圆通"以降，道内"邪魔"四出，圆通也暗中"倒庄换壳（窍）"，道脉落入许姓。显然，在普贤之后，黄天道派下争教，许家祖师也自称道统在身。

《玉篆文簿》除了肯定许姓的地位，也诅咒"邪"、"魔"。仔细分析这篇经文预言用来判教的标准，可见两类邪、魔：第一类是普明派下分散出来的"枝叶"，主要是普贤之后黄天道内的"康、刘、朱、党"、李家后人（木子根）以及杨（木易人）、米（康中姓）、侯（猿猴一点）各姓。第二类邪魔是不计其数的"邪师杂祖"，有幽燕地界"不烧香、不烧纸，不拜佛祖"，奉"罗姓号无为"的一派，也有蔚州李家店"李金、李三广父子"门下一支，河南"院家庄弓长"一派等。

很明显，本卷所说的许魁，自居圆通倒转，金童下生，又是普明亲封

“铁心罗汉言午子”的传灯。他守着膳房堡大庙的普明老会，以普明、普光、普贤、言午的传人自居。对内，将“圆通”门下不遵黄天道旧法的各门派斥为邪魔；对外，则指北京、直隶一带的“罗祖无为教”以及山西、河南等地的道门为妖妄，足见其志不小。难怪在民间流传的传说和戏剧，会让普明入赘许家，又把许魁作为反抗方观承的主角。

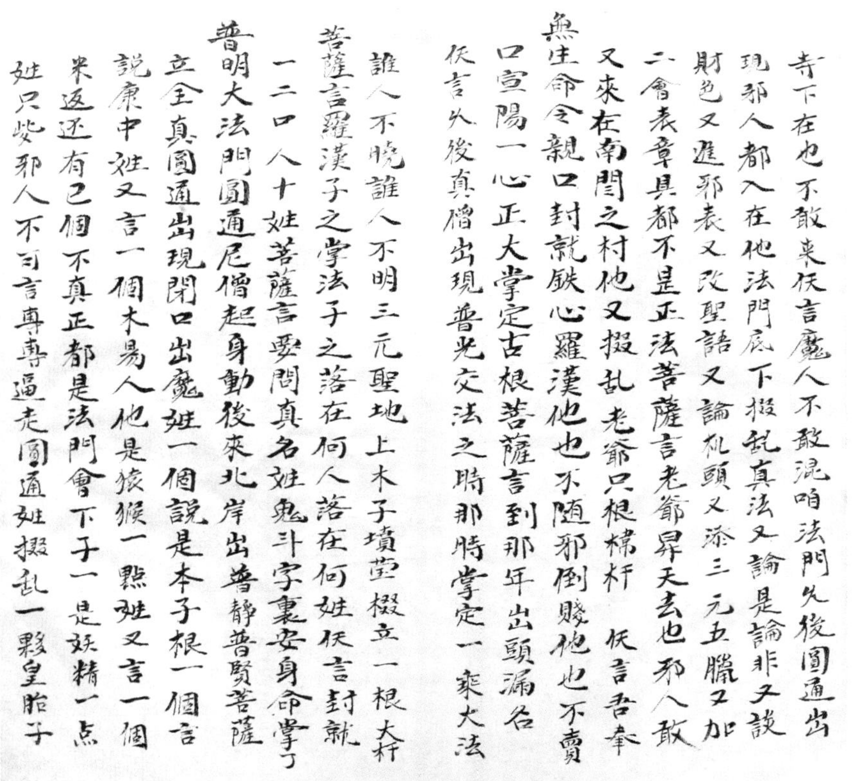
寺下在也不敢來伕言魔人不敢混咱法門久後圓通出
現邪人都入在他法門底下搬亂真法又論是論非又談
財色又進邪表又改聖語又論机頭又添三元五臘又加
二會表章具都不是正法菩薩言老爺昇天去也邪人敢
又來在南門之村他又搬亂老爺只根棉杆 伕言吾奉
無生命令親口封就鉄心羅漢他也不隨邪倒賤他也不賣
口宣陽一心正大掌定古根菩薩言到那年出頭漏名
伕言久後真僧出現普光交法之時那時掌定一乘大法
誰人不曉誰人不明三元聖地上木子墳塋擬立一根大杆
菩薩言羅漢子之掌法子之落在何人落在何姓伕言封就
一二口八十姓菩薩言要問真名姓鬼斗字裏安身命掌了
普明大法門圓通尼僧起身動後來北岸出普静普賢菩薩
立全真圓通出現閉口出魔姓一個說是本子根一個言
說康中姓又言一個木易人他是猴猴一點姓又言一個
米返还有己個不真正都是法門會下子一是妖精一点
姓只娄邪人不可言專專逼走圓通姓搬乱一夥皇胎子

图 1-5 民国抄本《普明古佛遗留玉篆交册文簿》，清心阁藏

（五）世袭性的“卡理斯玛”：许家最后一位佛爷

许姓的黄天道，一直若隐若现地浮现于有关万全碧天寺的档案、道书、

民间文学当中。我也只是最近才非常幸运地发现了关于他们的重要线索。这种线索，外来闯入的调查者通常是很难访查到的。

1945年，在日军尚未投降撤出前，八路军迅速进驻万全，成立了解放区的区公署。1946年9月，国民党军从解放军手中夺回万全，1947年夏天李世瑜先生做调查的时候，万全暂时由国民党控制，但共产党的力量在山区仍有很大的影响。1948年底，解放军第二次解放万全，此后到20世纪50年代，万全县一直是破除"封建旧文化"的"模范县"。今天，甚至很难在万全发现什么保存完整的碑刻。李世瑜先生曾于1993年重访万全，当地庙宇、古迹"荡然无存"的现状，让他很幽默地劝告愿意去万全做庙宇"再研究"学者，最好打消他们的热情。① 在这里做民间宗教的口述史的困难也显而易见，对民国时期黄天道有亲身经历和实际印象的老人，所存不多。即便尚有知道一点掌故的老人，这类话题也并不受到鼓励：原因倒不见得是政治方面的。迅速的现代化与城镇化，使得万全的乡村在市场经济的浪潮中渐渐地萎缩。这种环境下，乡村宗教已经不再是制造地方认同的机制，关于它的话题，自然显得不合时宜。

正如经卷上常说，"也是佛法有应"。多次在万全田野调查后，我终于遇到了"有缘人"相助。这位"有缘人"是万全县的振山先生，通过他的帮助，我采访到了膳房堡的一位许姓后人——许献策先生。许献策78岁（2012年），文化程度不太高，但记忆力和精力都极好，人也健谈。那位当地传说和戏剧中挑战方观承的许魁，就是他的祖上。

许家的家谱，在"文革"中烧了。② 许魁是许家的几辈祖上，已经无法说清。但许献策还记得，父亲许振魁亲口告诉他，他家这一支，就是许魁老祖的嫡传后裔。许魁并不是许姓最早传黄天道的人。听老辈人讲，许姓在道内最出名的人，是明末清初的许言工先生。据说，许言工是师祖，黄天道

---

① 李世瑜：《社会历史学文集》，第27页。
② 许献策堂弟许献吉保存一种许氏家谱，参见梁景之：《清抄本〈文华手卷〉管窥》，《青海民族研究》2020年第2期。

从一开始,就是膳房堡这里传出去的。山西原来的教已失传了,是膳房堡的许言工去山西又传起来的,因此人家就说,许言工先生就是祖,就是根。后来,许魁也去山西传过教,所以,山西来朝香的人,都来敬贡许家,奉许魁这一支的后人为祖师。在许献策记忆中,前来敬奉的香客,就把他的爷爷、奶奶尊为师爷和师奶。

许献策的爷爷叫许茂,清同治十二年(1873)生人。许茂的父亲,即许献策的太爷,名叫许秀章。许家发家,就是献策太爷手上的事。民国元年(1912),许秀章在膳房堡村正中央,从另一户许姓手里置下一处院子。许家把旧房子的椽子下了,瓦也揭了,重盖新房。先盖了三间正房,民国二年(1913),又盖两间。到民国五年(1916)盖起整个院子。五间大正房,中间三间作为正殿,供着佛爷(像)。实际上,许秀章新盖的,是一座建在家里的"庙",许家一直把这座"家庙"或佛堂叫作"普佛寺",而把膳房堡城西南的普佛寺称为"大寺"或"大庙"。

许献策还记得,这座家庙里面摆着两个严整的经柜,颜色是红的,里面搁了经卷。但在他能记事的时候,家里的经卷已不多了,他印象中是那种经折装的刊本。据说,从前经柜里面的经卷很多,膳房堡大庙里四月初八、十月初十过会做法事的时候,还从许家"请"经。诵经、唱经的时候,先把铜磬、钵盂、木鱼、香炉都摆放好,又唱,又念经,又敲打。唱经时,用一个签子,放在(经折装的经卷)中间,翻来翻去,唱词就在经上,需要翻页,便用签子折过来,看完了,又用签子折过去。唱经的"佛曲",似乎很单调,总是啊~啊,啊~;啊 ~ 啊,啊 ~……地往复。回想起来,许献策分析道:"人家称膳房堡许家是'祖',就是指许家佛堂经柜里的那些经卷,那些东西就是'祖'!"

许家自建的佛堂,还有另一个重要的作用,那就是提供住处。那会儿的"住处少",而膳房堡大庙里有黄会、明会两个会。每年四月、十月有大型的庙会,吃素的香客很多,许家自建的佛殿,也是重要的歇脚下处。许献策印象里,四时八节都有人来敬奉他爷爷、奶奶,一年供奉不断,许茂夫妇见天吃点心，喝糖水。山西人也远道来拜，并且还接许茂去过一回山西。

许茂似乎没有读过什么书。许献策记忆中，许茂近乎是文盲，他在家里地位也不高，掌庙之外，只管长工；充其量，算是个长工头。而许家当家的，是许茂有文化的兄弟许晟。除了许魁的血脉，许茂显然没有什么"卡理斯玛"，他作为师爷的"神圣性"来源，除了家藏那两大经柜的经卷，还因为他是膳房堡许魁的后人。

许茂被山西的同教作为"祖师"请到山西的时候，同教的道友听说膳房堡的祖师爷到了，纷纷前来拜见，一时观者如堵。有人还带着个哑巴来求见许茂，似乎没来之前，就有风传，见了师爷，哑巴也能开口说话。拜见过师爷，哑巴没有开口。群情疑惑，许茂犯难。师爷也不那么容易做！情急之下，许茂说道："打春了（到了春天）再看吧！"回家之后，家里人闻讯都说："你应答得不错！"

五、更多的教派谱系：跨地域的道门网络和复合型的宗教权威

（一）山西的黄天道

除了许家这些珍贵的历史记忆，许献策先生还提供了一条"许言工"的线索："言"字，楷体旧写，不少人作八画，"言工"是否就是道书《玉篆交册》当中的"八公祖"呢？这一点引起了我的好奇。终于，在最近发现的文献中，"言工"的秘密才被揭开。

2012年夏天的一个中午，振山先生忽然电话告知，有位民间收藏家李女士，保存一批黄天道的实物，请我去看看。当地学者丁山先生也非常帮忙，将藏主多年来冒着很大的风险才保存下来的黄天道文献悉数借出，让我过目。尽管已经有了心理上的准备，但当这些文书在眼前打开的时候，我只能用"震惊"这两个字形容当时的感受。

这批文献中有清初至民国年间大量的经卷、表章、灵文、咒语、印信、牒文，还包括9件保存完好的清代彩绘帛书。其中最长的一卷，《朝阳古佛老爷遗留末后文华手卷》（以下简称《文华手卷》），长达1205cm；最短的一卷，为95cm。另外7卷，以500cm—800cm的长卷为主。

那卷最长的《文华手卷》，记载了明末清初黄天道的一百二十会会主的姓名、会址等项。许言工为第五十三会会主，他的"头衔"，写作"圆顿八宝玉明会皇极五十三会，北岸头一会膳房堡会主"，但他是整个手卷第一个拥有绘像之人（见图1-6）。另外，据该卷所述，前五十二会为真定府"郭真"祖师所化，后归入普明法门。郭真在黄天道的道书中有记载，有一种说法称，郭真是比普明还早的一位道门祖师，他的门下各会主要集中在直隶真定府等地。① 但《文华手卷》上说，郭真派下各会之人，日后都蒙他们的祖师托化，悉数归了普明的黄天道。按照这种说法，膳房堡会虽序次五十三会，实际上是黄天道普明派下的第一会，因此也称"北岸头一会"，会主许言工在道内显然处于非常重要的地位。

许言工若是前文所说之"八公祖"，不仅姓名、地址与膳房堡许家的传说相符合，时间上也与明末清初一段相合。如果不出意外的话，"言工"极可能就是前文所述的"八公祖"。八公祖又号"铁心罗汉"，末劫时镇守缘人避劫的七百里银城。此"铁心罗汉"也称"铁祖"、"铁佛"，方观承在碧天寺查抄到的《朝阳遗留三佛脚册通诰经》，上面也几次出现这个名号。②

帛书《文华手卷》卷末署"大清乾隆二十九年岁次甲申季冬吉日造，山西平定州寿阳县北乡蔚家庄村居住，会主温宪乡；副会：温贵金、任继德；写手：温家定。合会众善人等同置"。从材质、装裱、款识、墨迹上来看，绝无伪造之虞。该卷造成之时，距方观承在乾隆二十八年（1763）查办直

---

① 参见《普明无为了义丹书宝卷》，收入王见川等编：《明清民间宗教经卷文献续编》第1册，第61页。
② 清心阁藏清抄本《朝阳遗留三佛脚册通诰经》下卷，影印本参见王见川等编：《明清民间宗教经卷文献续编》第1册，第401、405页。

图1-6 帛书《朝阳古佛老爷遗留末后文华手卷》(局部), 41cm×1205cm

隶碧天寺案,只有一年多时间,但山西的黄天道同教,在具名之前确实署所在州、县、乡、村,还一一列出谁是会主、谁是会副、写手,似乎对直隶办案浑然不知。待我们打开另一卷用泥金书写的帛书《灵符手卷》时,这个猜想得到了证实。《灵符手卷》(39.5cm×620cm),制作于乾隆三十二年(1767)。卷末更是将造卷之人详细胪列:

山西直隶平定州寿阳县太平乡北定二都五甲人氏,见在大东庄村居住。会主:朱福亨、任纲;副会:任用钦书、朱旸、朱旭、朱迎宾;贴会:任用明、朱显;写手:任顺瑜、傅汉迁、乔满贵、朱迎庆、朱从富书;经理:傅文奇、朱显、朱有库;走道:乔桂成、朱再时、朱从程；茶头：任用中、朱迎光、朱福赐、赵加福、李妙林施钱式百文。
乾隆三十二年十二月二十三日谨造，合会人等熏沐同办。

为什么这些帛书，特别像《文华手卷》，要详细列出各会会主姓名、会址，何况还是真名实地，难道造卷之人就不怕官府发现之后，按图索骥，一一捕去吗？这些精美的帛书似乎提醒我们，研究者的视域恐怕过于局限于历代官书上所谓"严异端之禁"的条框。这些长卷，是道门内部"别同异"、"明异端"的法宝，就是要标出谁是道门里的"正统"。对民间的宗教家而言，道门内部、道派之间的竞争与倾轧，显然比官府的查办更加日常，也更为可怖。

很明显，这种造卷的活动，在山西寿阳的地方上，与查禁黄天道之前的直隶万全一样，完全是被当作某种"正统"来看待的，而捐资造卷者，显然也将之视为一项功德。这些实物的例证，可以让我们看到，很多时候，清朝国家力量在地方社会的实际影响力多么有限，而国家权力的地方实践，也深受宗族、村落以及主持公共事务的各类组织所限。

这些乾隆年间的实物，也充分证明了许献策先生关于许家与山西的黄天道有关的说法。如果考虑制作这些帛书需要的时间，我们甚至可以说，几乎在方观承办理碧天寺案的同时，被官府忽略了的当地许姓，以及其他未曾落网的道徒，可能正在山西传播黄天道。也许，这种关系倒过来看更准确一些，清代国家在查办民间道门中诉诸暴力，实际上更多地反映出面对道门组织的扩张与膨胀时，官方力量的恐慌与无奈。

而上述帛书制作的地点：山西直隶平定州，早在雍正十三年（1735）就曾发现有黄天道的活动。据报当时有三四村人随平定州人李福习教，李福家藏黄天道的道书《寇天宝书》（即《扣天真宝》）。[①] 平定州地处直、晋孔道，

[①] 直隶总督李卫奏遵旨覆奏并附陈拿获匪犯讯出邪教现在办理缘由折，《史料旬刊》第十七期，见故宫博物院编：《史料旬刊》第二册，北京图书馆出版社 2008 年影印，第 510—511 页。

黄天道在清初就通过这条通道，向山西传播了。

山西寿阳制作的这批黄天道帛书，无论从内容还是仪轨上，都毫无疑问是以万全黄天道为主。许献策先生也介绍过，历史上许姓几度在山西传过教，山西人一直把许姓当成祖师。但寿阳制作的这批帛书，又是如何回到了万全的呢？帛书上反复出现的寿阳县，勾起了我的一些零碎的记忆：李世瑜的调查中，似乎也出现过寿阳。

（二）道门资源的反哺

万全县南部赵家梁普佛寺内曾有一块民国三十年（1941）的石碑。[①]李世瑜调查时曾抄录原文如下：

> 惟黄道复生，光绪十九年于山西寿邑，任老师独驾孤舟至赵家梁村，接续传发（登），亲传黄天大道，与赵先师进有承接法船，单渡缘人。后嗣赵师尔理，授法高莫，涉水登天，普结善缘，因梦修洞，优容怜老，至诚焚香，万代觉醒。忽悟原照，忆榆林街天花洞，想是天感时至，愿舍己址村南朱家地一亩余，建设庙堂，永远为众善之舟航，称黄道万古之基础。……[②]

赵家梁普佛寺碑文中的山西寿邑，就是寿阳。李世瑜注意到赵家梁的普佛寺与膳房堡大庙的传说不同，但他推测可能是庙主赵尔理故意以示区别的缘故，就没有再去理会"山西寿邑"。从前文所示清代山西寿阳与万全黄天道的联系来看，赵家梁碑刻中光绪十九年（1893）山西寿阳人来万全传教的可能性极大。碑文讲到的"寿邑任老师"，据我调查，道内传说是寿阳人任

[①] 李世瑜先生另说石碑年代为民国十三年（1924），可能有误。参见李世瑜：《社会历史学文集》，第313页。

[②] 李世瑜：《现在华北秘密宗教》，第16页。

英。① 任英最初所传为赵家梁的赵进有,而将其在万全发扬光大者,就是赵进有的哲嗣赵尔理。

赵尔理生于光绪四年(1878),李世瑜1947年采访他的时候,他已年近七旬。与膳房堡许秀章在院子里起的佛堂类似,赵尔理的普佛寺也是建在自家的院子里的。② 今天的赵家梁村还保存着作为正殿的几间正房。村里的人都把它叫作赵尔理的"家庙"。赵尔理少年时,两次投考童生失利,心里很受刺激,决心潜心学医,济世救人。他在20世纪20年代就成为张家口一带的名医,五六十年代,万全、怀安中医界不少知名的医生都是他的徒弟。传说赵尔理医德高尚,怜贫济困,开诊以来,穷人看病,量力付酬,遇到极贫

图 1-7 赵家梁普佛寺落成合影(1941年前后),前排右三为崇善、右四赵尔理。曹新宇2005年翻拍,感谢克东先生提供原件

① 感谢张家口克东先生提供材料。
② 贺登崧(Willem A. Grootaers)、李世瑜等调查赵家梁普佛寺建于1924年可能有误。参见 Willem A. Grootaers, "Temples and History of Wan-ch'üan (Chahar): The Geographical Method Applied to Folklore," *Monumenta Serica*, 8 (1948): 283。

苦的病人，他还舍药、施棺，多做善事。赵尔理信奉"穷汉吃药富汉还钱"。据说他治好过旧羊屯有名的某富户的宿疾，为了表示谢意，患者当真支付给赵尔理许诺好的酬答，60石小米。赵尔理则将此项收入全部用于赈济旧羊屯村的贫民。① 赵家梁村民记忆中，赵尔理平日多披条褡裢，随时舍药给需要的穷人。每到年关，他还向穷人施舍豆腐等素食。他的这些善举，似乎不是因为信奉"惟善是富"。据我们采访得知，赵尔理生活非常简朴，他自己没有后代，日常的饮食，多寄食在亲戚家中，饭求一饱，衣图一暖，从不挑剔。而且他很恪守吃斋的信条，经常劝人吃素。他本人还常年习练"十二段锦"，呼吸之间，就在内炼，外人也看不出来。②

据赵尔理妹妹的孙子邹先生回忆说：赵尔理学医之后，每年都去山西，后来就盖起一座"家庙"。从他家里两代人与山西寿阳师傅的交往来看，他建的普佛寺，无疑是山西寿阳黄天道回传到了万全的一个中心。③ 赵尔理这支黄天道始终与寿阳任姓关系密切。据说，直至20世纪40年代末，寿阳任姓还经常来赵家走动，当时的孩子们对此都习以为常，称任姓是山西来的"二大爷"。我们再次请丁山先生询问藏主那批黄天道帛书的来历，最终弄明白这些帛书和经卷，就是赵尔理与崇善先生的遗物。

崇善先生是赵尔理的妹夫，也是赵尔理复兴黄天道的重要成员。赵为首的黄天道，有12个会。主要分布在万全，也包括怀安、张北的部分村庄。李世瑜在1947年调查时，这十二会分别为：第一会（复初会、老会），会主赵尔理、崇善；第二会（复元会），会主阎庭枝；第三会（复兴会），会主刘占先；第四会（复少会），会主刘国柱；第五会（复忠会），会主李润生；第六会（复仁会），会主杨万春；第七会（复义会），会主张逸；第八会（复礼会），会主苗之甫；第九会（复智会），会主徐苍国；第十会（复

---

① 赵连普、郝鸿玉：《忆万全名医赵尔理》，《张家口文史资料》（人物专辑）第18辑，政协张家口市文史资料委员会，1990年。
② 赵尔理外甥媳妇李凤云女士讲述，2012年6月。
③ 邹尔锡先生讲述，2012年6月。

信会），会主赵柱天；第十一会（复普会），会主张明义；第十二会（复明会），会主丁佃仕。①

赵尔理是第一会的会主，也叫大师傅。而第一会的二师傅，就是崇善。②崇善比赵尔理小八岁，光绪十二年（1886）生人，民国三十三年（1944）年底去世，办理葬礼的时候，家人还从山西任姓那里请来"路引"，以便让崇善顺利"归家"。寿阳任姓对这一支黄天道的影响可见一斑。乾隆时期寿阳黄天道的帛书，就在这种情况下传入了赵尔理的会中。

据崇善的儿媳李凤云女士介绍：崇善先生家算是"富农"，有一顷多地，雇过两个长工。未受过高等教育，平日在家务农，赶毛驴车。他信奉黄天道，吃长斋，但对孩子们的信仰并不做要求。家里随他吃素的，只有二儿子和二姑娘。崇善工小楷，抄了一辈子经卷。抄好的经卷，都用经折装的形式装帧，自己再裱上锦缎的封面、封套。看到刻版大字宝卷上卷首、卷末的各种佛像、韦陀像，他都用小刀在木头上细心地临摹刻版，抄经完毕，就用刻好的木版，把佛像刷印到抄本的卷首、卷末。他抄的经卷，看上去就像官版大字刊本的宝卷一样美观。当年，这些经卷，连同他刻好的那些佛像画版，满满地存放在一个两联的经柜里。

但如今，除了一少部分保存了下来，大部分的经卷都在"文革"中被烧掉。所幸的是，他的家人在烧掉经卷之前，揭下来封面上面的题签，藏了满满一个纸袋子。而从这些幸存下来的题签，我们可以看到崇善当年抄经的大部分目录了。

崇善抄的经卷，包括自己编写的4种目录和大量精抄本。与李世瑜1947年看到的一般善书不同（善书显然是应付一般的来访者的），这份"存目"，绝大多数是黄天道的道书，而且孤本不少。在单个的道门，一下子发现分量这么大的一份经卷目录，是非常罕见的。尽管目录中的经卷大部分没

---

① 感谢张家口市克东先生提供材料。
② 也有说法称崇善是第二会的会主。

有保存下来，这个存目也弥足珍贵，它简直可以算得上是黄天道的一本"艺文志"了！

我现在将其不加修饰地整理出来，以便我们读后有一个直观的印象。这个存目包括：目录类 4 种（誊录乘里经卷总部数目表；誊写单本经卷名目总录表；誊写小本经卷名目表；外请经卷目录表）；经卷 152 种（含不同版的复本）：

    1. 普明如来无为了义宝卷

    2. 普明如来无为了义宝卷（大印板，梁理山请来）

    3. 普明如来无为了义宝卷（康熙年大板经）

    4. 普明如来无为了义宝卷中册（上四品）

    5. 佛说普明如来无为了义、普光如来四维圆觉宝卷中册一部（二本）

    6. 佛说普明原籍宝卷（共七页）

    7. 皇极普明三元九莲千佛金藏宝卷

    8. 朝阳古佛遗留末后文华手卷

    9. 朝阳遗留末后文华手卷、普明三佛脚册、三期普渡丹书

    10. 朝阳老爷遗留了言宝赞

    11. 朝阳老爷遗留天盘宝赞

    12. 朝阳遗留九甲灵文宝卷（上、中、下一部）

    13. 朝阳遗留九天玄文吞天咽地灵宝经

    14. 朝阳九留九阳玄文真宝（此经写□）

    15. 朝阳遗留万圣考甲文簿、九阳玄文、吞天咽地真经（三本一部）

    16. 普明古佛二十四会会簿（壬午卅一年写）

    17. 普明古佛遗留琉璃印记文箓、勘合玄文金筹朝璋、三宝皈元宝卷、银城宝偈、九洲汉地图

    18. 普明遗留琉璃印记文箓

    19. 佛说勘合玄文金筹朝璋真宝

20. 普明古佛遗留九洲汉地银城图

21. 普明古佛遗留八宝云盘宝赞

22. 普明古佛遗留八卦宝赞

23. 普明古佛遗留八牛宝赞

24. 普明古佛遗留白虎宝赞

25. 普明古佛遗留半印真宝

26. 普明古佛遗留大海出水宝赞

27. 普明古佛遗留都斗宝赞

28. 普明古佛遗留黑虎宝赞

29. 普明古佛遗留降魔、出水、弥勒、真武、透天十二、透天行甲、天门、黄龙大册（中上四品）宝赞

30. 普明古佛遗留金筹总数、银筹总数，弥勒古佛遗留半印真宝

31. 普明古佛遗留金字灵符手卷

32. 普明古佛遗留九莲宝赞

33. 普明古佛遗留开示愿簿（重誊写民国廿一壬申年）

34. 普明古佛遗留考甲簿

35. 普明古佛遗留七家手卷

36. 普明古佛遗留青龙、白虎、都斗、云盘、黑虎、了言、天盘、九莲、八牛、八卦、龙华、透天宝赞

37. 普明古佛遗留青龙宝赞

38. 普明古佛遗留三佛脚册

39. 普明古佛遗留收元宝赞

40. 普明古佛遗留天门宝赞

41. 普明古佛遗留万福长生归天手卷、收元龙华云城偈、虎眼禅师唱经中册、考甲簿、九龙圣书

42. 虎眼禅师透天行甲宝赞

43. 普明古佛遗留先天文榜

44. 普明古佛遗留修养秘诀默语丹经指源篇

45. 普明古佛遗留银城宝偈

46. 普明古佛遗留真武宝赞

47. 普明观灯偈（抄本）、华严施食科（木板）（二本一部）

48. 普明老爷遗留兑甲宝卷一部（上、下）

49. 普明老祖遗留悟道篇

50. 普明秘传末后六甲灵文

51. 普明亲分还乡归家偈文簿

52. 普明如来传留万福长生归天保命手卷

53. 普明如来遗留末后一着龙华宝赞

54. 普明无为九甲印记灵文

55. 普明遗留定劫护坛真经宝卷躲劫真宝归家

56. 普明遗留黄金大柱天造根元

57. 普明遗留黄龙大册一卷

58. 普明遗留家书真宝十三件一部（十三本）

59. 普明遗留今古护圣降魔宝赞

60. 普明遗留九甲透天机（外请未写者）

61. 普明遗留聚宝护命灵符真经

62. 普明遗留考甲簿

63. 普明遗留考正搜邪脚册文簿

64. 普明遗留洗心归家搜邪宝卷

65. 普明遗留考正文簿卷之下册

66. 普明遗留灵符文花手卷

67. 普明遗留灵符文花手卷、末后一着灵符手卷、古佛七家手卷、七祖收元罗凭、九祖收元罗凭宝偈一部（六本）

68. 普祖遗留收元罗凭宝偈

69. 普明七祖收元罗凭宝偈

70. 普明遗留末后定劫照贤、聚宝、应劫、照仙炉、金莲□

71. 普明遗留末后一着扣天真宝、兑甲宝卷（中册）、辖天宝诀文法三卷一部

72. 普明遗留末后一着灵符手卷咒语

73. 普明遗留三宝归圆宝卷

74. 普明遗留三甲灵文宝卷

75. 普明遗留收元偈、龙华偈、云城偈（三偈一本）

76. 普明遗留天梁黄金大柱

77. 普明遗留五祖公案全图

78. 普明遗留玉箓交册文簿

79. 普明遗留云外青霄显明直指、乘舟得路证道了心宝卷（二本一部）

80. 云外青霄显明直指、乘舟得路证道了心宝卷（民国廿一壬申重抄）

81. 普明遗留紫金定就根元大筹

82. 普祖根源复道榜文

83. 普明遗留开示愿簿、九明指典、悟道篇、周祖指诀、周天火候、药王卷（六本一部）

84. 周祖传普明指诀（第二本重抄）

85. 周祖传普明指诀（一本）

86. 普明遗留周天火候金丹蜜指心印妙诀一卷

87. 普明古佛遗留玉液还丹捷经真传、修养秘诀指源篇，附太上黄庭经附十二段、寒山石德静功

88. 黄庭经上、中、下三卷，后附十二段锦、易筋经，又附寒山石德呼吸静功要诀（民国廿六丁丑年写）

89. 卫生易筋经、十二段锦

90. 集选十二段锦后有四句妙偈

91. 混元道德金丹龟灵古月宝卷（二本）

92. 普光如来千佛宝忏、蕴空透玲真经（二本一部）

93. 普光如来千佛慈悲利生拔苦宝忏天元太宝无明旨意刚佛（印板未抄）

94. 普光如来千佛慈悲利生宝忏（崇善抄）、普光如来蕴空明宝透玲真经（尔理抄）

95. 普光四维圆觉宝卷

96. 透玲圆觉真经

97. 蕴空明宝真经

98. 真僧句解四维普光圆觉宝卷（上、下一部）

99. 普光遗留二十四气牌号真文附十牌十号

100. 太阳登殿日时默诀路粮米（一本十四页）

101. 太阳开天立极亿化诸佛归一宝卷（上、下一部）

102. 太阴出身亿化三霞元君宝卷（上、下一部）

103. 普通如来百宝诸文宝卷

104. 普贤如来无为了义清净真经

105. 普贤如来无为了义清净真经

106. 普照银沙海中取心经

107. 普静如来师罗收元宝卷（上、中、下一部）

108. 普静如来钥匙通天宝卷六本一部

109. 黄天拔苦功德真经

110. 黄天救度拔亡宝忏

111. 清静妙道万法真经宝忏

112. 通天检教万法归一宝卷一部

113. 正国一统三纲五常通凡达圣交参宝卷

114. 佛说常清静经、平安皂（灶）经、北斗真经、三元赐福灯、五方土科、进纸咒、玉枢宝经、真武妙经、消灾神咒、三元赐福经、谢土法忏（共十二本）

115. 诸神进纸安神咒

116. 佛说大乘金刚经论

117. 佛说高王观世音经、玉皇心印妙经、太阳经、护身咒、金刚咒、梦授经、太阳灵应经、太阴灵应经、太阳真言、太阴真言、般若波罗蜜多心经

118. 佛说黄氏女看经宝卷一部（上、下二本）

119. 佛说荐亡拔苦叹灵观灯宝偈

120. 佛说九龙书一卷

121. 佛说千手千眼观世音菩萨广大圆满无碍大悲陀罗尼经（小本外请）

122. 佛说清净万法了义莲华心经皇极经（六本一部）

123. 佛说清心戒赌洗心论（一册）

124. 清心戒赌文、洗心论

125. 佛说三期普渡丹书

126. 佛说四十八愿祝香宝偈

127. 佛说悟理圆明金莲宝卷一部（上、下）

128. 佛说西来意返唱经、破天通诰一册、九龙混海图、九甲天盘偈、末后一着、十王印、九经八怪照妖镜

129. 佛说先天出卖生死药王宝卷

130. 观世音菩萨普门品经

131. 观世音菩萨普门品经（民国廿六丁丑年抄）

132. 归源透天十二赞祇园印证

133. 护国佑民伏魔宝卷一部（上、下二本）

134. 护国镇宅灵应灶王宝卷

135. 皇极玉枢千佛宝忏中（此经从外请来）

136. 金丹古佛传留劈释迦显弥勒宝赞

137. 净明三教寂静意同宝卷（上、下一部）

138. 老母家谱条律宝卷（一部）

139. 礼忏心法观想偈略释方便议、忏坛轨式、八关斋法、大悲心陀罗尼咒（印板，外请）

140. 吕祖访贤杭州

141. 木郎太乙三山真君祈雨神咒

142. 女经玄灵北斗本命延生真经（泽林写）

143. 女妙贞经

144. 注释开天利生证道明文宝卷

145. 取水文科

146. 三世因果经、贞观寿生经

147. 神名全对本（三本）

148. 太上洞玄灵宝救苦、解冤拔罪、九幽灯科、十王拔济、灵宝赞叹（共八本）

149. 太上三元赐福赦罪解厄消灾延生保命妙经（泽林写）

150. 太上三元赐福赦罪解厄消灾延生妙经

151. 谢土法司文牒对本

152. 严静、献斋（一本印板）

    崇善个人抄写的经卷（少数几部经卷由赵尔理抄），竟然积累了这么大的一份存目，着实让人感到吃惊！而李女士告诉我们，这些题签，还不是崇善抄经的全部。他抄写的经卷，两个儿子手里都有一些。大儿子不吃素，传给他的那部分经卷，在"文化大革命"当中全部烧毁，什么也没有留下。揭下题签后烧毁的，是二儿子手里的经卷。但仅仅上述的存目，已足够令人惊叹的了。因此，李女士说，崇善先生抄了一辈子的经，这话显然不是夸张。我忽然有点明白了膳房堡许献策的话：这些经卷就是祖！

（三）复合型的权威

崇善抄经目录里，有一种《普光如来蕴空明宝透玲真经》，是赵尔理抄成的。[①] 好像这两个人的经卷，是由热衷于抄经的崇善保存。那些山西寿阳传过来的乾隆年间的黄天道帛书，后来也由崇善保存。他们拥有如此之多的经文，本身就是一个很"权威"的系统。

但是，赵尔理与膳房堡的关系，远远不是李世瑜先生推测的那种简单的对立。许献策告诉我们，许茂在世的时候，赵尔理年年步行五十多里，来探望许家的"佛祖"，拎着一篮子一篮子的土产、点心。许家也做好饭，款待赵尔理。每逢过年、八月十五这样的重要节日，赵尔理都会来看望许家的师爷和师奶，每次去了许家的佛殿，赵尔理也照例要烧香、贡献。据崇善的家人回忆，崇善和他的儿子子祥，也要年年徒步上膳房堡拜庙，每次出行，早上四点多钟就要出发。

不过，这种敬奉，更像是当地信众对于带有"世袭性卡理斯玛"的许家从私人感情上的某种尊敬，赵尔理探望许家的时节，也是"世俗"的节日。显然，膳房堡大庙四月会、十月会这样的黄天道庙会，是更加公开的，迎接远来的香客的场合，并不适合私下感情的交流。

对于这类历史化的道统和权威，很多道徒均有类似的崇敬。据李女士讲，崇善不仅藏经丰富，而且对黄天道在万全的掌故也如数家珍。连崇善的儿孙辈都受到他的影响，也知道暖店堡的米家，就是普贤的夫家。而对普贤的女儿嫁到哪个村庄，坟茔、墓碑所在，都能娓娓道来。

六、庙宇、圣职与宗教权威的继续"层累"："新道门"的引入

宗教派别的发生，可以是创造型的，类似马克斯·韦伯（Max Weber）

[①] 参见崇善抄经目录（94）《普光如来蕴空明宝透玲真经》（赵尔理抄）。

总结权威类型时所提出的"卡理斯玛"。这种类型富于戏剧性，便于转述，也容易被不断构造。例如，中国民间道门中流传的"罗祖退番兵"、"飘高祖救皇姑"、"李廷玉平吴三桂"等故事，都是被反复讲述，直到成为创造教派自身认同的"根源"经典。① 不过，在宗教实践中，新道门的出现，却往往借助"制度型"力量而繁衍。只是我们对于历史上的宗教文化制度，并非认识得很清楚，因而也不容易看透它们所属的类型。中国的宗教文化制度中，常见一种"附着型"的权威。李世瑜先生当年的调查就发现了很多这样的例子。普明的崇拜可以附着在"玄坛庙"，也可以是"龙王庙"；可以在正殿，也可以在配殿。实际上，华北的庙宇历史上，最常见的现象，就是神明附空间的开放。民间废弃不用的神像送回庙里的情况，非常普遍。而庙宇甚至不需要为这些初来乍到的神明准备什么场所，大大小小的像设，就堆在寺庙的"莲台之下"或供桌旁边，不讲究的，就摆满窗台、墙角。一般来说，寺庙也不急于"请"他们出去，或关上这个"场域"。

膳房堡大庙的"新道门"，即所谓的"明会"，就是"附着"而来的。把它带进普佛寺的，是住持的和尚。

李世瑜曾在民国《万全县志》和膳房堡的大庙普佛寺的碑刻上看到明、黄二会争庙之事。但《县志》语焉不详，因此未能进一步弄清其中原委。② 今天大庙里面的碑刻，已经荡然无存。离大庙最近的，也可能是现存唯一与普佛寺有关的碑刻，是大庙遗址对面西坡上一块残存的墓碑。碑上的字迹漶漫不清，经仔细辨认，略得如下：中间一列是"故法师考门公之墓"。左列："讳兆银，生于咸丰癸丑年甲子月十一日亥时降生，涅盘于民国庚申年己卯月初五日子时皈空。"右列："讳兆贵，生于咸丰戊午年庚申月二十一日辰时降生，涅盘于民国庚申年己卯月初五日巳时皈空。"碑阴损坏程度更加严重，只可勉强识别如下文字：

---

① 曹新宇：《传统中国社会的"灾难信仰制度"与秘密教门的"灾难神话"》，《清史研究》2003年第2期。
② 李世瑜：《现在华北秘密宗教》，第17页。

第一章 村落
——膳房堡的故事

　　盖闻伕生西域，昭王尊伕而周化，圣教东留，明帝敬□而汉兴。苦海无边制宝筏以答岸，慈航有径济□□以渡迷。居士籍□北直蔚罗郡南留庄。门公幼而养真，壮而访□□得遇□真授，以乐其志□而云游□张北县狮子村，创设□□□□□□部□遵金科玉律，保命太和，以就乐善之士，操持玄机以济好善□□□□□□　而有数载焉。自万邑膳房普伕寺施董主持等公请旅寺絜理□□□□□□□□□□□行□民康物阜，四隅等村，均有助善□□□□九年二月上浣，功□□□涅盘□灵混混之际，扶柩归里，甚为相□□际□□□叟□布畔界择□□殡。□姓虽有治齐之效，而贺姓切有荐贤之□，□□□门□不□之情，虽铭□腑，年湮代远，实难纪念，于是勒碑志事，以垂不朽云耳。

　　碑上两位门姓"法师"，兆银生于咸丰三年（1853），兆贵生于咸丰十年（1860），二人均于民国九年（1920）去世。据碑阴碑文所称，二人均是"居士"，蔚罗郡（蔚县）南留庄人氏，曾于"张北县狮子村"创设经堂，后被万全县膳房堡普佛寺庙董、住持等请来襄理庙务。

　　2005年夏天，笔者在膳房堡大庙遗址一带，访得一种民国年间有关膳房堡普佛寺的庙志（以下简称《普佛寺庙志》），[①] 原本是毛笔抄本，

图1-8 普佛寺二门法师墓碑，曹新宇摄

---

① 《膳房堡普佛寺庙志（附神威台关帝庙、莲台山弘慈洞）》（作者代拟书名），近勇堂藏民国抄本，11cm×25cm，感谢孙克雄先生提供。

虽纸墨不精，书亦拙恶，但内容却非常珍贵。庙志中记载：

> 前清志明佛，光绪初年显化，四月收圆。后绪志妙，内外双修。民国八年，冬季下旬圆觉。复有门姓兄弟三人，系蔚州暖泉人氏，在普佛寺内，讽玉皇真经三十余载。民国九年仲春月辛巳，二门老师涅盘，仍下门大师尊，一时座静，遇时传道，护经堂，攀船助教，民国辛未年菊月廿四日吉时圆觉。

民国辛未年，即民国二十年（1931）。因此，庙志上所说普佛寺从清光绪初年到1931年的住持，似乎主要为志明、志妙、门氏三兄弟。二门师傅于民国八年来庙，民国九年即去世，因此住寺时间较长的是"门大法师"。

门氏兄弟的来头有些奇怪。他们虽然自称"法师"，但实际上非僧非道。墓碑上说，他们在张北县狮子村创设的组织，"遵金科玉律，保命太和，以就乐善之士，操持玄机；以济好善……"，从话里看，他们的组织像是道门的经堂或善会。另外，《普佛寺庙志》记载了从明、清、民国庙里住持僧名字辈，结成四句："清净真如云，志果道圆成，成泽祖绪宗，万古永昌隆。"这些字辈里，清末民初的住持，"志"是志明、志妙，"果"为果贤，"道"是道廉、道复，其中并没有门氏弟兄，说明他们至少不是大庙的僧、道住持。另外，庙志上说门氏兄弟是民国八年大庙住持志妙去世后被请到庙里的。这一期间，普佛寺大庙的施主、董事，似乎一直对庙里住持的人选不够满意。民国《万全县志》上说：志明和尚光绪四年四月初八日去世之后，"惜僧徒不肖，传至治（志）妙，愈趋下流。幸有果贤接续，惨淡经营，恢复旧观。至住持道廉失踪后，寺为明、黄二会争执，苦讼不休，卒将该寺由十八村经管，一年一换。……民国十七年重修，有住持道复，年幼不谙经典，而焚香拜佛，另有老道一人负责为之"。[①]

---

① 民国二十三年《万全县志》卷七，"政治·建设"，第50页。

《普佛寺庙志》还记载了民国十二年（1923）重修寺院的经理人为"许华、郝玉、贺玺、金积贵"，而"住持僧"是"道廉和尚"。民国八年（1919）住持志妙去世，由"果贤接续"，而民国十二年住持为道廉，十七年（1928）为道复。然而这几任住持和尚住寺期间，"门大法尊"似乎一直住庙，直到民国二十年，而且是"遇时传道，护经堂，攀船助教"，藏头露尾，非常神秘。有一份资料指出：蔚县门氏兄弟是"明宗会"的师傅，而他们在膳房堡大庙，又把教传给了大庙住持果贤和尚。[①] 膳房堡普佛寺一直是黄天道的祖庙，如今庙里请来的门大师尊，把住持和尚都传了明宗会。明宗会，即"明会"或"后明会"，新道门介入，黄天道自然成了"老会"或老黄会。两会的势力都在一个庙里，渐渐导致争执。

明宗会，也称还源教，教内崇奉"还源古佛"。《普佛寺庙志》对其来历有如下记载：

> 还源古佛，生于大明皇帝嘉靖四十四年乙丑岁（1565）腊月初八子时降生，泰昌元年（1620）四月十七日子时成圣（后明会）。盘山修道，留经一十二部。凡六部：首部明宗，行流天下；二部开宗，正人心；三部显宗，仁义礼；四部皈宗，了幽冥；五部正宗，扶宗教；六部圆宗，孝双亲。圣六部，无字、观音、文殊忏，普贤、地藏、圣母经。王明真，嘉靖四十四年乙丑至民国三十一年壬午（1942），共三百七十九年（实为 386 年）。

还源教在明清道门历史上，也是一个重要的教派。清初道门经卷集大成者《古佛天真考证龙华宝经》，即指出有"还源教，还源祖"[②]。清代道光年间，直隶地方官黄育楩《破邪详辩》，还把"还源"当作重要的道门领袖专

---

① 中国会道门史料集成编辑委员会：《中国会道门史料集成》上册，中国社会科学出版社，2004 年，第 78 页。

② 《古佛天真考证龙华宝经》，《天真收圆品》，民国重刊本，近勇堂藏本。

门批驳。[①] 万全黄天道的道友，对这个道门有所了解，崇善先生的后人就曾说，还源老祖王明真是普明投胎转化。[②]

学术界此前还很少注意明宗会（或还源教）与黄天道的关系。但近年来，随着研究者对民间道书的发掘、刊印，明宗会的经卷已经有所披露。《普佛寺庙志》中所述还源祖王明真所著"明宗、开宗、显宗、皈宗、正宗、圆宗"凡部六种，其中已有"明宗、显宗、正宗、圆宗"四部文献（民国十四年刊本）刊布问世。[③]《正宗卷》（见《正宗无字注解宝经》）卷末的"十佛了劫咒"，开列的神明包括"普明传法佛、普光调贤佛、普净收元佛"，显然都是黄天道的教祖。[④] 而且同卷中将"圣母普光牌"当作明宗会的"圣物"，并自诩"绪灯一十八子，领法开度九州"，分明是以黄天道李宾传人自居。[⑤] 看来，对于明宗会来历，万全黄天道道友并不外行。

然而，民间宗教家的活动，多遵循适者生存的法则。一个教团一旦自立门庭之后，大多不甘屈居人后，而编写自身的经典与科仪，是一个道门创造新的认同的最好方式。王明真在盘山修道多年，学得众家之妙，除了凡、圣二部十二种经典，他还仿照罗祖无为教的经典，创"还源、叹世、地狱、报恩、开心、科意"六部六册。[⑥] 据说，华北的明宗会的经堂正中，供天地君亲师牌位，西边文殊，东边普贤，诵明宗、正宗二经，但在组织上实行"三宗五派九干十八枝"的分法，明显受到北方道门大乘教体系的影响。[⑦]

---

① 黄育楩：《破邪详辩》，点校整理本，中国社科院历史所清史研究室：《清史资料》第三辑，中华书局，1982年。
② 王子祥口述材料，1986年1月。原件由张家口市克东先生提供。
③ 王见川等编：《明清民间宗教经卷文献续编》，第2册，第269页。
④ 王见川等编：《明清民间宗教经卷文献续编》，第2册，第265—266页。
⑤ 王见川等编：《明清民间宗教经卷文献续编》，第2册，第268页。
⑥ 王见川等编：《明清民间宗教经卷文献续编》，第2册，第236页。学术界对还源教的经典分析，参见车锡伦：《〈破邪详辩〉所载明清民间宗教宝卷的存佚》，《世界宗教研究》1996年第3期；李国庆：《新见明末还源教全套宝卷"六部六册"叙录》，《世界宗教研究》2005年第4期。
⑦ 中国会道门史料集成编辑委员会：《中国会道门史料集成》上册，第162页。

膳房堡这座重建于光绪初年的普佛寺大庙，李世瑜在1947年的万全调查报告中，描述了它的气派：

> 在村外的西南郊有一座大庙，是光绪初年的建筑，庙名普佛寺，范围之大，在我们所走过的万全县五百七十个庙中，算是第一个了。一共六进大殿，各殿供奉的神像及全庙的样式，与一般佛道教的庙宇不同，但又纯粹是模仿他们而来。例如：第一进殿内是哼、哈二将。第二进是四大天王，壁上又绘着八位金刚，正面还有观音和旃檀佛。第三进又是四大金刚的塑像，中间是药师佛和韦陀；这一进院中还有四处陪殿，里面供的是关帝龙王和两处狐仙。第四进院的正面是金身的弥勒佛像，头上戴着红色的"莲花僧帽"，两列陪以太上老君及孔子的金身像以及十八罗汉；两庑一是阿难，一是迦叶。第五进院内才是释迦文殊普贤的大佛殿，但又加了四位菩萨；其余的陪殿一是三星殿，一是普明一家五口的殿和本庙创建人志明和尚的肉身佛殿。第六进内计包括三官、真武、关帝、玉皇等。庙内又有碑记五块及钟磬十一口。在这座庙内我们得到普明的正确传说，也证明了当地对普明的崇拜是如何的热烈。①

对照我们新发现的民国《膳房堡普佛寺庙志》，李老调查报告在细节上不够准确之处也可以得到纠正。《膳房堡普佛寺庙志》不仅记载了这座大庙历年修葺增建的情况，还绘制了一幅庙宇各殿的建筑分布图（见图1-9）。《庙志》上说："该寺基址宽敞，廊方周围，园二九亩余，院分五进，次第周全。头进院，哼哈二将，旃檀殿。二进院，药师，关帝，龙王殿。东西配房。三进院，弥勒，万佛，地藏殿。东西清规堂，钟鼓楼，敬纸石楼。四进院，三清，三皇，普明殿。东西配殿。五进院，上有玉皇殿，下券三官，真

---

① 李世瑜：《现在华北秘密宗教》，第11—12页。

武，还源祖洞石券。①统共房屋百十余间。至年远日久，难免圮倾，是以癸亥民国十二年重修寺院。"可见，民国十二年之前，普佛寺大庙第五进院已有"还源古洞"之称。显然明会已通过住持僧人，成功地把自己的祖师"还源古佛"，悉列普佛寺的神谱当中。

《膳房堡普佛寺庙志》中还保存一份庙宇建筑的手绘图，更为直观地列出整个庙宇的神明分布：大庙第三进院正殿是未来弥勒佛殿，东配殿供观音，西配殿供地藏。第四进院正殿是普明殿，东侧是志明殿，西侧为"皇（黄）经堂"。而第五进院的正殿，则是所谓"还源古洞"，东配殿是从长城神威台口移来之关帝庙，西为万佛殿。"皇（黄）经堂"是明会经堂的统一称呼，还源古佛和新移来的关帝，列于庙宇最后一进院的正殿，与前院的普明殿，恰好形成一个清楚的"层累"。

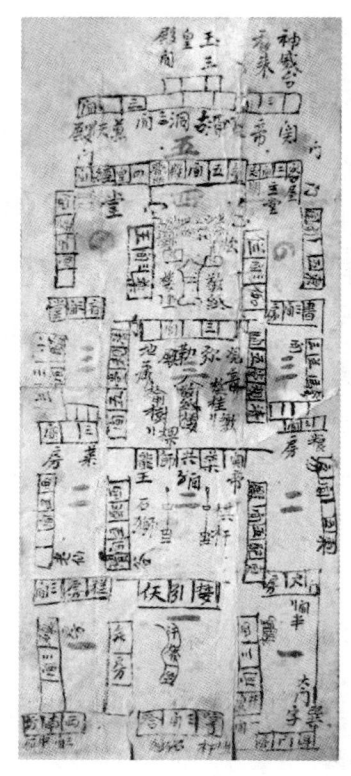

图1-9 《膳房堡普佛寺庙志》之"普佛寺图"，民国抄本，近勇堂藏本

　　普佛寺大庙里的明、黄二会之争，似乎一直延续到20世纪40年代末，李世瑜先生到膳房堡的时候，还可以看到这种情形的残余。在膳房堡大庙的舞台上，与通晓民间宗教的明宗会"法师"相比，僧人的重要性似乎大为减弱。这种情况与清朝初年很类似，大庙的宗教圣职人员，再次变成了道门介入庙宇的媒介。只是，上次是道士，这回成了和尚；上次是黄天道，这回是明宗会。

---

① 石券为石砌拱顶式乡土建筑，常见于山西、河北各地。

七、村社与跨村社宗教：村落的义务与摊派

（一）膳房堡黄天道的村社化

从明嘉靖年间普明在万全右卫创教，到李世瑜先生 20 世纪 40 年代末的调查，之间已相隔了 4 个世纪，膳房堡的黄天道似乎已经完全"地方化"了。

清光绪初年普佛寺的重建，实际上源于一场旱灾中的祈雨。普明坟址的灵验，启动了村民对大庙的记忆。只要保护庙宇村落的根没有中断，灵应的"象征"，就会慢慢复苏，而清朝的暴政压制，渐渐变得不再敏感。关于普明的崇拜，也似乎完成了其"地方性"的迁移：黄天道的教祖，传说为膳房堡"许家的女婿"。他原本的妻子，那位出色的宗教家王氏，也被模糊称作"普明奶奶"，他那些女性后裔的道统继承者，也模糊了次序，被改称为"米姑姑"、"面姑姑"、"糠姑姑"。

李世瑜先生当年苦于未能弄清普佛寺大庙的寺主究竟是哪 18 个村，而不能为他的"黄天道分布图"填上新的标示。但从宗教"地方化"的角度来看，恐怕推动这 18 个村庄加入寺主行列的动机，主要是庙，而不是教。

《膳房堡普佛寺庙志》记载，民国十六年（1927）初冬，普佛寺十八村寺主正式结成。十八村是：膳房堡（正股）、黄家堡（正股）、梁家庄（正股）、窑儿沟（六厘）、冯家窑（正股）、东马营（整股）、莲针沟（七厘）、望虎台（七厘）、北忻窑（三厘）、牛窑沟（三厘）、巨德堡（三厘）、马头山（三厘）、太平庄（三厘）、菜山沟（七厘）、正北沟（七厘）、黄土湾（四厘）、洞尚（一厘）、艾蒿沟（二厘）。后来又加入膳南山（三厘）、和尚庄（三厘），实际上扩大到 20 个村，由最初 18 村共 103 厘，即 10 正（整）股零 3 厘，增至 112 厘。

以股份的形式吸引这么多村落，本身就是普佛寺成功"地方化"的一个证据。以上 20 个村子，集中在万全县的东北部，膳房堡是它们的中心，也是普佛寺的"护持"。十八村寺主，并非李世瑜先生当年猜测的那样，是因

为寺庙宏大，膳房堡一村独立难支。实际上，普佛寺经营得非常成功，每年在四月初八、十月初十日，这两会，香客云集。那些得病的、许下愿的、病好了的，都来贡献布施，除了送钱、送粮、送油、送香的，还有送牲畜、骡马的，年年都来。1917年，普佛寺修建玉皇殿，1923年和1928年又先后两次大规模扩建重修，庙中"寺产田地甚多，寺内佣工、牛马、农具，设备齐全，俨然一大庄户也"[①]。庙归十八村，而管理庙产的，却是延请来的和尚。门氏兄弟也是因在张北狮子村经营黄经堂出名，被延请来寺协理庙务。据许献策回忆："当时庙里有大和尚、二和尚，还有长工，有管烧香的、做饭的炊事员，有管牲畜的、打籽的。还有很多香火地，本地和口外的都有。"

十八寺主掌庙的时期，黄天道显然已不再是什么"新兴道门"了，关于普明的传说，也似乎愈发走进遥远的历史，很多村里人以为他是一个修道成真的和尚。取代普明故事的是关于志明的传说。除了许家那样有历史传统的佛堂，黄天道的"会首"已退出膳房堡村。村落成为组织大庙祭祀和庙会的基本单位，吃不吃斋，并不成为其组织过会的条件。普明崇拜，或确切地说，大庙的崇拜，已在膳房堡一带实现了"村社化"。李世瑜当年调查时注意到，黄天道的"会"，主要分布在万全县的西南，而整个北部并不明显。在黄天道地方化的大背景下，赵尔理为首的十二会，直到20世纪50年代被禁止活动时，一直也没有什么大的发展。而李当年的调查以神明为中心，还没有注意到这种村社化的宗教与"会"的区别。近年来，学术界倾向于把"村社"看作最具有地方性的中国宗教单元，并注意到其按照地域，而不是宗姓、信仰、行业实行摊派、劝捐的权威。而民间道门一向被从结构上理解为临时性组织和信仰圈，或某种"会"。然而从清末民国黄天道在膳房堡的情况来看，道门可以通过"地方化"的策略，完成从"香会"到"村社"的转化。民国时期膳房堡大庙每逢过会，尽管村里不按照土地、财产摊派花销，但"人人有份"的观念非常强烈，村里家家都要为庙会捐钱。许献策回

[①] 《万全县志》卷六《政治·自治》，1934年，第50页。

忆说：

> 咱们村里的，家家都要送！三块的、五块的、十块八块的，多的，少的。送完了，拿红纸写下就贴出来了。那两天吃"流水饭"。你交了这个钱，茶房里待茶，饭厅里吃饭。见天吃油炸糕，喝水吃点心的，这是膳房堡里的人。外边的送布施的人，周围可远的呢，一天就吃油炸糕、炖菜、粉条、山药（土豆）。这几天小孩子最高兴：就记得这口吃的。

（二）明宗会的"地方化"

民国时期，明宗会多在万全西北部的山区发展，万全以外，主要在张北、蔚县、阳原等县以及山西的阳高、天镇、大同一带活动。从《膳房堡普佛寺庙志》描述1940年明会在万全西北部组织的祈雨赛戏活动来看，明会也呈现了明显的"地方化"形态。据载：

> 成纪七百三十七年（1942），三、四、五月间，无雨，苗而不秀。五月初五，新可（河）口三牌、大水泉、黑土沟、喜顺沟、郭家营圐村准议，后三牌祈祷甘雨。请异白龙洞龙神，又请里治普明佛。若雨下透，谢雨献戏。三甲二长，满口应承。不日，施雨下到。领修喜之不尽，急速报告乡、甲长，公文霍乡长（永长介绍）报告县公署。急急写戏，搭篷棚。将戏抬运来，张北县不让唱，乡长顺水推船。不入社。好歹唱了三天，将布施钱、夜面、私搞若干。龙怒神不欢！六月十四未申二时，雹雨倾田，南风很大，回厮沟、大水泉，青苗打的似麻团。甲公所，尽汉奸，不上社，不摊钱，不报神恩只贪烟。得贿赂，私掳钱，欺神悖理孳造完。别的村下我不晓，咱村出洋四十元。夜面送庙不足数，跌坏龙母体不全。神恩未报纯造孽。天灾人祸降临凡。先槁旱，又荒

旱，担惊受怕又跑窜。暑月十四打一旦，打一旦，遭饥难，三牌周卫全可也。惟有两村民不善，民不善，奸吝汉，不信龙天巧盘算。白看戏，白吃饭，戏款省下几百元。跟好人，帮良善，跟下王八学水旦。跟下逆贼遭天怨。

1942年的祈雨成功后，随即迎来了雹灾。明会将这场灾难归咎为白看戏不捐款的两个村子，惹怒了龙王。在这次祈雨与摊派的纠纷中，明会的"领修"，充当社首，醵钱献戏，又不忘在乡长、甲长、村民之间奔波任事。明会推动的这种活动，显然是以村落为单位的。

这种由于赛会祈雨"摊派"谈判引发的纠纷与埋怨，是否就是道门"村社化"漫长过程中的一个例证呢？

（三）"村社化道门"的布道与"新兴道门/救世团体"布道的差别

不再被地方社会视为"入侵者"，往往检验是民间道门是否成功"地方化"的一个表征。与"城市化"和"干部培训"为明显特征的民国新兴"救度团体"的迅速发展截然相反，万全当地人的记忆中，黄天道从来没有这类热心地"布道"，或硬"劝"他人求道。

民国时期万全县黄天道的组织是很简单的，没有"职务"，当然也就没有对外出布道人员的培训。膳房堡的许茂，所有来看望的人都称其为师爷，内部没有任何复杂的科层，一目了然。赵尔理为首的十二会里，略有一些分工，但也极简单，会主叫大师傅，协办的人叫二师傅，如是而已。赵尔理复初会（第一会）的二师傅崇善先生，自己家里就有两派，吃素不吃素，完全自便。崇善的二儿子，子祥先生吃素；亲家母，即二儿媳李女士的母亲，由赵尔理介绍，吃素、念经、练"十二段锦"，都是为了养病。李女士也在17岁上因病吃斋，最后才算"入道"，但从来也没有摆过什么贡献（献祭），也没有印象，黄天道硬劝过什么人过道。

1948年底,平津战役的序幕渐渐拉开,解放军即将第二次解放万全。战云笼罩,膳房堡许茂的三儿子,即许献策的三叔振富(库),在一贯道的劝诱攻势下开始犹豫,向家人询问是否应该入一贯道"避劫"。家里人一致反对:你既然有黄会的老佛爷保着,再投了旁门,恐怕落个两头不保!

万全黄天道的地方化和村社化趋向,一定程度上消解了1949年以来来自外界的政治压力。在当地不少老人不甚准确的回忆中,在从1950年开始的取缔会道门运动中,黄天道没有被认定为"反动会道门",最多算个"普通会道门"。

八、尾声:近代化乡村政治中的物质资源与象征资源

膳房堡村的现代史,是一部战争、革命与不断社会动员的历史。

1929年,在国民党万全县党部的推动下,膳房堡与邻近的两个村子成立一个村民自治委员会。这是国民党为了增强地方动员能力和提高地方自卫能力而在全县推广的运动。膳房堡的自治委员会"每年开会一次,由乡长召集之"。许家的"掌道佛爷"许茂,被推选为自治委员会的五个调解委员之一,而他家里当家的弟弟许晟,则担任监督委员会委员。名义上,自治委员会的主要目标,是为了在本自治区内防禁"窝娼、聚赌、吸烟、匪盗、缠足等事"。[①] 这是膳房堡历史上第一次深入乡村的政治动员,在膳房堡村中心的院落里建着三间正殿的许家人,第一次以"公共人物"的身份被载入了"官书"。

许家佛堂的命运,开始受到政治动员的影响。许茂也意识到,他很可能是许家最后一位佛爷了:他三个儿子中,大儿子和三儿子不是很信仰黄天道,而二儿子许振魁似乎更没有希望,他是柴沟堡师范学校的毕业生,而且

---

① 《万全县志》卷六,"政治·自治",1934年,第25页。

还是国民党党员！

　　1938 年，侵华日军在膳房堡修建兵营，挖掘战壕。日军的宪兵队，占据了膳房堡的普佛寺大庙。日军驻军分散入住村民家中，许茂家的院子最大，日军首先进驻，由许家负责为入住日军烧饭。① 不久，大庙西山被日军战壕撅断，懂堪舆的人都说，主"六秀不佳，亦犯不吉"。1944 年春，日军开始修筑铁路，线路经过二门法师的坟墓，二门之墓被迫移到大庙西山坡。②

　　1945 年 4 月，八路军开始进入万全山区，区公署的办公点，设在许家院子的普佛寺里。8 月，万全解放。1946 年 9 月，国民党重新攻占万全，国民党膳房堡乡政府又占据了许家院子。1948 年 11 月 30 日，万全第二次解放，解放后的乡政府办公点仍设在许家院子。直到 1978 年之后落实政策归还。

　　许家的房子，显然是当年膳房堡里盖得最好的。如今院子仍归许家居住，外墙上还残存着从前乡政府刷写的"1956—1967 年全国农业发展纲要"。不过，旧房子只剩一间，年久失修，露出粗大整齐的檩子，连同院墙角上残留的雕工精美的砖雕、墙下宽大的条石，仍可想见院落主人昔日的富裕。说起院子被占，许献策颇带几分幽默："咱们家人少，院子尽给'公家'占：日本人来的时候，日本人占。日本人投降以后，46 年是（共产党）区公所占的；国民党来了，乡公所占；共产党来了，又给乡政府占；都是公家占，咱家人少！"

　　许家院子尽管几度被"公家"占据办公，但在 1938—1949 年间，"佛爷"许茂的佛堂，似乎并没有被禁止。许献策的奶奶，即佛堂里的师奶，非常勤快能干。她做豆腐的手艺很好，常常三更里起来打豆腐。前来佛堂敬香，看望师爷、师奶的人，全靠她来接待。她胆大沉着，人缘非常好。日军占据万全时，也是她冷静地守着院子和家当，房子没被日军烧毁；1945 年共产党区公署入住这个院子，同区里的人，关系也非常融洽。她照旧三更里

---

① 参见许献策访谈，2012 年 6 月。
② 《膳房堡普佛寺庙志》。

起来，为公署的人打豆腐。区里的人都感激这位女主人。1946年她去世时，区公署特意为她开了追悼会。

许献策对这件事印象极深。他说："从我记事，只有我太爷（的棺材）占过大堂停过灵。然后就是我奶奶，（棺材）占大堂中间停着。区公署还给开了追悼会，做的花圈，那会儿没电灯，就点了两个电石灯。区里的人都来开追悼会。我说这就是为打豆腐替打仗做下的贡献，有了功了！"佛爷许茂是1958年去世的，也没占大堂停过灵。

进入20世纪50年代，家庙肯定是不能搞了。"公私合营"时，许家的经卷也不多了，那正房里的经柜，让供销社拿去做卖货的栏柜了，家里佛堂里的铜像也卖给了来收铜的人。陆陆续续，堡城里的龙王庙、马神庙、城隍庙、奶奶庙、观音庙里的铜像、铜磬、烛台，都被人拿去卖了。普佛寺大庙的玉皇阁内，有玉皇爷的铜像，也被"响应号召"，搬走卖了。但直到1958年，大庙里志明和尚的肉身泥像还在，庙里一百二十多间房屋也基本保存完好，孤零零地悬置堡城之外，在浓厚的破除"旧文化"的政治声浪中，显得庞大且突兀。就在这一年春天，村里突然又到处飘荡起从前过会时才有的炸油糕的香气，处处在安排茶饭：是区里面组织的，全村的人几乎都被动员起来了。但这次不是庙会，是抢庙！

据许献策接受采访时回忆：

> 创建大庙的志明和尚坐化以后，人们用泥裹，塑成肉身像供奉。后来，志明殿塌了一回，把他的头挤掉下来，庙里只好重塑了一个假头。砸烂志明塑像时，很多人亲眼看见，没有大头骨，只看到肋骨和脚骨，外边是白粗布袜子，蓝袢袢布鞋。脚上的肌肉，看来还好好的，肉色也不黑，是白的。大脚趾和中趾挤在一起，上面迭起一个脚趾头：过去那些老汉们都是这样，鞋小屈的。这之前，还失过一次火，有火烧的痕迹。像都打了，就这，还有人猴害（恶意破坏）哩，脊背上掏开一个窟窿，以为里面有什么宝贝！泥像里除了骨头，还有黄的、白的像玻璃

疙瘩子一样的东西。大寺的很多佛像，都有人工做的红的、白的五脏：心肝脾肺肾，也有拿布做成的。志明肉身像打开后，有人看到他的肉身和脚板子好好的，就和村里的领导们悄悄商量。听说，后来把骨头埋在西面的山上了。

这样动员和破坏之后，膳房堡已经没有什么黄天道的东西了，反正许献策没见过。他估计，就是有的话，也在"四清"和"文化大革命"中被毁灭了。1960年，饥荒侵袭到了膳房堡，麻虎（狼）进村伤人。这一年，膳房堡堡城中的观音庙被拆了，庙里发现了一本《东明历》，许献策的大舅马上收拾起来，再有人想看，他也绝不肯拿出来。

显然，膳房堡的道门文化，已经很难再次凭借村落与草根的力量躲过劫数。普佛寺十八村寺主，有几个村子，今天已经完全废弃，连同它们的村名，也很快就要永久地走入历史。许献策也不掌握任何黄天道的灵文、咒语。临了，搜肠刮肚，只想起曾经在膳房堡流行过的一个偈子："平坡立地开花，京房二九交加；最怕辰巳相会，戊午大开中华。"不过，从未有人告诉过他这几句话的含义。①

我们不知道，这是否是"道门文化"留下来的一个预言。戊午之前当是丙辰，最近的丙辰年是1976年。这一年，毛泽东逝世，"无产阶级文化大革命"宣告结束；戊午年是1978年，中国进入了波澜壮阔的改革开放时代。

---

① 许献策先生在接受采访6个星期后，被马车撞倒，意外身亡。谨此鸣谢，并志感伤！

第二章　宗族
——祖师的族谱

明清以来宗族与宗教在乡村社会的关系，一向受到学界的重视。近30年来，研究中国从传统到近代的社会结构变迁的学者，在历史田野调查中，收获了大量的第一手资料，大大丰富了我们对明清以来地方社会历史的认识。但这类调查对于研究民间秘密宗教的直接价值仍然有限。除了丁荷生（Kenneth Dean）、郑振满两位教授在福建莆田、泉州等地的调查，囊括了三一教、先天道在村庙里的碑铭，能够让我们一窥基层乡村社会宗族与民间秘密教派关系的材料，但还是太少。[1] 大部分海外学者的有关研究，材料方

---

[1] 参见郑振满：《明清福建家族组织与社会变迁》，湖南教育出版社，1992年。Zheng Zhenman, *Family Lineage and Social Change in Ming and Qing FuJian*, translated by Michael Szonyi, Honolulu: University of Hawai'i Press, 2001. 郑振满、丁荷生编：《福建宗教史碑铭汇编：兴化府分册》，福建人民出版社，1995年；郑振满、丁荷生编：《福建宗教碑铭汇编：泉州府分册》（三册），福建人民出版社，2003年。Kenneth Dean and Zheng Zhenman, *Ritual Alliances of the Putian Plains Vol. 1: Historical Introduction to the Return of the Gods*, Leiden: E. J. Brill, 2010. Kenneth Dean and Zheng Zhenman, *Ritual Alliances of the Putian Plains Vol. 2: A Survey of Village Temples and Ritual Activities*, Leiden: E. J. Brill, 2010; David Faure and Helen F. Siu.eds., *Down to earth: The Territorial Bond in South China*, Stanford: Stanford University Press, 1995. David Faure, *Emperor and Ancestor: State and Lineage in South China*, Stanford: Stanford University Press, 2007. 近代以来香港、广东、东南亚的例证，参见〔日〕志贺市子：『近代中国のシャーマニズムと道教：香港の道坛と扶乩信仰』，东京勉诚出版，1999年；Marjorie Topley, "The Great Way of Former Heaven: A Group of Chinese Secret Religious Sects: A Group of Chinese Secret Religious Sects," Bulletin of the School of Oriental and African Studies, University of London, 26(No.2 1963): 362-392; Marjorie Topley, "Chinese Religion and Rural Cohesion in the Nineteenth Century," in Jean DeBernardi ed., *Cantonese Society in Hong Kong and Singapore*, Hong Kong: Hong Kong University Press, 2011, pp.241-272.

面仍局限于传统史料，很少利用到田野调查收获的宗族材料。[1] 中国学者方面，20 世纪 80 年代之初，王尔敏先生曾利用清代官书，研究过大乘教祖师滦州石佛口王森家族的背景。[2] 大陆学者当中，路遥先生曾对山东单县八卦教祖师刘佐臣的宗族背景做过调查。但很可惜，八卦教在清朝犯案之后，单县刘姓的族谱上，已经删除了刘佐臣一支的记录。[3] 秦宝琦先生曾实地调查过浙江庆元斋教祖师姚文宇、贵州龙里先天道祖师袁志谦的宗族情况，并澄清了一些重要史实。[4]

乾隆二十八年膳房堡的黄天道教案，已经让我们看到村落对于道门安全的重要性。近年来，学界就明清帝国如何加强基层社会的控制提出不少新的意见，国家权力在县级以下的建置也受到更多的重视。[5]

但总体上来看，国家控制力，从府、州、县到村落在逐渐递减的趋势是毋庸置疑的。村落在很大程度上，仍旧是政治风暴的避风港。不论外部形势多么紧张，村落似乎总是能够以有效的"地方化"策略缓和乃至化解从上到下的政治压力。村落之外，宗族似乎是民间教团的另一层保护机制。至少膳房堡黄天道案的例子显示出宗族对民间道门的重要性。

---

[1] Susan Naquin, "Connections between Rebellions: Sect Family Networks in Qing China," *Modern China* 8(3): 337-360；*Thomas David DuBois, The Sacred Village: Social Change and Religious Life in Rural North China*, Honolulu: University of Hawai'i Press, 2005; 关于西方学界以及台湾的有关研究综述，参见康豹：《西方学界研究中国社区宗教传统的主要动态》，《文史哲》2009 年第 1 期，第 58—74 页；康豹：《从地狱到仙境 —— 汉人民间信仰的多元面貌》，台北博扬文化事业有限公司，2009 年。

[2] 参见王尔敏：《滦州石佛口王氏族系及其白莲教信仰传承》，《"中研院"近代史研究所集刊》，1983 年第 12 期，第 12—40 页。

[3] 参见路遥：《关于八卦教内部的一个传说》，《世界宗教研究》1994 年第 3 期，第 52—62 页。另外，路遥对"梅花拳"等拳会首领的宗族背景调查，参见氏著《义和拳运动起源探索》，山东大学出版社，1990 年。20 世纪 90 年代之后，路遥对民间秘密教门的调查，主要转向收集公安档案中的近代道书，见氏著《山东民间秘密教门》，当代中国出版社，2000 年。

[4] 参见秦宝琦：《明清秘密社会史料新发现 —— 浙闽黔三省实地考察的创获》，《清史研究》1995 年第 3 期，第 87—95 页。其他大陆学者相关研究，参见林国平：《林兆恩与三一教》，福建人民出版社，1992 年；王熙远：《桂西民间秘密宗教》，广西师范大学出版社，1994 年。

[5] 参见胡恒：《清代佐杂的新动向与乡村治理的实际 —— 质疑"皇权不下县"》，杨念群主编：《新史学》第 5 卷，中华书局，2011 年，第 146—185 页。

宗族在地方上受到官方认可，不仅可以为道门提供庇护，还可以充当道门宗教权威与宗教知识的载体。膳房堡教案中，直隶总督方观承以李宾没有直系后人，放过了对李家旁支的屠戮，一定给读者留下了很深的印象。不只是膳房堡的宗族曾设法消弭黄天道教案的祸端，关于山东单县八卦教的调查显示，单县的刘姓宗族也曾起过类似的作用。

　　看来，清朝《圣谕广训》上的"笃宗族以昭雍穆"、"黜异端以崇正学"这些官话，不能全信。很多清代族谱上，不也经常把"宗族"、"保甲"说成具有防范"邪教"的功能吗？但是，宗族在更大范围的明清秘密宗教的"地方化"历史上，扮演了何种角色？族谱上那些"国家话语"的官样文章，是否有其社会史上的意义？回答这类问题，显然要有更多第一手的调查材料，仅靠在档案馆、图书馆里看历史档案与传统文献是远远不够的：明清档案里的秘密宗教史，是秘密宗教的"镇压史"[1]，方观承在办案中没有进一步穷究李家，清代档案关于李氏族人的记载也就戛然而止。中断了的档案线索，迫使我们转向更大范围的探索，把目光投向那些"隐匿"起来的社会史。

一、万全发现的《老祖家谱》

　　直到 2012 年之前，我们一直没有听说过，万全县当地有谁是李宾家族的后人。普明祖李宾去世后，没有留下男丁。普明派下的黄天道二十四会，似乎渐渐归附了他的妻子普光。方观承查办万全膳房堡逆词案，已向乾隆帝奏明他的调查：普光的两个女儿，长女普净与次女普照，也都没有留下男性

---

[1] 参见曹新宇：《从非常态到常态历史：清代秘密社会史近著述评》，《清史研究》2008 年第 2 期，第 133—138 页。对于民间秘密宗教传统史料的局限，参见〔日〕竺沙雅章『中國佛教社會史研究』，同朋舍，1982 年；Barend ter Ter Haar, *The White Lotus Teachings in Chinese Religious History*. Leiden: E. J. Brill, 1992.

继承人。后来接管教务的，是普照之女普贤。方观承精明地让乾隆帝知道，从前明以来，除了那位"自附元恶"的康熙年间岁贡生李蔚之外，李家与黄天道的关系越来越远。李家后人的回禀是同样的说法，并以家谱来证明，乾隆年间膳房堡李姓已经不是黄天道祖师普明的嫡系子孙。

2010年，北京印刷学院的范继忠教授介绍万全县文化局的学者张振山先生与笔者认识。振山提出，由笔者开列一份需要收集资料的清单，他来协助调查，共同研究当地的历史文化。振山是个艺术家，对家乡的热土极有感情，又富有工作效率。我们谈得很投缘，合作调查很快开展起来。2012年10月17日，张振山先生在万全县水庄屯村民李万孝家发现了一份旧家谱，随即电话通知，并把影像资料传给了笔者。

这本家谱引起我们极大的兴趣，是因为家谱上明代的祖先中出现了李宾的名字。如果这部家谱确系出自黄天道祖师李宾家族，其史料价值自然不言而喻。但家谱的藏主李万孝先生，对于"李宾"是谁，似乎毫不知情。李万孝先生75岁（2012年），只有小学文化程度，他仅隐约知道，李家历史上曾经出过一些"人物"，就是家谱上用小字注着"文生"、"武生"、"武举"的那些李家先人的名字。李万孝没有听说过，《家谱》上的李宾与黄天道普明有什么瓜葛。这让振山怀疑，难道只是碰巧找到了历史上的一位同名人而已。乾隆二十八年黄天道"逆词"案，直隶总督方观承率人在当地刨坟毁庙，人人惊骇，轰动一时。这个案子在万全县留下的传说，很多当地人耳熟能详。如果说今天李氏后人反而对此一无所知，确实令人难以置信。

会不会是李家"为亲者讳"，不愿在家族中保存这类历史记忆的缘故，在族谱上有意掩盖、剔除了"不妥当"的内容？还是这份家谱，压根儿就与黄天道创教祖师李宾无关？要弄清这些问题，显然需要下番功夫。

（一）老祖家谱的形制与内容

李万孝的这份家谱是一个长方形的硬皮小折本，共11折，装裱尚属讲

第二章　宗族
——祖师的族谱

究。折本首页正中，题"老祖家谱"四字，下附短序一篇。折本背面，饰有手绘的俎豆、香烛等传统祭礼的图案。这部家谱只是一个简谱，里面除了"嘉庆十三年"五字，并无其他年代题识。

严格地说，这本《家谱》是一张简单的"宗图"。《家谱》中收录了家族内男性成员的世代、名字，但没有他们配偶的任何记载，更没有任何李家女性后裔的记录。《家谱》上从始祖李昌算起，共收17世的家族成员。但第14世以降，族人渐多，小折本篇幅有限，已无法全部填入。所以，14世之后，仅选填本枝的族人。因而，我们可以看出《家谱》藏主李万孝的名字，也列于谱上，但笔迹不同，为硬笔填写，算下来是第19世。从始祖起，依次为"李昌—李志道—李运国—李宝（李宸、李宾……）—李存贤—李府—李永才—李蔚（李薏……）—李天成—李连科—李一文—李茂林—李大乾—李蟠元—李子昌—李春祥—李廷明—李世清—李万孝"。

《老祖家谱》小序不长，上面记着：

> 原籍山西太源（原）府寿阳县北章径南里村人。于洪武二十五年抽军二名，至万全左卫上牛角堡居住。身荣万全左卫百户之职。① 后至正德年间，将李志道兑捎至万全右卫膳房堡边上守墩。军房一所，坐落马神庙街；军地卅亩，坐落堡西南。先人所留宗图一纸，未经订缉，后至嘉庆年间，于是缉之。盖订缉家谱，所为后人，恐将先祖留宗图一纸，看为故纸；亦为（惟）恐后人起冲先人之名也。

可能由于篇幅所限，这篇序文中间省文之处不少。如洪武二十五年（1392）从太原府寿阳县北章径村"抽军二名"，序中并未说明是谁，也未指出二人当中，是何人（或谁的后人）"身荣万全左卫百户之职"。若不细读，会认为家谱上的"始祖李昌"就是最初从山西迁到万全左卫牛角堡的始迁之

---

① 左卫的"左"字，已被改写为"右"，但改动痕迹明显，原字显然为"左"。

祖。但序中又说，正德年间将二世祖李志道"兑捎至万全右卫膳房堡边上守墩"。显然，带李志道赴万全右卫膳房堡的，是始祖李昌。计算一下时间，洪武二十五年（1392）即便至正德元年（1506），已相隔104年。若"始祖李昌"于正德年间将"李志道"携至万全右卫膳房堡，便不可能洪武二十五年从山西迁来。

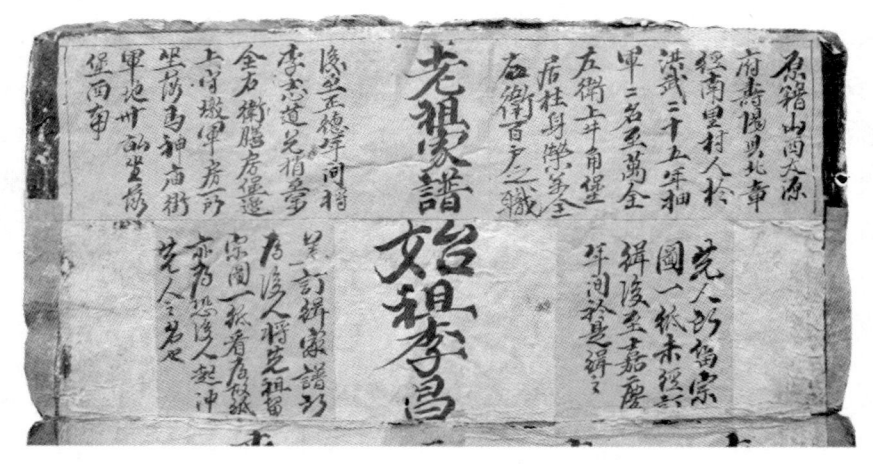

图 2-1 《老祖家谱》（局部，清末抄本，嘉庆十三年底本），张振山摄

因此，家谱上所谓"洪武二十五年抽军二名，至万全左卫上牛角堡居住"，实际上是李昌的祖上，即"山西太原府寿阳县北章径村"抽充籍军的二人之一。二人在家谱上没有留下姓名，如果不是这份家谱转抄时省略，就是在清嘉庆十三年修谱之时，明初从山西迁来的李姓祖军，已经湮没无闻。而家谱上的一世祖李昌，应该是从万全左卫移居万全右卫的李姓"始祖"。他在膳房堡的差事是守墩，财产即《老祖家谱》上所说的"军房一所，坐落马神庙街；军地卅亩，坐落堡西南"。这些军房、军地，即本户李姓"应继人"可以继承的东西。

（二）家谱的考证

这份家谱中，李宾是四世祖，其父李运国为谱牒中的三世祖，祖父即二世祖李志道，而李宾的同父兄弟有李宸、李宝。（见图 2-2）《老祖家谱》上的世谱，与我们从清朝档案中整理出来的李家谱系大致相合。档案记载李宾是膳房堡守军，胞兄为李宸。《老祖家谱》上也说李家为军户，第四世同父兄弟，也有李宸与李宾的姓名。不过，清代档案仅有李宾胞兄李宸的记载，而《老祖家谱》上记载李宾兄弟三人。黄天道李宾是否有其他兄弟，档案阙如。

李宾兄弟几人，李世瑜 1947 年调查有所反映。他在膳房堡西南大庙普佛寺内发现普明祖的墓碑，碑文即称"明故高祖行三李公讳宾之墓"①。另外，黄天道内部道书的记载可以补充这方面的材料。我们新发现清代黄天道宝卷《古佛遗留三极九甲天盘偈》概括普明的身世，有"身姓木子居北燕，二木生身昆弟三"的话，这是说普明姓李（木子），母亲林（二木）氏，昆弟三人。②看来，黄天道道书上也说祖师李宾家里兄弟三人。除了档案上指出的李宸之外，李宾应该还有一位胞兄。

看来，《老祖家谱》中李宾兄弟三人的记载，与黄天道祖师李宾的情况相合。如果这份家谱可以得到确认，黄天道祖师李宾的另外一位胞兄的名

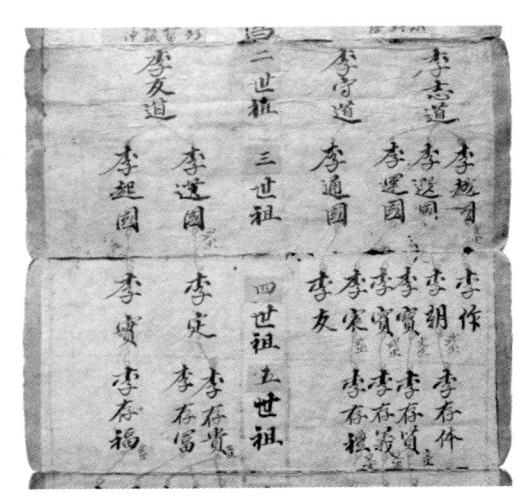

图 2-2 《老祖家谱》（局部清末抄本，嘉庆十三年底本），张振山摄

---

① 李世瑜：《现在华北秘密宗教》，第 15 页。
② 《古佛遗留三极九甲天盘偈》，载曹新宇主编：《明清秘密社会史料撷珍·黄天道卷》第 2 册，第 272 页。

字，应该就是李宝。

那么，李家那位因有佛号"普慧佛"被乾隆皇帝点名咒骂的岁贡生李蔚，是否能在这份《老祖家谱》上找到呢？在家谱的第八世一栏，我们发现了李蔚的名字。李宸、李宾是《老祖家谱》上的四世祖，这样算来，李蔚当是李宸、李宾父亲李运国的五代孙。这一点，与前文所述康熙二十五年（1686）李蔚主持刊刻的《清静无为妙道真经宝忏》卷末题识"祯陵古郡萃贤堂明孙五代李蔚"相合。另外，据前文所述，康熙二十五年李蔚刊刻经卷时，其弟李蕡忝列名字。这个李蕡，在李蔚故后，接管经卷，充当会首，此节直隶总督方观承调查得很清楚。而在《老祖家谱》上，我们也发现了李蕡的名字，与李蔚同属八世祖。（见图 2-3）

不过，乾隆二十八年直接涉案而被流放的李姓子孙，如李蔚之子李景膺、嫡孙李遐年、李蕡之孙李昌年等人的名字，都没有出现在家谱上。也许是因为上述人员牵涉黄天道"逆词"案，李姓家族在修谱时，有意识地把他们的名字从族谱上删去了吧。①

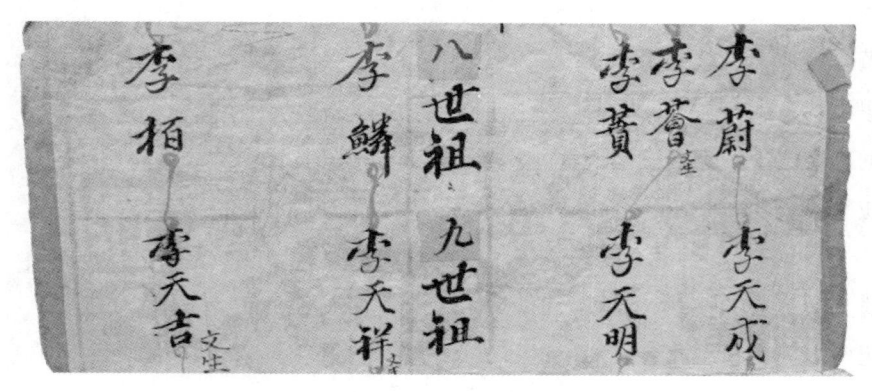

图 2-3 《老祖家谱》（局部，清末抄本，嘉庆十三年底本），张振山摄

---

① 明清时期民间教派因犯案而被族人从族谱中删去名字的例子不少。山东单县八卦教老教首刘佐臣家族的类似案例，参见路遥：《关于八卦教内部的一个传说》，《世界宗教研究》1994 年第 3 期，第 52—62 页。

张振山先生对于这个解释，好像不能完全满意。他仍旧不大相信，如果这部《老祖家谱》属于黄天道祖师李宾的家族，李家后人怎会完全不知情。

但这份家谱告诉我最强烈的信号，不是与清朝档案上的细节能不能一一符合，而是家谱小序中提到的山西寿阳！

前述新发现两种大型帛书宝卷，乾隆二十九年（1764）《朝阳老爷遗留末后文华手卷》、乾隆三十二年（1767）《灵符手卷》，都是寿阳所制。光绪十九年（1893）将黄天道回传到万全的"任老师"也是来自寿阳。这份记着普明名字的《老祖家谱》所说李宾的原籍，又是寿阳！

我几乎不假思索地做出了决定，马上就去寿阳。

二、祖师的原籍

《老祖家谱》上说李家原籍为"山西太原府寿阳县北章径南里村"。北章径现称"北张芹"村，今属山西省寿阳县平头镇。寿阳县位于太原、井陉之间，西迄太原，东通井陉。《太原府志》称其形势："枕连恒岳，联络太行。奇峰东列，为畿甸之右襟；层峦西峙，为晋藩之左辅。"可见明清时期，太原府以东的寿阳，实际上是被太行山脉包裹起来的一处战略要地，为太原东出太行的"必经孔道"。[①]当我们到达太原时，已经10月底。这里是典型的黄土高原地貌，大部分树叶已经落尽，庄稼也收割干净，露出大片大片的土原。北张芹位于太原和寿阳之间，西距太原45公里，东距寿阳县城25公里，并不太远。我们决定先到寿阳，再去北张芹等村。[②]

北张芹村基本上是一个单姓村，除了很少的几户散姓，几乎全部姓李。这里的李姓，已有600年以上的历史。同在寿阳县位于本村西南的南张芹、

---

① （清）龚导江纂修：(乾隆)《寿阳县志》卷一，形势，第21页。
② 此次山西的田野调查（2012年10月23日—2012年11月8日），由中国科学院的赵涛博士协助助完成，谨致谢忱。

平头镇、韩沟村的李姓，都属于"一李"的同宗。但寿阳李姓没有公共的祠堂，整个宗族保持着一种松散的联络。北张芹村的李姓，有一种较小的"家布"，只记录了近支五代祖先的资讯。而且"家布"绘成的时间较晚，不是前代的遗物。"家布"上还为将来的子孙预留了很多代的空位，似乎是一种没有修纂好的"半成品"。但寿阳平头李姓曾修过一种比较大的"家布"，由东、西、南、北四大股的各支李姓轮流掌管，每村掌管一年，过年祭祖时"请出来"张挂，也要像红白喜事一样，邀请族人来聚会吃饭，热闹一番。

　　据我们调查，北张芹李姓在历史上好像没出过什么特别有名的"大人物"。不像村东20华里的平舒村，清朝嘉道年间出了体仁阁大学士祁寯藻这样的名人，如今可以大规模地修造祠庙、博物馆，靠接待外来游客来发展旅游经济。现在，北张芹村的年轻人多外出务工，这种每村一年轮流掌管"家布"的传统，也没有维持下来。"家布"落到了韩沟村一位70多岁的老爷子李子荣（化名）家里，李姓宗族内部谁要请"家布"，就去找李老爷子。

　　北张芹村显然是李姓的祖居。村里有一条路，向南穿过现在的G307号公路，通往村南黄土原上的一片祖坟。这片祖坟已有很长的历史，村民都说，李姓的祖先，至少有二三十代都葬在那里。很多小坟，都有五六百年的历史，而三个最大的祖坟，年代已不可考，可能是李姓老祖的坟茔，但墓碑在"破四旧"运动时都已被毁，现在已没有人知道，从什么朝代开始，李姓的墓地就建在这里。

　　北张芹村最著名的传说，就是关于李姓祖坟的故事。这片黄土原上的坟茔，被村民称之为"莲花坟"。因为从远处看去，这片坟地所在的这片黄土原，在地质作用与流水的侵蚀下，天然地形成几个状如花瓣的土原，整体上宛若一朵夏日出水的莲花。据说，在相当于"莲花"花蕊的位置上，就是李氏宗族的祖坟。而过去村里通往祖坟的路边，还有一条叫作"泉富沟"的水道（之前没有被任何公路隔断），水道边的这条路就是那朵"莲花"的茎蔓。"泉富沟"的尽头，是村里"太阳庙"的一处水池。村民都说，那朵"莲花"的根，就在太阳庙的水池当中，这个水池就是滋润"莲花"的灵泉。

寿阳的气温比太原还低,田地里的庄稼早已收割。可以清楚地看到"莲花坟"所在黄土原原来的轮廓。尽管近年来修路及工矿工程对地貌的破坏与改动很大,但那朵由土原构成的"莲花"的"花瓣",还是依稀可辨。(见图2-4)

村民传说,由于"莲花坟"得了"太阳庙"里水池的滋养,李家在历史上出了一位"佛祖",在塞北某地"修炼成佛"。太阳庙是在1947年毁于战火。通往莲花坟的"泉富沟",很长时间以前就已经干涸。当我们调查采访时,北张芹村似乎没有一个人说得清"李家佛祖成道"具体的地方。

有人含糊地说,李家佛祖好像在左云、右玉一带得道。左云、右玉是山西北部与内蒙古接壤的两个县,地处雁北地区,是明代大同以西两个卫所的领地。对他们来说,左云、右玉,就是"塞北"地区的代名词吧。但是,个别村民知道,李家"佛祖"的道号是普明。调查的结果似乎不错:北张芹村知道本村族人普明在塞北"修成佛果"。

图2-4 北章径(北张芹)村的莲花坟,赵涛摄

三、祖师的家布

当我们最终在韩沟村看到李姓那张大型的"家布"时,李家"佛祖"的秘密浮出了水面。现在可以肯定,北张芹村的"佛祖"普明就是万全黄天道

的祖师"李普明"！也可以肯定，万全李万孝先生家藏的《老祖家谱》就是黄天道李宾家的族谱！因为在这张"家布"上，与普明佛并列的，还有他的妻子普光。

普明、普光夫妇，是韩沟李姓"家布"上为数不多的拥有画像的人物，大部分的李姓宗族成员，仅仅拥有一个手绘的牌位可供填入姓名。普明夫妇在这张家布上占据了很特殊的位置，他们的画像后面还绘制了火焰状的背光，以说明他们不同寻常的"神圣"身份。（见图2-5）

图2-5　山西寿阳北张芹村李姓宗族家布（局部），赵涛摄

保管这份"家布"的李子荣（化名）先生，好像比北张芹村的人知道更多的掌故。他告诉我们，李家坟地原有碑碣近十通，直到20世纪50年代末到60年代才被砸毁或改作他用。这一时期李家"莲花坟"的墓地也被毁掉不少。但据老辈村民说，清末还有人从塞外回来寿阳，到北张芹村李姓祖坟

上拜墓。他记忆中,外边来上坟的人最后一次祭扫,似乎就在20世纪40年代末,具体哪一年已不记得,但动静很大,一次就来了30多人,住了半个多月,整天在坟前吹打诵经,拜墓献祭。

而韩沟村另一位热心乡梓熟悉历史的受访者李金(化名)先生则告诉我们,旧说"莲花坟"一直很灵异,如果有人愿意守在坟地等到夜半子时,就会看到"莲花"开放,放出宝光。后来,此事被一个"南蛮子"听到,知道"莲花"里面一定藏着"宝贝",就整夜蹲守在坟地里,一直等到"莲花"开放。莲花一开,"南蛮子"就立刻上前把宝贝盗走。"莲花坟"的风水因此遭到破坏,李家也就再没出过什么重要人物。[①]

盗宝与风水的故事,并不是韩沟村独有的传说。但重要的是,在我们采访的村民中,李金先生是唯一知道普明佛是在河北万全县修炼成道的!不仅如此,他还告诉我们,他20多岁时(1950年),曾听父辈们说过,寿阳的李姓也曾远赴万全县的普明佛大庙去拜庙。

四、想象的宗图与宗族

相对寿阳李姓600年以上的历史,李子荣(化名)保管的这张"家布"只是李姓宗族历史很小的一个"局部"。它所记录的开端,甚至比李万孝家的《老祖家谱》还要晚很多。

家布的"始祖",是从这支李姓在清代的祖先李良及赵氏算起的。始祖李良及赵氏画像两侧绘制的楹联上面写着:"春礿夏禘诚尽致祭之意,秋藏冬烝果竭叩祀之情。"李良显然没有获得过什么重要的功名,家布上为他写的"头衔",是"皇清待赐府君"这样的鼓励子孙显亲扬名的"套话"。从李良、赵氏起,共有五世祖先(含配偶)拥有画像。五世以下,随着人口滋

[①] 这是华北地区流传颇广的"南蛮盗宝"故事的另一个版本。

生，家布上显然已经没有空间再为族人画像了。

普明与普光的画像，就在始祖李良和赵氏下面，位置很突出。同排右边是始祖李良的"长子李让、宋氏之位"；左边是李良"次子李运、苏氏之位"。下一排分别是李让后裔"让子讳居仲、杨氏之位"及李运后裔"运子讳居仁、辛氏之位"。

排列出这些"家布"上宗族世代的细节，就会发现，原来普明与普光的牌位与画像是被生硬地"挤进"家布里面的。普明生于明正德八年（1513）、普光生于嘉靖二年（1523），一张始祖是清朝人的"家布"，怎么会有明代正德、嘉靖时人的空间呢？

也许在坚信"客观历史主义"的史家来看，寿阳这张家布的"历史性"还不及万全的《老祖家谱》。至少，《老祖家谱》上面明初在山西抽充籍军的信息，已在《明实录》以及各种官书、地方志里得到证实。

但是如果寿阳李姓的这张"家布"，只是将普明夫妇放置在族谱当中某个"想象"的位置上，那又说明了什么呢？

无疑，普明、普光对寿阳李姓是很重要的。不论"家布"上的中心位置，还是"莲花坟"与"太阳庙"的传说，都很清楚地表明这一点。① 普明佛是清朝才被吸收到原籍的宗族当中的。原籍李姓，已经不知道普明在宗谱里的恰当位置。他被置于某位始祖的下面，只是表明他重新回到了宗族内部！他"得道成佛"之后，在宗教的帮助下返回原籍，又被编入族谱。

值得注意的是，尽管李宾祖籍的宗族已经无法按照任何宗法上的原则为他找到宗族中应有的位置，但是，这并没有对他顺利"回籍"构成什么障碍。某种意义上，这就像是"民间道门"与乡村宗族之间漫长的往来过程中的一场"谈判"。"谈判"的结果，是在族谱上象征性地为民间道门开辟了一个显要的位置。当然，也为那些张罗"归宗认祖"的万全黄天道，开辟了一

---

① 黄天道崇尚丹功，崇拜太阳，参见马西沙、韩秉方：《中国民间宗教史》，第 437—442 页；《太阳开天立极亿化诸佛归一宝卷》，载张希舜等主编：《宝卷初集》第 7 册，山西人民出版社，1994 年。

个实际的场域。有意思的是,经过这样挖补、填充过的"家布",表面上好像没有发生过任何变化,就像是所有其他的族谱、宗图一样,乍看上去,依旧秩序井然。

令我们好奇的是,这张家布上普明与普光的牌位,被分别写成"普明佛李本之神位、普光佛河氏之神位"。李宾与李本的发音相去不远,是否是传抄中无意间的讹误,不得而知。但普光在是王氏还是许氏的"争辩"之后,又成了河(何?)氏,显然不像是笔误。

没有更多的新发现之前,我们最好不要臆断这里面的原委。又何况,这次"回归"原籍,实际上,帮助乾隆二十八年(1763)险些遭受灭顶之灾的万全黄天道,成功地躲过了貌似无所不能的乾隆帝的又一次严厉追查。

第三章 卫所
——戍边军户的来源与生计

《老祖家谱》的真实性，在山西寿阳的田野调查中已经得到证实。我们已经知道，黄天道创教祖师李宾是军户出身，祖籍山西寿阳北章径村。洪武二十五年（1392），李姓祖军抽充籍军，赴万全左卫戍守。正德年间，李宾的曾祖李昌移驻万全右卫膳房堡守墩，并领了军房、军地。此后，这支李姓渐渐在膳房堡定居。李宾一生，都在宣府、万全一带的边卫中度过。卫所边堡的军户生活，如何影响了李宾日后的"修行"与"创教"，值得我们深入研究。

一、卫所制度的特点

讨论李宾的军户出身对其生活的影响之前，似应简要说明何为卫所。卫所制度，也称都司—卫所制度，是朱元璋在起兵反元以及与元末群雄的战争中逐渐形成的基层军事制度。元至正十六年（1356），朱元璋攻占集庆路（今江苏南京），设立枢密院掌管军伍，由自己亲自统领。部下将领分授枢密院下同知、佥院、同佥、判官。这些职官都沿用了元朝的旧称。至正二十一年（1361），枢密院被改为大都督府，下设左右都督、同知、副使、佥事，以统领逐渐设立的亲军指挥使司、宿卫军、千户、都指挥使、指挥同知和指挥佥事等机构和官职。吴元年（1367），朱元璋颁布"部伍法"，设置了大都督府、卫、千户所，成为明代卫所制的前身。部伍法已经确定部将以统兵多少确定官职，即"五千人为指挥，千人为千户，百人为百户，五十人为总旗，十人为小旗"①。指挥到总旗、小旗、旗军的编制，日后成为明代卫所武职的基本建置。

洪武十三年（1380），明太祖分大都督府为五军都督府，掌管军籍，分领天下都司卫所。都司即都指挥使司的简称，与布政使司、按察使司合称"三司"。明朝共设16个都指挥使司②，除全国13布政各设都司之外，还在边地设立大宁、万全、辽东3个都司。明代各都司、行都司下辖卫共493个、所2593个、守御千户所315个。③

卫所的员额，"大率五千六百人为卫，千一百二十人为千户所，百十有二人为百户所。所设总旗二，小旗十，大小联比以成军"④。可见，明初一个标准卫，统领5600名旗军，一般下设左、右、中、前、后5个千户所。一个千户所领1120名旗军，下辖10个百户所。一个百户所领112名旗军，下辖2个总旗。每一总旗领50名旗军，下辖小旗5个。每个小旗领10名旗军。此外，还有一种单独驻扎一地、直接归都指挥使司管理的千户所，即守御千户所。这类守御千户所，往往在险要的关隘驻防，功能上类似一个独立的卫，只是规模略小。

明代卫所制度主要有以下几个特点：

1. 兵将分离。卫所制度实行兵将分离的原则。五军都督府虽然掌兵，但在内，武官的选授、军队调动的权力均在兵部；在外，有监军、督抚直接过

---

① 《明史》卷九十，《兵志二》，中华书局，1974年，第2193页。
② 不计带有一定羁縻性质的奴儿干都司等军事建置。
③ 《明史》卷四十，《地理志一》，第882页。
④ 《明史》卷九十，《兵志二》。

问军旅，职权非常有限。①《明史》上说："明以武功定天下，革元旧制，自京师达于郡县，皆立卫所。外统之都司，内统于五军都督府，而上十二卫为天子亲军者不与焉。征伐则命将充总兵官，调卫所军领之；既旋则将上所佩印，官军各回卫所。盖得唐府兵遗意。"②

2. 军户世袭。卫所实行军户世袭制。不论是普通的旗军，还是卫所各级武职军官，都是世袭。军户世袭制度一直延续到明朝灭亡。军户的丁口数，属于保密的范围，一般国家机关不得过问。普通旗军户下应继人之外的子弟，称为"余丁"或"军余"；世职武官户下应继人之外的子弟，称为"舍人"或"官舍"。

需要指出，明代除了军功、科举（武科）之外③，卫所普通旗军升任武官的可能性极小。以明朝国初参与过万全右卫城建的名将宋晟为例。其父宋朝用，兄宋国兴，均在元末朱元璋起义时即从征入伍。后因其兄国兴在攻打集庆时战死，由宋晟嗣职；以后又以其父年老，袭父官。④据各种史料来看，宋晟所袭替其父官职，为千户一职。⑤在永乐初年，替明成祖在宣府、万全一带练兵、督粮的张辅，也是在靖难之役时，其父张玉在东昌战死，由张辅袭职的。⑥"土木堡之战"后，瓦剌太师将被俘虏的明英宗拥至宣府城下，朱谦拒绝开城。朱谦也是在永乐初年袭父职，为中都留守左卫指挥佥事。⑦而像天顺六年（1462），万全都司都指挥同知王俊死后，其子王珍袭为保安卫指挥使。⑧同年，万全都司署都指挥佥事赵瑜之子赵钦，代父职为蔚州卫指

---

① 王天有：《明代国家机构研究》，故宫出版社，2014年，第148页。
② 《明史》卷八十九，《兵志一》，第2175页。
③ 明中后期，开始出现捐纳获取武官职衔的途径。
④ 《明史》卷一百五十五，《宋晟传》，第4246页。
⑤ 《古今图书集成》，《明伦汇编官常典·将帅部·名臣列传·宋晟》第537卷，第298册，第45页。
⑥ 《古今图书集成》，《明伦汇编官常典·将帅部·名臣列传·张辅》第538卷，第298册，第51页。
⑦ 《明史》卷一百七十三，列传第六十一，《朱谦传》，第4621页。
⑧ 《明英宗实录》卷三百三十八，天顺六年三月乙丑，第6895页。

挥使，陕西都指挥佥事仇廉之子仇理，袭父职为宁夏前卫指挥佥事。① 弘治六年万全都司都指挥佥事王俊（与天顺年间万全都指挥同知同名）之子王锐，袭父官为万全右卫指挥使。② 这种世袭卫所武职的情况，是明代卫所武职官员的常态，一直延续到明朝灭亡。

3. 军屯自给。卫所的另一个特点，就是军屯。明太祖常自诩寓兵于农，即指卫所军屯。③ 明初卫所皆屯田自供奉粮，甚至还有结余。直至明末，臣工还常引称"祖宗养兵百万，不费民间一钱"④。卫所当中，也一直以"掌印"、"管屯"二事为重。军屯在明初取得一定的效果，但宣德、正统以降，军屯制度弊病丛生，额粮递减，转输粮饷又成为边卫补给的重要途径。

卫所是军事建置，本非行政区划。但不少地处边境卫所，往往因为边地不设州县，同时兼理民事。入清以后，这类卫所多数演化为地方行政区划。卫所有实土、非实土之分。明代全部卫所当中，实土卫不及十分之三。辽东都司为实土，大宁都司初治大宁卫时为实土，万全都司大半为实土。黄天道创教祖师李宾居住的万全右卫，即属于实土卫。

二、籍军建卫的办法

卫所制度是明代社会的重要特征。明人按劳役种类和社会身份划分户籍，大致可分"军、民、匠、灶"四类。其中匠户，也有军匠，属于军户。明代军户人口约占全国总人口的五分之一。官书及民间碑刻上，常见"祖军"、"祖役"、"世职"、"代代为军"等说法，反映的就是军户与民户的差

---

① 《明英宗实录》卷三百三十九，天顺六年四月庚寅，第 6903 页。
② 《明孝宗实录》卷七十八，弘治六年七月壬戌，第 1509—1510 页。
③ （清）孙承泽：《春明梦余录》卷四十二。
④ （明）杨嗣昌：《西阁大同情形第七事疏》，崇祯八年三月初八，载梁颂成辑校：《杨嗣昌集》上，岳麓书社，2008 年，第 154 页。

别及军户世袭的情况。

　　明代军户世袭制下，原籍军户与卫所军户均要承担相应的军役。原籍军户有义务为赴卫的旗军提供军装盘费等支援，并在正军逃亡或无后的情况下，出丁替役。国家对其相应补偿，是优免户下一丁的徭役。而卫所军户，也获得户下优免一丁的徭役，以协助其在卫所操备、屯田。不论武官还是卫所旗军，都要把家眷迁往卫所居住，形成卫所军户世袭制。[1] 军户是世袭制，那么，明代最初的军户是从何而来的呢？《明史》总结明初军户主要源于"从征"、"归附"、"谪发"、"垛集"（佥发民户三户出一丁者，洪武、建文时为多）四类。[2] 而研究者从现存明代兵部各卫所《选簿》中注意到，卫所旗军的来源，还有"收集"、"抽充"、"佥充"、"自愿充军"等方式。[3] 上述"从征"指元末追随朱元璋部的军士[4]，"归附"指从元军或元末群雄队伍中招徕的归降者，"谪发"指犯法充军者，"垛集"指征发民户为军。一般是以民户每三户为一个单位，共垛一丁，或一户三丁以上者，抽一丁。垛集多发生在明初。洪武二年（1369）、洪武四年（1371），明政府曾分别于山西、山东大规模垛集旗军。[5] 而"收集"，主要指明初对故元旧部以及群雄旧部的重新招集，再次编伍。"抽充"，则指从丁多民户，例如一户三四丁及以上者，抽丁为军的办法。这种做法，在"垛集"抽军时也有采用。此外，明代史籍

---

[1] 学界对明代军户世袭制度的总结，参见王毓铨：《明代的军屯》，中华书局，1965 年；以及《明代的军户——明代配户当差之一例》，收入氏著《莱芜集》，中华书局，1983 年，第 342—361 页；于志嘉：《明代军户世袭制度》，台湾学生书局，1987 年，第 141—196 页；李荣庆：《明代武职袭替制度述论》，《郑州大学学报》1990 年第 1 期，第 9—15 页；张金奎：《明代卫所军户研究》，线装书局，2007 年，第 19—37 页；梁志胜：《明代卫所武官世袭制度研究》，中国社会科学出版社，2012 年，第 6 页。

[2] 《明史》卷九十，《兵志二》。

[3] 利用《选簿》的最新研究，参见梁志胜：《明代卫所武官世袭制度研究》，中国社会科学出版社，2012 年。

[4] 也有文献将追随燕王朱棣"靖难"起兵称为"从征"。

[5] 于志嘉：《再论垛集与抽籍》，《郑钦仁教授七秩寿庆论文集》，台北稻乡出版社，2006 年，第 197—237 页。《古今图书集成》，《方舆汇编边裔典·北方诸国总部·汇考·宣府》第 110 卷，第 218 册，第 38 页。

论及扩充兵源,还有"佥充"之法;佥充,即"佥充民壮"之意,民壮是临时招徕的义兵,不属于军籍。但对于在战争中立功的民壮,会获得"一体升赏",转而成为世袭武职军官。①

以上籍军的各种途径中,"垛集"与"抽充"是明初大规模征兵入籍的主要方式。抽充即抽军,就是万全李姓《老祖家谱》里面所说的籍军办法。

三、万全左、右卫的建置及其旗军的来源

万全左、右卫的建置,是明朝国初经营北边的产物。宣府、万全一带,是明朝所谓"沦没于异域者盖四百余年"之后的"光复之地"②,从后晋石敬瑭割地赂求契丹之后,历经辽、金、元三朝,一直不在汉族统治者中央王朝的行政区划。因而,明初建置万全诸卫,士人多借此对明太祖歌功颂德。正式建置始于洪武二十五年(1392)。是年三月,太祖朱元璋下令沿边整顿武备,增设关隘,准备北征。安庆侯仇政、西凉侯濮玙等重臣,被派往大同、宣府一带备边。后仇政理振武、朔州;濮玙理岢岚、蔚州;都督刘真、指挥使李彬来宣府。刘真、李彬仔细考察了"宣德、兴和、云州、大兴、保安、龙庆、怀来诸处,度量城隍,增设险隘",为宣府一带建卫做好准备。③

当时,故元势力已经分裂为数部,其中也速迭儿部势力最大,对明朝构成威胁。早在洪武二十一年(1388),蓝玉奉命北征北元主脱古思帖木儿。在捕鱼儿海附近的会战中,北元太尉蛮子被杀。脱古思帖木儿败走,遁至也速迭儿部,被其所杀。脱古思帖木儿的次子地保奴、嫔妃公主等领残部逃脱,归降明朝。此战明军俘获了大量马驼牛羊以及玺书、兵杖、车辆、辎

---

① 梁志胜:《明代卫所武官世袭制度研究》,第86页。
② 《古今图书集成》,《方舆汇编边裔典·北方诸国总部·汇考·宣府》第110卷,第218册,第38页。
③ (明)严从简:《殊域周咨录》卷十六,北狄。

重。但也速迭儿弑君称汗后，野心勃勃地向周围扩张，成为朱元璋的心头大患。洪武二十五年（1392），明太祖下令明军北征。都督周兴等率军追击，在彻彻儿山，大败也速迭儿部。

彻彻儿山一战，为明朝北边赢得十多年的和平时间。包括万全右卫在内的一大批边卫，都是在洪武二十六年（1393），确立城址，完成建置的。同批在大同都卫以东置立的卫所（当时明军北方驻防中心在大同）①，还包括大同后卫及东胜左、右，阳和、天城、怀安，万全左、右，宣府左、右等十卫。② 其中宣府左、右卫，设立于前元宣德府地，万全左、右卫，设于宣德县。③

关于万全左、右卫旗军的来源，一般的移民史资料都说出自山西。我们在今万全、怀安两县的村民中调查，大多数人也说祖上是从山西迁来。最流行的说法，是从山西"洪洞县大槐树"移民的故事。这个传说，差不多是整个华北农村的共同记忆，具体到万全左、右卫旗军在何处抽军建卫，似乎没有人答得上来。

前文谈到，洪武二十五年（1392）三月，都督刘真、指挥使李彬在宣德、兴和、云州、保安、怀来、龙庆一带考察地形，规划关隘、准备建卫。但沿边民户稀少，卫军的来源成为一大问题。明初驱逐元朝残余势力的战争中，宣府、万全一带州县的民户被明军大量内迁。明初宣府、万全等地民户稀少，不少史料都曾提到。明人刘健《重修万全都司庙学记》即称明太祖在洪武四年（1371）曾下令宣府等地"尽徙其民居庸南，郡县俱废"④。《宣府镇志》也讲到明初北逐故元势力之后，"宣德等边地郡县尽废，徙其民如居庸关，特遣将卒守之"⑤。事实上，明初以降相当长的时期内，宣府一带一直

---

① 《明史·地理志》"山西行都指挥使司"条记载："山西行都指挥使司，本大同都卫，洪武四年正月置，治白羊城。八年十月更名。二十五年八月徙治大同府。二十六年二月领卫二十六。"（宣府左、右，万全左、右，怀安五卫，改属万全都司），后领卫十四。见《明史》卷四十一，第970页。

② 《明太祖实录》卷二百二十五，洪武二十六年二月辛巳，第3295页。

③ （明）严从简：《殊域周咨录》卷十六，北狄。

④ （明）刘健：《重修万全都司庙学记》，载《古今图书集成》，《方舆汇编·职方典·宣化府部·艺文》第158卷，第75册，第31页。

⑤ （明）孙世芳、栾尚约纂修：（嘉靖）《宣府镇志》卷一，制置考，第29页。

民户稀少。直到宣德八年（1433），著名的阁臣文渊阁大学士杨荣（1371—1440）还说宣府"地鲜居民，惟卒伍之士，以耕以守焉"①。

朱元璋解决建卫兵源的办法，是从山西籍军。洪武二十五年（1392）八月，朱元璋特谕宋国公冯胜、颍国公傅友德：

> 屯田守边，今之良法；而寓兵于农，亦古之令制。与其养兵以困民，曷若使民力耕而自卫。尔等宜往山西布政司，集有司耆老，谕以朕意。乃分命开国公常升、定远侯王弼、全宁侯孙恪、凤翔侯张龙、永平侯谢成、江阴侯吴高、会宁侯张温、宣宁侯曹泰、徽先伯桑敬、都督陈俊、蒋义、李胜、马鉴往平阳府；安庆侯仇正、怀远侯曹兴、安陆侯吴杰、西凉侯濮玙、都督孙彦、谢熊、袁洪、商皓、徐礼、刘德，指挥李茂之，往太原等府，阅民户四丁以上者，籍其一为军。蠲其徭役，分隶各卫，赴大同等处开耕屯田。东胜立五卫，大同在城立五卫，大同迤东立六卫，卫五千六百人。仍戒其各慎乃事，毋扰于民。②

此次籍军的既定原则是"抽充"，即上述"阅民户四丁以上者，籍其一为军"。籍军之乡，遍及山西雁门关南各府州县。山西表里山河，地势完固，受元末战争影响最小。山西也是元明鼎革归附明廷最晚的地方。相比华北各地经历战争蹂躏，人口稀少、田园荒芜的情况，山西生齿繁庶，人口较多，加上山多田少，在明初自发前往河北、河南、山东等地垦荒谋生的山西客民，就已是络绎不绝。对此类移民，明太祖曾下令，听其自愿前往。据《明实录》记载，洪武二十五年，后军都督府向朱元璋奏报："彰德、卫辉、广平、大名、东昌、开封、怀庆七府，（山西移）民徙居者，凡五百九十八户。计今年所收谷粟麦三百余万石，棉花千一百八十万三千余斤，现种麦苗

---

① （明）杨荣：《朝天观记》，载《古今图书集成》，《方舆汇编职方典·宣化府部·艺文》第157卷，第75册，第28页。

② 《明太祖实录》卷二百二十，洪武二十五年八月丁卯，第3224页。

万二千一百八十余顷。"朱元璋闻奏，喜称"如此十年，吾民之贫者少矣！"①

洪武二十五年山西籍军的进展顺利。到年底，分赴山西太原、平阳各府拔丁籍兵的宋国公冯胜诸将，陆续返还，向朝廷奏报各地抽充籍军人数：

> 凤翔侯张龙，徽先伯桑敬，籍平陆、夏县、芮城三县民丁为一卫。定远侯王弼，籍临汾、襄陵、蒲县民丁为一卫。宣宁侯曹泰、都督马鉴，籍洪峒（洞）、浮山二县民丁为一卫。会宁侯张温、都督李胜，籍曲沃、翼城、绛县三县民丁为一卫。都督徐礼，籍闻喜、安邑、猗氏三县民丁为一卫。开国公常升，籍霍州、灵石、赵城、汾西四州县民丁为一卫。东平侯韩勋、东莞伯何荣，籍绛州及太平县民丁为一卫。江阴侯吴高、都督蒋义，籍蒲州及稷山、万泉、临晋、荣河四县民丁为一卫。全宁侯孙恪，籍隰、吉二州及石楼、永和、太宁、河津四县民丁为一卫，安陆侯吴杰、致仕指挥李茂之，籍平遥、太谷、祁县三县民丁为一卫。永平侯谢成，籍汾州及汾水、孝义二县民丁为一卫。西凉侯濮玙，籍辽、沁、平定三州，及乐平、和顺、榆社、武乡、沁源五县民丁为一卫。安庆侯仇正、都督孙彦，籍石州、岢岚、保德三州，及宁乡、临县、兴县、静乐、岚县、河曲、河津七县民丁为一卫。都督商皓、袁洪，籍忻、代二州，及崞县、繁峙、五台三县民丁为一卫。怀远侯曹兴，籍太原、清源、徐沟、交城、介休五县民丁为一卫。都督刘德，籍阳曲、榆次、寿阳、盂县、定襄五县民丁为一卫。②

上述抽丁汇报，是《实录》从奏疏上摘引的省文，并未说明诸将抽丁籍军，分别建立的是哪个军卫。

最近，研究明代卫所武职袭替的学者注意到，《明实录》所说"都督刘

---

① 《明太祖实录》卷二百二十三，洪武二十五年十二月辛未，第3264页。
② 《明太祖实录》卷二百二十三，洪武二十五年十二月壬申，第3264—3265页。

德，籍阳曲、榆次、寿阳、孟县、定襄五县民丁为一卫"，即万全左卫。①而万全县李姓《老祖家谱》小序中，提到了"原籍山西太原府寿阳县北章径村南里，洪武二十五年抽军二人，到万全左卫牛角堡上居住"，与《明实录》的记载完全吻合。

另据笔者调查，洪武二十五年这次山西抽军，"安陆侯吴杰、致仕指挥李茂之，籍平遥、太谷、祁县三县民丁为一卫"，即万全右卫。光绪《祁县志》上，有明初"乡贤"获得武职的记载。如"乔公拳（奉），万全右卫总旗，从征有功，永乐元年升授本卫指挥，续升南京锦衣卫指挥。申小奴，万全右卫军人，从征有功，永乐元年升授本卫指挥。梁才，万全右卫军人，从征有功，永乐元年升授保定右卫后所千户。温厫，万全右卫左所小旗，从征有功，永乐元年升授本卫千户。郭原刚，万全右卫总旗，从征有功，永乐元年升授本卫千户。李博，万全右卫总旗，从征有功，永乐元年升授本卫千户。张驴儿，万全右卫军人，从征有功，永乐元年升授保定卫千户。"②

上述七人，全部为旗军出身，万全右卫军籍，而且一律是"靖难从征"有功，升为世袭武职。这是万全右卫旗军来源的确据。这些祖籍祁县的万全右卫军人，在建文元年（1399）燕王朱棣起兵之初即响应从征。显然，他们都是洪武二十五年抽军建卫的第一批旗军。

按照《明实录》记载"四丁以上者，籍其一为军"的规定，洪武二十五年"寿阳县北章径村南里"应出两丁③，而其中之一，就是《老祖家谱》上没有留下名字的李姓祖军。像历史上大多数没有面目的普通士兵一样，现在不论是在万全左卫他的卫籍，还是在山西寿阳他的原籍，都没有关于他的任何消息。我们只知道，他在洪武二十五年抽军赴万全左卫戍边。到正德年间，这个李姓军户下的李昌、李志道父子，开始移居到了万全右卫的膳房堡。

---

① 梁志胜：《明代卫所武官世袭制度研究》，第77—78页。
② （清）刘发岯修，李芬纂：（光绪）《祁县志》卷六，选举，第63a页。
③ 或者按垛集法，北章径村南里合出二丁。

四、万全左、右卫建卫后的沿革

据《明史》记载，洪武二十六年（1393）二月，万全左、右卫建置，由于卫城尚未筑成，二卫治所同在左卫城，属山西行都司（治所在今大同左云白羊城）。建文二年（1400），徙治山西蔚州。永乐元年（1403）二月，二卫徙治通州，直隶后军都督府。二年，万全右卫徙治德胜堡。[①]

永乐二十年（1422），明军在坝上的兴和守御千户所失守，迁入宣府城内。宣德五年（1430），开平卫弃守，内迁独石。同年，明廷设立万全都司，以加强"大边"南撤，诸卫内迁后的防御。万全右卫成了真正的"极边卫所"，首当其冲，直接面对蒙古诸部。

万全都司建置之后，虽然都司治所几经变化，但下辖各卫所基本上稳定下来，直至明末没有太大的变化。新置万全都司，任命马升为首任都指挥使，辅以毛翔、武兴、朱谦等诸将。都司治所在宣府前卫，统领十五卫、七所（后为五所），即万全左卫、万全右卫、宣府前卫、宣府左卫、宣府右卫、怀安卫、开平卫、延庆左卫（旧为大宁左卫，又为营州左护卫，属北平行都司，后改）、延庆右卫（旧为大宁右卫，又为营州右护卫，属北平都司，后改）、龙门卫、保安卫（旧属前军都督府，后改）、保安右卫（旧属前军都督府，后改）、蔚州卫（旧属山西行都司，后改）、永宁卫、怀来卫、兴和千户所、美峪千户所、广昌千户所（旧属山西都司，后改）、四海冶千户所、长安千户所、云川千户所、龙门千户所。

到正德、嘉靖时期黄天道祖师李宾生活的万全左、右二卫，除了卫所，对其影响更大的，是更为常规军事化的镇戍制。

宣府镇之设较早。明初即设辽东、宣府、大同、延绥（榆林）四镇，后

[①] 《明史》卷四十，地理志，第 903 页。但《明史》所说洪武三十五年（即建文四年）万全右卫徙治蔚州不确，不同的说法，见道光《万全县志》卷八《艺文》之朱藻《重修万全右卫文庙记》，此节考据，参见郭红、靳润成：《中国行政区划通史》（明代卷），复旦大学出版社，2007 年，第 283 页。

增设宁夏、甘肃、蓟州三镇，又以太原镇统偏头、宁武、雁门三关，陕西镇巡抚驻固原，合称九边。正统元年（1436）起，朝廷派大员巡抚各边，提督军务。弘治十年（1497）起，又于巡抚上，先后设置陕西三边、宣大、蓟辽三总督。镇守、总兵、副总兵、守备等职，原本都是"差"，最初无品级和定员。《明实录》上记载，成化年间守备万全右卫少监顾雄上言："臣守备万全右卫，而所隶城堡亦名守备，职任不同，而嫌于同名，乞为镇守以别之。上命兵部以例闻，遂诏万全右卫、怀来、独石、庄浪、凉州内外官，俱改为分守，仍听宣府、甘肃镇守总兵节制。"[①] 可见，在镇戍制常规化的影响下，守备一职，在成化年间已经出现由"差"变"官"的苗头。后以边事频仍，各镇所设总兵、副总兵、参将、游击、守备、操守等官，遂成常例。

宣府镇据山川之险，又地近京师，自东徂西，边长一千余里，战略地位极为重要。镇戍制之下，宣府镇设镇守宣府总兵官一人，驻宣府镇城。协守副总兵一人，旧驻镇城，嘉靖二十八年（1549）移驻永宁城。万全左、右卫，隶属于宣府镇西路，后改上西路。成化十年（1474），"分万全左、右卫及张家口、膳房堡、洗马林、新河口、新开口、柴沟堡、怀安卫、西洋河、李信屯为西路。"嘉靖四十五年（1566），"以万全右卫、张家口、膳房堡、新河口、新开口、宁远站为上西路。"[②] 西路、上西路，俱设分守参将，下属各堡，均属宣府"极冲地方"，各设守备一员。

而曾在万全右卫膳房堡当差黄天道祖师李宾，即属于宣府镇西路参将下的膳房堡守备管辖。

五、拨兑

1947年，李世瑜调查万全县膳房堡时，在普佛寺第五进殿的普明殿，

---

① 《明宪宗实录》卷七十四，成化五年十二月乙丑，第1425页。
② （清）左承业纂修：（乾隆）《万全县志》卷一，沿革，第17a-b页。

100　祖师的族谱

发现了一块有残损的石碑，上写"明故高祖行三李公讳宾之墓"，右面两列小字"祖原籍万全左卫，后揆兑本堡"以及"午时，卒于嘉靖四十一年十月十一日子时"。碑文至此下残，但"午时"两字，与忌日时刻相对，自然应指李宾的生辰。由于碑文残脱，树碑者的名字也没有保存下来。李世瑜在石碑上只发现"孙名□□灭"几字。他还注意到，碑阴所写"普明祖之墓"，字体与正面显然不同，因而疑心"普明祖"最初不是专指李宾而言。①

　　残碑是清同治、光绪之际，志明和尚重修普佛寺大庙，才"重见天日"的一块旧碑。据说，石碑是在大庙遗址挖井时发现的。关于这口井的故事远近闻名，李世瑜未到普佛寺之前已经听说。传说建庙之前，阖村信善人等都担心资财不敷。但志明和尚信心十足，用禅杖在地上画出一圈，命村民就地挖井。这块墓碑就是从井中打捞出来的。井挖好后，涌出来的，竟然是可以医治百病的"神水"。消息传开，远近前来取水治病的人，很快就布施够了建庙的款项。这口井现在还在，听说依然有人偶尔前来敬拜取水。（见图 3-1）

图 3-1　膳房堡普佛寺水井遗址，曹新宇 2004 年 10 月 29 日摄

---

①　李世瑜：《现在华北秘密宗教》，第 15 页。

第三章 卫所
——戍边军户的来源与生计

从我们发现的《老祖家谱》上的世系来看，树碑的人，应该就是前文所说康熙年间的岁贡生李蔚。[①] 碑文上所谓"高祖"云云，正是李蔚这一辈李姓族人应当说的话（从李宾胞兄李宸到李蔚共五世，依次为李宸［李宝、李宾］—李存贤—李府—李永才—李蔚）。李世瑜在碑刻上看到的"孙名□□灭"，空缺二字，应为"李蔚"，后一"灭"字费解，或为漶漫不清之故，未得正字。显然，这块碑是方观承办案时所扑毁，后被村民埋藏。而"画井修庙"捞出墓碑的神迹背后，也透露出这块碑曾被藏起来的资讯。

李世瑜先生抄录碑文，似有其他舛误。如上述所抄碑文，"祖原籍万全左卫，后撲兑本堡"，"撲兑"二字，殊不可解，引起不少学者的猜测。[②] 令人难以置信的是，李世瑜当年调查所见的"普明墓碑"，2012年再次出土。

2012年11月，膳房堡村民在村东北农田挖管渠时，勾出半截石碑，正是此碑。2013年夏，村民为残碑补做了水泥碑座，重新安放在普佛寺大庙遗址正西的山坡上，与前文所说门氏师傅的墓碑相隔不远。可惜，这半块墓碑，比李世瑜1947年所见残碑，又有残损。

碑刻出土之后，笔者才发现，碑文中所谓"撲"字，实为"扌"旁右边"発"字，即"拨"字的异体。因此，墓碑上的这句话原本写作："明故高祖行三李公讳宾之墓，……祖原籍万全左卫，后拨兑本堡……午时；卒于嘉靖四十一年十月十一日子时。""拨兑"即拨调，明清官书上常用以指称调动（兵员）、调剂（钱粮）等事。这样一来，文意豁通。这句话就是说：李宾原卫籍在万全左卫，后调右卫。[③]

李世瑜1947年所记碑文让泽田瑞穗、秦宝琦、马西沙等前辈学者感到困惑的"撲兑"二字，现在已无疑义。那么，李宾是否如碑上所说，从万全

[①] 乾隆二十八年，方观承办案时即发现碧天寺普光塔前，有康熙四十一年李蔚所立石碑；见马西沙、韩秉方：《中国民间宗教史》，第421页。

[②] 〔日〕泽田瑞穗，《增补宝卷の研究》，东京国书刊行会，1975年，第346—348页；马西沙、韩秉方：《中国民间宗教史》，第410页；秦宝琦、晏乐斌《地下神秘王国—一贯道的兴衰》，福建人民出版社，2000年，第74—76页。

[③] 此处原籍指卫籍，并非祖籍。

102　祖师的族谱

图3-2 "普明祖墓碑"上被误认为"揆兑"的"拨兑"，曹新宇2014年5月摄

左卫被调拨到右卫？

　　梁志胜先生研究明代兵部《长陵卫选簿》发现，有不少万全左卫旗军后来调北京昌平裕陵卫，再改调长陵卫。[①] 从《明实录》上看，宣府、万全一带卫所官军驻防地之间的调动是很频繁的。例如，永乐十五年（1417），宣府的显安、闵安、威房、环州四堡，每堡官军二百余人，都是从相近的宣府、万全、怀安诸卫所调拨而来。宣德六年（1431）七月，万全都司于龙门县设立龙门卫，从宣府、大同调拨两千人前往驻守；在龙门县李家庄设置龙门守御千户所，调拨在宁化所的山西护卫军五百七十五人、代州振武卫官军五百人前往驻守。正统三年十二月，龙门卫调三百多官军，前往龙门千户所成守，又调拨宣府等卫三百余人至龙门卫。成化十三年九月，巡抚宣府右副都

---

　　① 梁志胜：《明代卫所武官世袭制度研究》，第77页。按：《明太宗实录》永乐二十二年八月庚午条载，改（南京）羽林卫亲军指挥使司为长陵卫亲军指挥使司。又载何乔远《名山藏》卷四十七《舆地记》。裕陵卫旧为武成前卫，（正统十四年，又）天顺八年改。也就是说，明初的调卫，曾将南京等地的卫所与万全左卫军士混编，这些调卫活动，造成卫所旗军的多元成分，也影响到其社会、宗教团体的构成特点。

第三章　卫所
——戍边军户的来源与生计

御史殷谦建议加强万全右卫虞台岭至黄土坡的边境防御，并奏请"于在京及畿内军多卫所调万余人，或与河南轮班军内选五六千人驻于万全都司"。而李姓祖军最初抽充赴戍的军卫，正是万全左卫。万全左、右卫军同为西路参将所辖，二卫之间的调动完全可能。

但梳理李姓世系以及更多的资料，普明祖墓碑上所说的"拨兑本堡"更可能只是一句"套话"，未必反映李宾来到右卫的真实原因。据李姓《老祖家谱》的记载，李宾似乎不是从万全左卫调卫来到右卫的。从各种迹象来看，他更像是一个在万全右卫听差的余丁。

万全县李姓《老祖家谱》上的始祖李昌本人，便极可能是万全左卫李姓祖军户下的"余丁"。前文已述，李昌与山西寿阳李姓祖军的关系，谱牒不明。《老祖家谱》上，也没有留下李姓祖军的姓名。这似乎暗示出李昌没有继承万全左卫李姓祖军的正军身份。《老祖家谱》所说李姓某位祖先"身荣万全左卫百户之职"，但既没有说出姓名，也没有提到立功升赏的情况，不是明代卫所家谱的通例。这都说明李昌这支李姓族人，没有袭替祖军的世职（如果升为百户属实的话）。而李姓祖上有人任职百户，或者本来就是清代族人伪托。①

《家谱》小序上说："始祖李昌"在正德年间，将李志道安置到"万全右卫膳房堡边上守墩"，似指"膳房堡墩军"的差事始于李昌。李昌之后，由李志道继承。李昌有三个儿子，兄弟三人中，李志道补了差，不详另外两位是否成为李志道名下的"帮丁"。至李昌孙辈，即《老祖家谱》上的"三世祖"，共六人，或由李志道之子李运国顶差。到第四世，即李宾一代，李昌户下已有"余丁"八人，这一代最可能继差的，应是"三世祖"李运国的长

---

① 《老祖家谱》的世系记载，已经证明，但在族人身份上，伪托之处甚多。例如，以"四世祖"李宸、李宾为武生，李宝为文生（见第二章图2-2）的这些功名，都是伪托。笔者怀疑，《家谱》上所说"百户之职"也是伪托。明代百户之职，为正六品云骑尉，属于世职，是当时重要的社会身份。终明一代卫所武官实行严格的世袭制，即便武官本人失职被罢免，子孙仍然可以袭替世职。对此，膳房堡的李姓后人，特别是清康熙年间岁贡生李蔚，不会一无所知，但李蔚在刊印两种宝卷的题跋里，没有留下先祖任职的任何记录，就连李宾本人，也被他称为"北鄙农人"。

子李宸。乾隆二十八年直隶总督方观承的调查，也发现膳房堡李姓为李宸一支的后人。据此，我们可以倒推出来，"李昌—李志道—李运国—李宸"一系，应该就是明正德到嘉靖年间，这支李姓在膳房堡继差的世系。

明朝一般免除卫所军户下一丁的差役，以帮助屯、操正军的生活。边镇卫所操备、守城、屯田等军役繁重，正军军户下，似可豁除两丁的徭役。①这种余丁，在军册上称为"帮丁"。而军户名下无差余丁，则是"空丁"。

李宾行三，这一代李昌户下已有"余丁"八人。不论李昌"老祖"本人是否余丁补伍，李宾都极可能是户下的"空丁"。他的"出路"，似乎出生即注定与大部分卫所余丁一样，靠顶替卫所各类差役谋生。从李宾的曾祖父（李昌）、祖父（李志道）开始，这支李姓从万全左卫迁往右卫。第一章已经谈到，民国年间的普佛寺画传上，有一幅壁画的内容，就是父亲带着年幼的李宾在春天来到膳房堡。万全右卫是左卫的"邻封"，李家几代人这样的"迁徙"，想必是不断往返的。

六、卫所余丁的出路

卫所军户以家庭为单位，几代下来，军户"余丁"已成为卫所的普遍现象。明代卫所余丁的生计及其在军卫中的角色，近年来受到研究者的关注。从明代各类文献上看，卫所余丁的生活出路，大致有科举、农垦（私垦或顶种）、募兵、承差四类。

（一）科举

理论上，卫所官舍军余，都有资格参加科举，这一点与府州县无异。通过童试成为卫学、都司学的生员后，虽然仍隶军籍，但也一样享受优免征发

---

① 万历《大明会典》卷一三七，兵部·职方清吏司·存恤，第12b 页。

等卫所军役,并拥有名下帮丁。

万全左、右卫的卫学之设较早。永乐年间,万全左卫建儒学,怀安卫、万全右卫的军户士子,最初均合并于此。左卫学宫后于正统十四年(1449)被毁;弘治元年(1488)重建。而正德三年(1508),怀安卫开始自设卫学;正德五年(1510),万全右卫也自设卫学。① 万全都司学设立较早。宣德七年(1432),在万全都司正式设立两年之后,都督谭广奏准设都司学于宣府。庙学始建于"七年三月,成于八年九月"②。

但宣府一带卫所地临极边,卫学发展并不顺利。上述正统十四年(1449)万全左卫学宫之毁,是由于正统十三年(1448)巡按监察御史王琳奏革。主要原因是上述沿边卫所生员人数太少:

> 万全都司所属怀来卫、隆庆右卫共儒学一处,怀安卫、保安右卫共儒学一处,龙门卫、万全左卫、美峪千户所各儒学一处,此五处儒学俱临极边,武生父兄每岁出哨赴操,修城烧荒,采备薪草,接送外夷,蚤暮辛苦,不遑自给,故武生乏人供送,衣食艰难,至于有警,又复选令操备,仅有数人在学,教官常闲,虚耗廪禄,乞罢前五处儒学,取期教官别用。③

万全左卫儒学被奏革次年,就发生了"土木之变",英宗被俘,宣府万全一带卫所军士伤亡不小,直到景泰、成化年间,无暇恢复卫学。这些卫所儒学,直至正德初年才恢复建置。

至于卫学的学额,明代有统一规定。以贡生为例,基本上是卫学比照县学,两年一贡。下辖卫所较多的都司学比照府学,一年一贡。④ 这是弘治

---

① 《古今图书集成》,《方舆汇编·职方典·宣化府部》第152卷,第75册,第12—13页。
② (明)杨士奇:《万全都司庙学记》,载《古今图书集成》,《方舆汇编·职方典·宣化府部》第157卷,第75册,第27页。
③ 《明英宗实录》卷一百七十二,正统十三年十一月乙巳,第3314页。
④ (明)俞汝楫等撰:《礼部志稿》卷二十三,仪制司职掌十四,载《影印本文渊阁四库全书》597册,第417页。

十四年（1501）的定例，当时万全都司下辖十五卫及若干守御千户所。对于整个都司的生员，一年一贡，显然象征意义大于实际意义。

相对而言，武科似乎对明代宣府、万全一带更有影响。武科中举者，也远超文闱。早在宣府、万全等地设立卫所之前的洪武二十年（1387），礼部即奏准立武学，用武举。初定"武臣子弟，于各直省应试"。成化十四年（1478），从太监汪直请，设武科会试，悉视文科例。嘉靖初定制：各省应武举者，巡按御史于十月考试，两京武学于兵部选取，俱送兵部。次年四月，"会试后又仿文闱南北卷例，分边方、腹里，每十名，边六腹四"①。

武科选举确实比较注意从边卫中选拔武科人才，但从朱元璋时代起，武举就主要定位于从"武臣子弟"当中选拔。在正统年间，有议者呈奏：武举宜不拘一格，并请旨"敕兵部行移天下军卫有司，察访军民之家但有军谋勇力之人，并从选举，不限南北，不拘额数，举选到京，问以攻守之策，试以弓马膂力，取中者月给口粮二石，分隶在京各营，然后差拨各处总兵官参随使用，有功之日，照例授以武职"②。

然而，纵观明代宣府、万全一带武科人选，普通军户余丁出身武科，间或有之，但为数不多，而且集中在万历十一年（1583）之后，不能当作卫所余丁寻常出路。这一问题，《宣化府志》明代武科选举方面的材料可以参考，此不赘述。③

（二）农垦（私垦、顶种）

明代卫所余丁最大的一项生计仍是务农。从承种土地的类型来分，主要为私垦与顶种两类。

早在明宣德年间，各都司卫所已经出现了余丁私垦、拒纳民赋的现象。

---

① 《明史》卷七十，选举志二，第 1708 页。
② 《明英宗实录》卷九十九，正统七年十二月己丑、庚戌，第 1986、2001—2004 页。
③ （清）王者辅、张志奇纂修：（乾隆）《宣化府志》卷二十六，第 21a—29b 页。

有的官员建议，将这类卫所余丁遣返原籍，或令其就近附籍，负担赋役。但卫所逃军问题严重，北方边卫修筑长城、增添墩台壕堑的工役，也急需大量余丁应役。因此，明廷有关"余丁"的政策，很快回归到"兵备"的轨道。余丁造册，在营生活，也就成了明代卫所的一大特色。

余丁私垦是卫所军屯制度的伴生物。明初，卫所军屯本无定额，但基本上要求屯粮全部上仓，再行分配。建文四年（1402），定以每一分屯田，纳正粮 12 石入屯仓，听屯丁正军本军支用；余粮 12 石，给本卫官军操俸粮。永乐二十年（1422），朝廷以下屯军士艰难，规定除自用 12 石外，余粮免一半，只纳 6 石。宣德十年（1435）、正统二年（1437），又分别诏准：屯军自用正粮，免盘量、上仓，只纳 6 石余粮。① 这一规定，基本上延续到明末。即一分军屯的粮差（如北方卫所以百亩为率）为 6 石余粮。卫所内部，屯军纳余粮，世职武官、守城军士按月支粮。一旦屯军被征调选操之后，也按月支粮。军屯"额征化"之后，鼓励了余丁私垦的活动。在某些边卫，余丁占垦的规模很大，甚至军屯粮差也转移到余丁地。

崇祯年间，宣大总督杨嗣昌曾经对大同的军田做过调查。他发现当地存在一种特殊的土地租佃形态和纳粮习惯，即"供军地"免粮，而"余丁地"纳粮。"供军地"是原屯军的本军支用的粮地，而"余丁地"，是否专指余丁"顶种"原屯军额征余粮地，还是包括起课的余丁私垦地，暂无更多材料说明。但"余丁地"这一名目，反映出私垦、顶种与军屯"粮差"的转移密切相关，则是非常清楚的。

明代《军政条例》虽然有"军田不许绝卖"，"若买者，正犯并知见人问罪，地追入官"的明文规定，但到正德八年，即"普明祖李宾"出生当年，明廷允许军田"召种顶军"。② 这是在军屯制度难以持续的形势下，对长期存在于卫所的"顶种军地"的认可。只不过，条例仍然强调军地不准"出契

---

① （明）杨嗣昌撰，梁颂成辑校：《杨嗣昌集》一，第 154 页。
② （明）霍翼：《军政条例类考》卷三。

死卖”的“底线”。这一条例表面上只适用于“逃绝军人田土卖绝管业已定者”，但事实上，顶种军田早已突破这个适用范围。

明代卫所对顶种军田的余丁造册管理，军册上将这类承办粮差的余丁称为“顶名补伍”，或者“顶军”。嘉靖十六年（1537），明廷议准条例：

各该军卫有司衙门，凡官下舍余，军下余丁，如果户族众多，不系应袭、听继之人，或民间空丁、寄籍空户，不系逃犯听解军户人数内，有情愿投充军伍者，给拨空闲屯田佃种，责令办纳子粒，务使军屯领种适均，不致冒滥。事完之日，造册奏缴。[①]

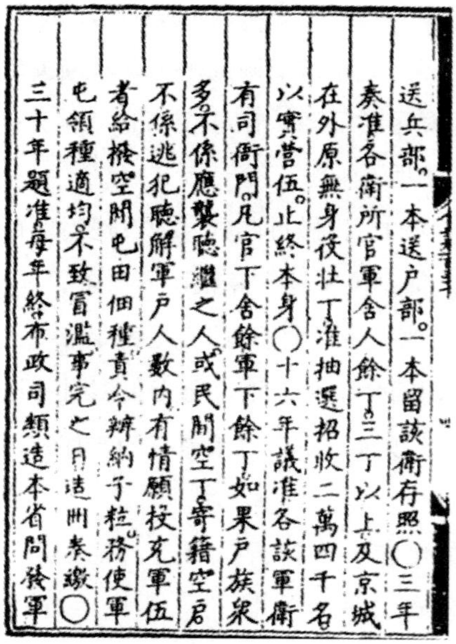
送兵部。一本送户部。一本留該衛存照○三年
奏准各衛所官軍舍人餘丁三丁以上及京城
在外原無身役壯丁准抽選招收二萬四千名
以實營伍。止終本身○十六年議准各該軍衛
有司衙門凡官下舍餘軍下餘丁如果户族衆
多不係應襲聽繼之人或民間空丁寄籍空户
不係逃犯聽解軍户人數内有情願投充軍伍
者給撥空閑屯田佃種責令辦納子粒務使軍
屯領種適均不致冒濫事完之日造册奏繳○
三十年題准每年終布政司類造本省問發軍

图 3-3 万历《大明会典·兵部·职方清吏司·军役·收补》

迫于生计压力，顶种者往往不能足额领种原来屯军的地亩。明代文献上把这种情况称为“隐埋”。有的“顶军”实种之地亩，不及额定一半，但却要足额纳粮，并且交租。[②]

万全右卫的明代档案没能保存下来，但从现存的明代辽东档案来看，成化至嘉靖时期，卫所军户余丁，少则数丁，多至二十余丁不等。这一时期的“余丁”，即便早已赴其他卫所为军，或者垛集当军，或承办各种在营杂役，但在“军户”册上，仍然算作祖军户下的“余丁”。他们的“工作”，只能被称作“差”，根据军役

① 万历《大明会典》卷一三七，兵部·职方清吏司·军役·收补，第4b页。
② （明）杨嗣昌撰，梁颂成辑校：《杨嗣昌集》一，第154—155页。

第三章　卫所
——戍边军户的来源与生计

的不同，分"力差"（操军）、"粮差"（屯丁）等。粮差即"顶名补伍"的屯丁。

"余丁"虽然只能"办差"，但实际的军役，却可能与正军一样；而他所需要的"帮贴"，也与正军无异。因此，还有一类帮贴这类"力差余丁"的"余丁"（往往是无差"空丁"），又称为"帮丁"。

明朝为什么将卫所"余丁"分为这么多类，而不按他们实际的"差事"为其分户、正名？这与军户世袭的祖制有关，明代的皇帝、大臣常说"祖宗之法，不可改易一字"。明朝军户不许分家，以防逃役或免差，或造成逃军无法勾补。即便军户户下"余丁"众多，甚至在别处从军多年，仍要算作一户，其"祖役"仍在"祖军"户下。世袭制下分户从军，不但关系到卫所军户的军役，还牵涉到原籍军户的义务。明代官书称军户内多人入伍的情况为军户"重役"。宣德到隆庆年间，明廷多次禁令军户重役。隆庆六年（1572）下令"军户有重役，不问三处五处，遇有事故，如果户内人丁消耗，只并一处勾丁补役，其余悉行开豁。毋得辗转勾摄，剥削无辜"。显然，在军户世袭制下，"重役"军户一旦绝故、逃亡原籍，"勾补"就会转化为多重"负担"，对原籍军户既不合理，也势难维持。

"重役"也反映出卫所军户余丁的"就业困难"。明廷在禁止重役同时，又强调"不许以此（禁止重役）为由，徇私卖放，空歇军伍"[①]。但余丁补伍早已成为一个事实，早在正德四年（1509），明廷即特令"各该卫所，空闲余丁，情愿投军者，准收充补伍，不许抑勒"。可见，当时"补伍"已经成为余丁重要的出路。事实上，宣德以降，余丁办差服役已相当普遍。卫所余丁实际从事的差事，也因之出现多样化的趋势，逐渐与原祖军户下军役脱节。

研究明代卫所制度的于志嘉先生认为，明代卫所余丁角色的分化，导致在军册中形成相应的分类。她注意到各卫所军户形态均有徭役与承差上的实

---

① 万历《大明会典》卷一三七，兵部·职方清吏司·重役，第6b页。

际意义，对理解明中叶以降卫所旗军军户的社会身份与日常生活非常重要。于志嘉发现，辽东军户已经出现不少"异姓承差"的军户形态，即户下"军余"是外姓的例证。如《明代辽东档案汇编》记载："一名军人张乜儿下粮差，正屯军小草粮七石：高得。帮丁一名：高臣。帮外户屯军一名：高敢群。"高得以异姓承差，顶替张乜儿的粮差，因为是小草粮地，只有帮丁一名；而户下另一名"余丁"高敢群，则成为外户屯军的帮丁。①

"异姓承差"的军户形态，说明卫所军余"承差"已突破军户继承制的羁绊。于志嘉分析的上例，"可能张乜儿本是屯军，绝户后由高姓顶充军役，代纳粮差"。但在近年来公布的档案当中，笔者发现辽东档案中的另一份军册记录显示，张乜儿祖军户籍并非绝户。这份略有残缺的《杂差余丁及在册军余名册》上记载："[一户]军人张乜儿下，原在册力差军余六名。广宁旧军一名：张刚；帮丁二名：张伴、张京。本城垛军一名：张玘；帮丁一名：张穷汗。纳窑柴一名：张丑头。"②可见张乜儿似乎并非绝后。更可能的是，张乜儿户下屯丁正军，被调操守，所以原"粮差"改由"补伍顶军"者承差。但后来张乜儿户下余丁，早已转承他差，因而不再直接承办祖军户下粮差。

辽东卫所档案的线索，反映了明朝中期卫所余丁差事的多样化具有普遍性，同时也说明，卫所内部以"承差"来解决生计的军余人数，已经不在少数。而上述宣大总督杨嗣昌所发现大同卫所军田"租佃化"与私垦与顶种的普遍化，也是军屯制度不断遭到破坏下，余丁生计的某种写照。

著名明史专家王毓铨先生很早就注意到，越到明后期，边镇余丁顶补屯种的事越广泛。③到崇祯年间，北方边卫的屯军已经多不自种，有的将祖

---

① 于志嘉：《帮丁听继：明代军户中余丁角色的分化》，台湾《"中研院"历史语言研究所集刊》，第八十四本，第三分（2013年），第455—525页。

② 中国第一历史档案馆、辽宁省档案馆编：《中国明朝档案总汇》第93册，广西师范大学出版社，2001年，第374页。

③ 王毓铨：《明代的军屯》，第60页。

军之田直接租给客户闲民耕种。而大部分军田多被辗转"顶名补伍"的余丁顶种。

（三）募兵

明正统以降，随着军事压力增加，北方边镇卫所出现了严重的逃军问题。正统三年（1438），全国逃亡军士人数达"一百二十万有奇"，几乎占到全国军伍数目的一半。[①]而京营明初额军四十万，到嘉靖二十九年（1550），止余十万。[②]因此，卫所余丁很早就担负起军事职能。现存嘉靖年间的卫所余丁名册表明，余丁以军户为单位，载明"一户某下余丁若干丁，已成丁若干丁"。未成丁余丁的姓名也要列入，表明若干年出幼之后，即可以成为册内余丁。[③]因为明廷从"兵备"的战略角度看待卫所余丁，余丁在拣选操备上具有优先顶补的资格，因而也有学者不准确地将余丁理解为"预备军人"[④]。这类补伍，主要是挑选精壮余丁操备，不同于前述"顶名补伍"的屯丁"顶军"。

而黄天道李宾生活的正德、嘉靖时代，宣府西路膳房堡处于不断升级的军事压力之下。环列万全右卫城北境的各个山口的军事要塞膳房堡、张家口、新开口、新河口、洗马林等城堡，不断扩展城垣，沿山修筑长城，增添墩台。为了解决不断增加的军需，明廷于弘治九年（1496）议准增设"膳房堡仓"以储粮草。[⑤]但这一阶段的蒙古军频繁南侵，攻势更为猛烈。正德五年（1510），因蒙古军入侵不能抵御，万全都司都指挥佥事邢杰被降职为

---

① 参见吴晗：《明代的军兵》，载《中国社会经济史集刊》，第 5 卷第 2 期（1937 年），第 173 页。
② 《明神宗实录》卷五十八，万历五年正月丙辰，第 1343 页。
③ 中国第一历史档案馆、辽宁省档案馆编：《中国明朝档案总汇》，第 92 册，第 108—197 页。
④ 有关讨论，参见于志嘉：《卫所、军户与军役——以明清江西地区为中心的研究》，北京大学出版社，2010 年，第 174 页。
⑤ 《明孝宗实录》卷一百十八，弘治九年十月戊寅，第 2124 页。

正千户,万全右卫指挥佥事晏经降为百户。① 正德八年（1513）六月,万全右卫新河口堡失守,"达贼二百骑自新河口堡入寇","守备万全都指挥佥事白元勋、守备新河口指挥佥事闫林等领兵二千余御贼,屡为所败,贼四散杀,虏复从故道出境"。② 同年八月,小王子达延汗（1474—1517）大举入寇,于万全右卫沙河境,与明军会战。明军斩首敌人三级、获马十匹,但阵亡官员二十余人、马百四十余匹;损失近十倍。③ 正德九年（1514）,小王子部以"五万余骑自宣府万全右卫、新开口,逾怀安,趋蔚州等处劫掠"。④ 嘉靖十七年（1538）,蒙古军攻入万全右卫,明军伤亡甚众。宣府总兵张镇被革职,总督周叙降职,巡抚郭登庸夺俸,镇守太监杨臣（成）因"前已降级"暂时没有处罚。⑤ 一年之后,总兵张镇又被以"逗留不战"论死。嘉靖十九年（1540）,达延汗之孙吉囊（1506—1542）"拥数万骑",再次入寇万全右卫,被宣府总兵白爵在万全右卫宣平堡一带打败。后明军乘胜追击至桑干河,趁敌军半渡之时发动袭击。此战斩敌首百六级（或曰六百级）,获马六十四匹,是明军在万全右卫不断受挫后的一次重要胜利。⑥ 但到嘉靖二十三年（1544）十月,蒙古军再度入寇,先攻膳房堡城不下,转至万全右卫,拆毁城墙拥入,转而东下,迫近京畿,京师闻警戒严,并令宣、大二镇兵马急赴京畿。⑦ 此次万全右卫城城墙被毁五年之后,都未曾修复。嘉靖二十八年（1549）,蒙古军大掠万全左卫,遭到明军的阻击,蒙古军退走,又经"万全右卫颓垣出境"。⑧

嘉靖二十三年（1544）巡抚宣府都御史王仪议准增募五千军民,增加

---

① 《明武宗实录》卷六十八,正德五年十月癸卯,第1510页。
② 《明武宗实录》卷一百一,正德八年六月己巳,第2095页。
③ 战后总兵仇钺以捷报上奏受赏,舆论哗然。《明武宗实录》卷一百三,正德八年八月戊戌,第2121页。
④ 《明武宗实录》卷一百十六,正德九年九月壬戌,第2344页。
⑤ 《明世宗实录》卷二百二十七,嘉靖十七年十月辛亥,第4440页。
⑥ 《明世宗实录》卷二百四十一,嘉靖十九年九月丁酉,第4875页。
⑦ 《明世宗实录》卷二百九十一,嘉靖二十三年十月甲戌,第5583页。
⑧ 《明世宗实录》卷三百五十二,嘉靖二十八年九月戊寅,第6360页。

第三章　卫所
——戍边军户的来源与生计

宣化镇的防卫。其中除了三千聚居宣化镇城西之外，万全右卫增置一千募兵，就安置在膳房堡、新开口、新河口、洗马林等城堡。为了吸引"敢死之士"前来应募入伍，宣府不惜重赏赐，凡能杀虏克捷者，"将领赏银五百两升三级，军则八十两"，若战时遇害，即以此赏额优恤其家，并录其后人入营。①

募兵中，卫所余丁有优先补选的权利，而"壮者补伍"一直也是卫所余丁的另一条主要出路。上述即黄天道李宾在膳房堡当军时的形势。

从兵种上来看，嘉靖年间，宣府西路最需要的士兵是所谓的墩军，即李姓《老祖家谱》所说"守墩"军士。明中叶以降，沿边各镇投入大量人力，筑墩凿堑，以加强防御工事。堑壕的作用，是保护墩台，并抵消蒙古骑兵的机动性。而墩台，除了瞭望敌情，传递警报之外，还配以各类火器，以备打击入寇敌军。因而李宾当军时的墩军，是明军武器装备最复杂的兵种之一，对士兵的要求最高，军事上的重要性也最为突出。直到明末宣大总督杨嗣昌还说"守边军士，莫要于墩台"。而对墩军的待遇，似乎也略高一般旗军一等。沿边每墩军一名，例有"随墩地"一份，贴补其生活。②

明中叶以降，朝廷不惜国帑，在北方沿边增筑墩台。其中一项重要军事目标，就是在墩台之间构建一张火力网，形成对入寇敌军的有效遏制。成化年间兵部侍郎余子俊奏准宣府增建墩台，即要求："每二里，筑墩一墩。对角为悬楼，二墩空凿堑还，高阔以二丈，楼长阔以六尺，堑深阔以一丈五尺为式。工役则一万人十日可成二十墩，月六十墩也。墩以十人守之，非但瞭望得真，火石亦可以四击。夫火石所及，不下四百步余。今以两墩共击一空，无不至之理也。"③

嘉靖二十三年，正值李宾在膳房堡当军的时期，宣府镇北路、中路、西路，奏准修筑长城，间筑护墩。膳房堡、新开口、新河口、洗马林等"极冲

---

① 《明世宗实录》卷二百八十三，嘉靖二十三年二月戊子，第5497页。
② （明）杨嗣昌撰，梁颂成辑校：《杨嗣昌集》一，第156页。
③ （明）孙世芳、栾尚约纂修：（嘉靖）《宣府镇志》卷十，亭障考，第66a页。

要地",均属"必须"修筑,增配兵员之处。①而这一时期,对守墩士兵军事技能的要求更严,强调墩军必须"人人能用火器,方保无虞。但有一二庸懦,参乎其间,致虏突入,为害甚重。惩前虑后,终非万全之计!"②

嘉靖年间,李宾入伍守墩时的墩台景象一般如何?配备哪些武器装备?宣府、万全的文献不够清楚。我们实地调查了膳房堡、新开口、新河口的现存墩台遗址,发现大部分墩台只剩下中间的夯土以及残存的毛石、城砖,沿着山脊城垣的遗迹矗立在白草黄沙之间。(见图3-4、图3-5)

图3-4 新河口堡明代墩台远眺,曹新宇2013年4月29日摄

不过,明人刘效祖《四镇三关志》中,详细记载了明嘉靖年间,辽东、蓟镇、真定的空心墩台和附墙墩台之标准武器配置,可以参考:

> 乘塞沿边,区别冲缓,计垛授兵。冲者,一垛二三人;缓者,一垛一二人。冲者,创筑空心敌台,每台高三丈,纵横如之。骑墙曲突,

---

① (明)孙世芳、栾尚约纂修:(嘉靖)《宣府镇志》卷十,亭障考,第67页。
② (明)孙世芳、栾尚约纂修:(嘉靖)《宣府镇志》卷十,亭障考,第70b页。

图 3-5 新河口墩台遗址，曹新宇 2013 年 4 月 29 日摄

四面制敌。上建层楼，宿兵贮器。

空心台：每台共五十人，主军十二名，四名管放佛郎机，四名专管装运。二名管放神枪等火器，二名在上层专管挏旗。客兵三十八名，教放火器，学打铳石。其附墙台，主军四名，三名管军器，一名管挏旗并佛郎机。客兵各随所编拨，每防添兵戍守。空心台以上临下，用火器、佛郎机，子母更番击打。每台佛郎机八架，约每面二架，随势转用，每架子铳四门，每门铅子三十枚，铁闩剪锤等项具备。又神枪一十二杆，每杆神箭三十支。铅子六十枚，小木马六十个，剪匙同。此器用尽，以快枪代之。火药三百斤，每二十斤用一坛盛，共十五坛。铁顶棍八根。光大石子，每重五十斤，上下计四百块。小团石可手抛者，四千块。号旗一面，木挏、锣鼓各一。用白牌一面，将兵火器械等项，书悬俟查。每军食米盐菜，预给一月。水瓮、水柜注水满足。

附墙台：每佛郎机三架，俱照空心台处置备用。亦人给柴米务足，月用用尽，仍给。凡墙垛冲处，每垛干柴一束，重百斤，干草五把，蔺石大小各足，器械各随所执，火器火药于台取用，随人数多寡，各居铺舍。有警登墙率守。每二台一百总，十台一把总，二十台一千总。空心附墙台，一体编派，遇报各照原编台垛人数，各司所报。如［房］近百步，援兵登城，旗帜器械一齐竖立，约火器力可至处，即放大将军、虎蹲炮；至五十步内，火箭、火铳、弩矢齐发。聚拥攻城，两台铳炮、矢石交击，更番不息。缓处，步贼聚攻台垛不支，则传号以速援兵。各垛兵恃台为壮，火瓶、火铳、矢石并力攻打。预置石炮墙外，临时发走药线。每守夜台垛，各轮一人，敲梆传筹，遇警以所备柴薪预积墙外，燃火通明，城上不露虚实。凡起止号令，俱听千、把总约束。（内笼固关以南，锦绣堂口等处，无班军，客兵多系各县民壮守戍，与北边额例少异。）①

《四镇三关志》刊刻于万历四年（1576），反映的史实以嘉靖时期为主。这段珍贵的史料，不仅介绍了墩台的兵员、武器、给养配置，而且描述了当时火器作战的组织方式。空心墩台50人当中，12名主军均为火枪手。空心墩配置的8架佛郎机，4名专司放炮，4名专管装炮，以便轮流施放。显然已从军事技术上和火力组织上弥补了火器施放间隔较长的缺点。墩台同时配备射程较近的火铳、神枪等火器，同样有专人施放，专门用于近距离打击来犯敌军。38名客兵，在协助防守中，学习施放火器火铳。从上述墩台武器装备可以发现，嘉靖年间，明军虽然已装备了最初由葡萄牙人传入的佛郎机，但明初所常用的神枪、神箭，依旧是其标准配置。

神枪是借火药在枪膛相对封闭空间内燃爆时产生的压力，发射箭镞的管形火器。成化、弘治时期的礼部尚书、文渊阁大学士丘浚（1421—1492）称："神机火枪，用铁为矢镞，以火发之，可至百步之外。捷妙如神，声闻

---

① （明）刘效祖纂：《四镇三关志》（万历四年刊）卷六，经略考，第114a—116a页。

而火即至。以永乐中平南交，交人所制者尤巧。"茅元仪《武备志》也记载，其以矢镞为弹丸，箭下有木马子，点燃火药以射出矢镞。木马子即施放神枪时置于枪管内的木活塞，它的使用可以形成一个密闭的空间，有效地增加火药燃爆时的膛压，提升神枪的射程和准确度。关于施放神枪的要害，丘浚曾主张按照火器的特点，在军事组织上进行专门化的轮番施放训练："凡火枪手，必五人为伍。就其中择一人或二人，心定而手健目疾者，专司持放。其三四人互为实药，番递以进。"①

而佛郎机则属于火炮，发射的弹丸多为铅弹，射程也大大提高，杀伤力与发射箭镞的神枪不可同日而语。可见，嘉靖年间北方边卫的墩军，已经是高度组织化的兵种。他们不是一般想象中寓兵于农"力耕而自卫"的农民军。守台墩军必须通力协作，借助严密的军事组织行动，才能形成有效的火力网，击退敌人。这样的军事组织协作关乎生死存亡。正如前引《宣府镇志》所载，负责墩台防务的守军，必须人人能用火器。因为一旦出现薄弱环节，就可能造成整个火器防线的溃败。墩军不仅要掌握轮番施放新旧火器的技术，教会客军使用火器，还要在墩台与墩台之间密切联络，协力作战。

李宾当军守墩的时代，万全右卫有多少官军戍守墩台？嘉靖《宣府镇志》上有一些相关的数字，可供参考：

> 西路沿边墩共三百三十一座，腹里墩共一百一十二座，新添墩共一十六座。守瞭官军三千四百八十员名。万全右卫城所管边墩二十座，守瞭官军一百四十三员名；腹里墩二十四座，守瞭官军一百六十九员名；新筑墩六座，守瞭官军三十一员名。万全左卫城所管腹里墩一十九座，守瞭官军九十八员名；增筑沿途墩五座，守瞭军二十五名。怀安城所管接火墩二十五座，守瞭官军一百七十九员名；增筑沿途墩五座，守

---

① （明）王圻：《续文献通考》卷一百六十六，兵考·军器，台北文海出版社，1984年，第10175—10176页。

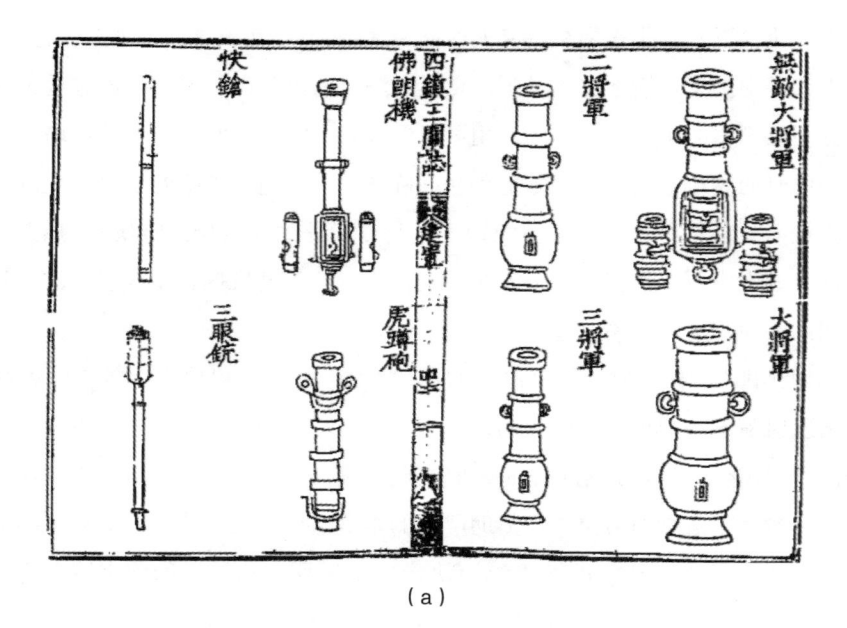

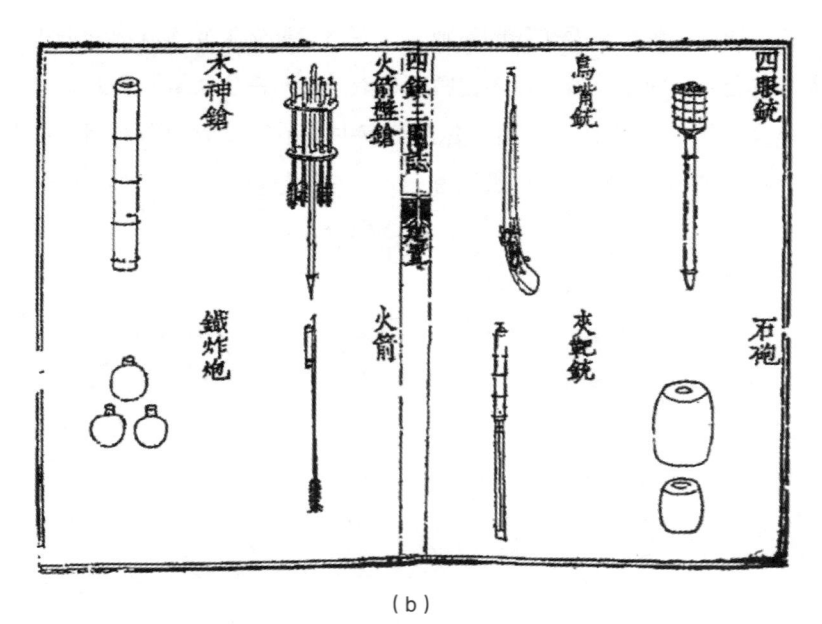

图 3-6　墩台火器，载刘效祖《四镇三关志》，万历四年刊

瞭官军三十二员名。张家口堡所管边墩五十座，守瞭官军三百六十员名；腹里墩二十七座，守瞭官军一百八十员名。膳房堡所管边墩一十六座，守瞭官军一百一十二员名；腹里墩一十座，守瞭官军六十二员名。新开口堡所管边墩二十一座，守瞭官军一百五十员名；腹里墩一十一座，守瞭官军六十七员名。新河口堡所管边墩二十九座，守瞭官军二百七员名；腹里墩九座，守瞭官军七十三员名。洗马林堡所管边墩五十九座，守瞭官军四百三十员名；腹里墩二十八座，守瞭官军二百员名。柴沟堡所管边墩三十八座，守瞭官军二百七十二员名；腹里墩一十一座，守瞭官军六十七员名。渡口堡所管沿边腹里墩台共四十二座，守瞭官军二百九十员名。李信屯堡所管八座，守瞭官军四十一员名。西阳河堡所管边坏二十三座，守瞭官军一百六十二员名；腹里墩二十三座，守瞭官军一百三十员名。①

嘉靖年间，宣府西路仅额定守墩官军一项，即有3480名，而万全右卫之右卫城所管守墩官军343名，张家口堡540名，膳房堡174名，新开口堡守墩官军217名，新河口堡守墩官军280名，洗马林堡630名，渡口堡所290名，李信屯堡41名，共计2515名。这一数字，只是为了说明万全右卫境内的墩军人数，没有包括万全右卫参将下辖万全左卫、柴沟堡、西洋河、怀安卫的数字。

这样高度复杂的军事组织与火器技术，造就了多少卫所军士的组织才干？对守军的个人安全又有何种影响？此种讨论，传统的明史研究领域，尚不多见。据黄天道道内传说，李宾应募入伍后，曾损伤一目。前述黄天道壁画"画传"当中，"效力边庭御辱伤目"一幅，所绘就是此事。当时墩台内常备各种新、旧火器，并且贮存大量的火药。那时的火枪手，意外受伤恐怕是很普遍的。

---

① （明）孙世芳、栾尚约纂修：（嘉靖）《宣府镇志》卷十，亭障考，第76页。

（四）承差

另外一种黄天道的传说，说李宾不仅在万全右卫膳房堡当军，还办过其他官差。宣府万全一带的军册不存，从幸存辽东卫所军册来看，一般卫所余丁"承差"方面的选择，包括帮丁、差役等途径。① 而差役范围从力差、粮差、杂役等项无所不包。具体的工作，则从操军、屯军、砍柴、喂马都有。②

李宾投军之后，又办过什么差，已很难详考。但关于李宾的画传上有四幅壁画，"边役诬害告欠粮草、麻景苦拷富商赔补、大众贤良代相赔补、粮草补足释放还家"，内容都与李宾在万全右卫的"差使"有关。这四幅壁画的题材，几个村子都有。③ 而且在明末黄天道道书《佛说利生了义宝卷》上也有反映。宝卷上称：普明"得道"之后，尚不知自己已修成"佛体"，仍然在"边塞上，受尽了，苦楚官刑"。这次"受苦"，即指李宾的粮草官司。④

这四幅壁画，仍完好地保存在今赵家梁村普佛寺。画中下跪受审的人物，便是李宾。这幅壁画上的李宾身着明代衣冠，尽管是民国时期所绘，但还是一幅难得的关于普明的图像资料。（见图3-7）

"画传"上特别提到李宾被"诬害"之后，最终多亏"大众贤良代相赔补"，李宾才获释回家，躲过一劫。这似乎说明，李宾在这场"官司"上，得到了黄天道派下信善的支持。宝卷上也说，他是"得道"之后才招惹了"官刑"。这个故事，从明末一直讲到民国，其中的情节很可能是真实历史的反映。

---

① 《明代辽东档案汇编》反映，军余户下武生也被算成"力差"；如军册记载："一户军人郭驴儿下力差四名：懿路旧军郭文章，帮丁二名：郭希圣、郭仲库；武生一名：郭希道。"见辽宁省档案馆、辽宁社会科学院历史研究所编：《明代辽东档案汇编》，辽沈书社，1985年，第223页。
② 中国第一历史档案馆、辽宁省档案馆编：《中国明朝档案总汇》，第91册，第372页。
③ 李世瑜：《现在华北秘密宗教》，第17页。
④ 参见喻松青：《明代黄天道新探》，氏著《明清白莲教研究》，第124—125页；王见川：《黄天道早期史新探——兼论其支派》，载王见川、蒋竹山编：《明清以来民间宗教的探索》，第53—54页。

图 3-7　赵家梁村普佛寺壁画"麻景苦拷富商赔补"(局部),姚卫平 2012 年摄

嘉靖三十八年(1559)二月,明廷盘查边储,山西、宣、大军饷亏折数多。给事中刘一麟等上疏,请治宣府管粮郎中冀炼、山西管粮员外郎夏惟纯、冀北分巡佥事王汇征失职之罪。刘一麟弹劾宣、大、山西各员靡费钱粮,严重贪腐。奏疏中说,宣、大二镇加上山西都司,"兵额共二十余万,岁饷不下二千余万,然边臣每当虏入,辄称不支"。又称各镇"上下相冒,职掌不明,巡抚则以领兵为己任,招选家丁坐糜廪饷,总兵则以兵机掣肘,苟事夤缘,不习战守之策,故边事日坏至此"。疏入,冀炼、夏惟纯、王汇征罚俸二月。①

此次清查边储,显然波及宣府西路的万全右卫。而清查的时间,恰好

---

① 《明世宗实录》卷四百六十九,嘉靖三十八年二月壬戌,第 7891 页。

与李宾被勒令赔补粮草的时间相符。嘉靖三十八年（1559），正是李宾"传道"创教的巅峰时代。李宾门下的"大众贤良"曾助其赔补粮草，说明李宾在万全右卫的"差使"，可能与经手钱粮有关。上述各端，即李宾身处的边镇卫所。募兵、客兵人员辐辏，筑城修墩，督粮运草，一片战争准备带来的虚假繁荣。但卫所普通军户的子弟，并未因此而获得更多的出路。李宾时代的长城卫所，一方面军士逃亡，军屯制度已经遭到破坏；另一方面，卫所武职、军役的世袭制，囿于"祖宗之法"，无法变革。明代的边政，正处于一场日益深重的危机当中。

第四章　夫妇
——普明、普光组成的边堡家庭

如果说明清以降的民间道门有什么显著的外部特点，那一定是"在家修行"。

"在家修行"是否就是"居士佛教"，或如西方汉学家欧大年、田海（Barend ter Haar）所说的"民间佛教"（folk Buddhist religion/lay Buddhism）？[①] 表面上看，二者有相似之处。不过，民间道门有自己一套学说，更多的时候，他们自称"儒教"，笔者在田野调查中，也听说过他们自诩"大道"。虽说各门各派不尽相同，但总体上看，教理、教义与居士佛教有所不同。

此外，"在家"是更大范围的中国民间宗教文化的共同特点，学界已经注意到民间香会"家中过会"的宗教社会学特点。[②] 家似乎与庙宇一样，可以为民间宗教活动提供"神圣空间"。那么，明清道门的"在家修行"，是否即民间香会的"家中过会"？杨庆坤先生较早注意到家庭对于汉人宗教的社会学意义，但他强调，杂糅各教教义的民间教派（the syncretic religious

---

[①] 参见 Daniel L.Overmyer, *Folk Buddhist Religion:Dissenting Sects in Late Traditional China*, Cambridge MA: Harvard University Press, 1976, pp.7-11; Barend ter Haar, *The White Lotus Teachings in Chinese Religious History*, Leiden: E. J. Brill, 1992, pp. 166-172。

[②] 岳永逸：《家中过会：中国民众信仰的生活化特质》，《开放时代》2008年第1期；收入氏著《灵验·磕头·传说：民众信仰的阴面与阳面》，生活·读书·新知三联书店，2010年，第169—240页。

societies）是继佛教、道教之外的第三种"制度型"宗教类型，不宜等同于组织松散的民间香会。① 这样说来，明清教派"在家修行"究系何指，似乎又成了一个问题。

在很多人看来，"在家"就有夫妇人伦，与"俗人"无异，还谈得上什么"修行"？因为道门宝卷中常说"白衣说法染衣听"之类的话，笔者之前也怀疑，"在家修行"只是民间道门标榜有别于僧、道的"自我认同"，不见得有什么具体的教理。但在华北农村的田野调查中，遇到几位"年长"的"门里人"，听说笔者已成家并有小孩，表示"满意"，说这样就可以好好"修炼"了。原来他们是在说"禁欲"！这些令人吃惊的话，自然引起了笔者的注意，虽说这些话背后的"教理"，一时无法"参透"，但逻辑很清楚：有了后代，完成了"人伦的任务"，就可以绝欲清心，安心修炼了。看来，民间道门的"修行"不仅在儒家的"日用伦常之间"用工，也在道家的"绝尘修丹"上面努力。此种"修丹"，在"道门"当中有何种深意？与家庭到底是什么关系？其中"夫妇"一节，显然是个要紧的关节。普明与普光是一对"修炼成真"夫妇的典型。我们已经找到关于二人的不少线索，不妨"再参一步"，再对这对夫妇做些社会史调查，探寻一番这类"草根"修行者不为人知的历史。

一、卫所婚姻

婚姻是传统儒家宗法社会"合二姓之好"的大事，所谓"礼之大体，而所以成男女之别，而立夫妇之义也"。往大处推衍，便是从"夫妇有义"到"父子有亲"再到"君臣有正"的一整套"家国天下"的伦理图示。② 但明清

---

① C. K. Yang, *Religion in Chinese Society: A Study of Contemporary Social Functions of Religion and Some of Their Historical Factors*, p. 301.

② （宋）卫湜著，（元）陈澔注：《礼记集说》卷十，昏义第四十四，中国书店1985年影印，第325页。

第四章　夫妇
——普明、普光组成的边堡家庭

华北的下层乡族、边卫军户，乃至道门祖师，践行的是一套什么样的"夫妇有义"的秩序？这类"草根"民众的生活，儒家的"礼经"与"大族强宗"的族谱，可能并没有多少反映。上一章寿阳李姓的例子表明，明清时期华北很多"草根"宗族，可能在几个世纪里都没有跻身"上层社会"的机会。换言之，"宗族"还没有成为个人"社会晋升"的成功策略；在社会学意义上，他们的婚姻自然也算不上什么"有效的"宗族联盟。

明代卫所普通旗军的婚姻，研究不多。[1]学界讨论明代卫所军人的婚姻，一般发生在卫军赴戍[2]，或原籍补役户丁赴卫所之前。[3]这些婚姻，多反映赴戍卫军与原籍的关系。明代卫所官军婚姻有关的条例，最突出的特点，即"卫军无妻者不能赴戍"。这一规定明确了原籍军户家庭或家族，有义务帮助单身卫军在赴卫之前娶妻成家，而卫所军人妻室赴卫，也是原籍要承担的职责。[4]明初山西发生一起著名的案件，洪洞县军人唐闰山，借赴镇江卫所服军役之机，谎报与之私通有夫之妇某女为妻。兵部未能核实，即发给"勘合"，转命洪洞县将唐闰山"家属"送卫完聚。女方夫家不服上控，洪洞县却以"内府勘合，不敢擅抗"为辞，欲推诿兵部，敷衍了事。官司一直打到明太祖那里。太祖朱元璋以地方官明知原委，却借口不敢违抗兵部勘合，听任伦常败坏，竟将主办此案的洪洞县令处死。[5]治明史者多以这起案件为明朝开国之初，朱元璋法外再施重典一例。不过，此案清楚反映了军人赴卫值戍要携带妻室，是强制性规定。这一规定适用明朝全国范围的卫所，从塞北到云南，都是一样，"凡卫军皆有眷属同来，一军为一户"[6]。戍卫前军士需要

---

[1] 参见于志嘉：《明代军制史研究的回顾与展望》，氏著：《卫所、军户与军役——以明清江西地区为中心的研究》，第322—355页。
[2] 方国瑜著，秦树才、林超民整理：《云南民族史讲义》，云南人民出版社，2013年，第751页。
[3] 于志嘉：《卫所、军户与军役——以明清江西地区为中心的研究》，第181页。
[4] 参见梁志胜：《明代卫所武官世袭制度研究》，第6页；于志嘉：《明代军户世袭制度》，台湾学生书局，1987年。
[5] 参见杨一凡：《明大诰研究》，江苏人民出版社，1988年，第70页。《明大诰初编》记载洪洞县军人唐闰山妄娶军属，见吴相湘辑：《明朝开国文献》，台湾学生书局1966年影印，第13—14页。
[6] 方国瑜著，秦树才、林超民整理：《云南民族史讲义》，第751页。

成亲的规定，到明中期仍然如此。明正统年间的军伍条例仍规定，补役的户丁也要携带家室赴戍，无妻者由原籍里老亲邻出赀为之娶妻，同解赴卫。① 不论明初的卫军赴戍，还是明中叶以后的补役，都规定要携室同往，从侧面也暴露出卫所内部娶亲的困难。

二、天缘相凑

我们已经知道，李宾是卫所军余，出身于普通旗军家庭。嘉靖朝宣府、万全一带，多次被蒙古入侵。万全右卫处于极边要冲之地，几乎无时不在备战，一批批的军士人伕忙于修筑堡寨，添置墩壕。士马纷纭当中，卫所娶亲的困难状况更容易想见。那么，在这种形势下，李宾与王氏是如何结成夫妇的呢？

关于李宾结婚的"原委"，新发现《普明遗留周天火候金丹蜜指心印妙诀》（以下简称《金丹妙诀》）上有一段祖师生平，可以参读。该经卷上说：

> 下生李家，隐姓埋名；父是李运，林氏母亲。牛角腊月，初十下生，姓李名宾。九岁出家，发愿舍身，投师三次。师兄十七岁上，还俗家中。半路王氏，二九三春；娶结夫妇，王氏成亲。时不相至，走报边庭。②

这段经文说，李宾父亲是李运、母亲林氏。前引《古佛遗留三极九甲天盘偈》称李宾"身姓木子居北燕，二木生身昆弟三"，木子是李，二木为林，

---

① 参见于志嘉：《明代军户世袭制度》，第78页。
② 《普明遗留周天火候金丹蜜指心印妙诀》，载曹新宇主编：《明清秘密社会史料撷珍·黄天道卷》第2册，第5页。

第四章　夫妇
——普明、普光组成的边堡家庭

也说李宾母亲林氏。① 贾贤庄普佛寺的"画传"上，有一幅壁画题名"运父林母赐名解愁"，同样说李宾的父亲是李运，母亲林氏。上一章所说水庄屯发现《老祖家谱》上，李宾父亲名叫李运国。《家谱》上的李运国，应当就是道书、壁画上的李运。或系这一辈李姓是"国字辈"，因而只称李运。李宾出生后，家里给他起乳名为"解愁子"。② 李宾自幼体弱多病，为了替他延寿，从9岁起，父母便送他寄名出家。他先后在庙里认过三个师傅，17岁才"还俗"回家。这个情节可能也有依据，贾贤庄、赵家梁等村的普佛寺壁画"画传"上，均有"亲恐不寿往认僧师"的一幅。③

经文中"半路王氏，二九三春；娶结夫妇，王氏成亲"这一句，显然与王氏成亲的时间有关。"二九三春"，是"数九"的说法，华北习惯从冬至日起"数九"，过了九九之天数，就到了"河开燕来"的春季。数九即数春，"二九三春"就是二九的第三天，也就是冬至日起的第12天。

冬至是"阴极阳生"、"一阳来复"的时候。阴阳历算家一般认为，二九的第三天，是适宜娶嫁的黄道吉日。这一天也是李宾与王氏结亲的日子。但经卷上没有说，李宾与王氏是在哪一年成亲的。给人的印象，李宾17岁还俗，似乎就是准备结婚。

不过，我们已经发掘到不少有关李宾与王氏的传记材料，仔细算算，李宾并不是17岁还俗结婚的。民间教派的人物名不见经传。此前，学界根据《虎眼禅师唱经卷》、《普静如来钥匙宝卷》、《佛说了义利生宝卷》、《众喜粗言》这四种经卷上的记载，只推得李宾与王氏的生卒、"得道"、传教年代。④ 现在整理新发现的李宾与王氏的生平资料，则有更多的细节可供我们

---

① 《古佛遗留三极九甲天盘偈》，载曹新宇主编：《明清秘密社会史料撷珍·黄天道卷》第2册，第272页。
② 直到20世纪50年代，道内人仍然知道这个传说。参见秦宝琦、晏乐斌：《地下神秘王国一贯道的兴衰》，第72—93页。
③ 我们已经知道，李宾是卫所军余。
④ 参见〔日〕澤田瑞穗：「初期の黃天道」，『增補寶卷の研究』，353—354頁；喻松青：《明代黄天道新探》，收入氏著《明清白莲教研究》，第119—124页；马西沙、韩秉方：《中国民间宗教史》，第413—417页；王见川：《黄天道早期史新探——兼论其支派》，王见川、蒋竹山编：《明清以来民间宗教的探索——纪念戴玄之教授论文集》，第53—57页。

研究。

前文已述，李宾生于正德八年（1513），卒于嘉靖四十一年（1562），享年49岁。这一点，道内文献与普明墓碑比较统一。新发现黄天道宝卷《周祖传普明指诀》记载："普明佛祖，正德八年癸酉降生，嘉靖三十二年甲寅得法，三十七年戊午开道，四十一年壬戌回宫。"① 这些说法，比此前学者发现几种宝卷上隐语式的记载要明确得多。李宾生于正德八年，没有疑问。

但关于李宾的生日，现在有三种说法。上引《金丹妙诀》说李宾是"牛角腊月，初十下生"，即十二月初十出生于牛角堡。新发现的赵尔理抄本《明光圣诞文表》，记载李宾生日是十月十一日。② 这一日期，似在万全县赵家梁村一带流传。李世瑜当年调查到黄天道《神名对本》所记李宾诞日，与此相同。③ 这两种经卷，均与赵尔理有关，似乎当年黄天道内部对此也未能统一。第三种说法，得自笔者田野调查所获民国抄本《膳房堡普佛寺庙志》。《膳房堡普佛寺庙志》称李宾"大明正德八年癸酉岁四月十八日午时健生，十月初十至十一日子岂成道"④。《庙志》以"十月十一"是李宾的忌日；而"四月十八日"才是李宾的生日。此处记载李宾忌日，与康熙年间李蔚所树"普明祖墓碑"碑文一致，似比赵尔理抄本《明光圣诞文表》较为可靠。但墓碑在同治、光绪年间出土时已残，李宾生日的碑文不存。《膳房堡普佛寺庙志》上所说四月十八的生日，与《金丹妙诀》所说十二月初十，不知孰是。

而王氏的生年，更令学界感到困惑。20世纪90年代王见川等学者公布黄天道经卷之前，学界不知道王氏生年的任何消息。后王见川教授购得民国二十五年（1936）抄本《普明古佛遗留灵符宝经》上称，普光于"壬午癸未

---

① 《周祖传普明指诀》此处干支纪年有误，嘉靖三十二年（1553）为癸酉，嘉靖三十三年（1554）才是甲寅年；参见曹新宇主编：《明清秘密社会史料撷珍·黄天道卷》第4册，第547页。

② 《明光圣诞文表》，曹新宇主编：《明清秘密社会史料撷珍·黄天道卷》第6册，第297—298页。

③ 李世瑜：《现在华北秘密宗教》，第27页。

④ 孙克雄赠《膳房堡普佛寺庙志》（民国抄本），特此申谢。

第四章　夫妇
——普明、普光组成的边堡家庭

降凡间",因著文指出,"壬午癸未是嘉靖元年（1522）、二年（1523）"当是王氏的生年。① 这一发现把王氏的生年范围缩短至两年,对这个问题推进不小。但王氏一人的生辰,当然不可能同时出现在两个年份。②

王氏生于嘉靖二年（1523）。据前引《周祖传普明指诀》记载:"普光奶奶,嘉靖二年癸未降生,四十五年丙寅（1566）得法,隆庆三年己巳（1569）开道,万历四年丙子（1576）回宫。"③

这样看来,李宾是正德八年（1513）生人,王氏是嘉靖二年（1523）生人,则李宾实比王氏年长10岁。另外,新发现黄天道经卷还记载了王氏成亲的年龄。黄天道清代宝卷《朝阳遗留九甲灵文》里面就说:

> 九甲卷,算乾坤,真人出现。等未来,一真僧,下降祇园。脱凡胎,转北岸,普明降性。三心地,落金鸡,大叫一声。牛角堡,立家乡,木子领定。王普光,十四岁,配合阳身。④

这几句十字韵文,"真僧下降"、"普明降性"、"木子领定",是说"普明"降生在牛角堡的"木子"（李）之家。"三心地,落金鸡",指李宾生肖属鸡（正德八年是癸酉年）。而最后一句,说王氏14岁与李宾成亲,则非常肯定。经卷里的岁龄,一般指虚岁,实岁应为13岁。王氏嘉靖二年出生,13岁时结婚,则成亲之年当在嘉靖十五年（1536）。李宾当时应是23岁。经卷下面的话说得明白,李宾是完婚后,才上万全右卫办差使的。"时不相至,走报边庭",就是说李宾"得道成佛"的时候未到,因而到万全右卫的

---

① 王见川:《黄天道早期史新探——兼论其支派》,载《明清以来民间宗教的探索》,第56—57页。
② 经卷上壬午、癸未两个年份连写的意义,直到最近我们才弄清。这一说法明末才出现,与黄天道造言祖师出自皇家有关。这个问题笔者将另文专论。
③ 万全黄天道在乾隆二十八年遭受镇压之后,沉寂一个世纪之久。同光年间,再次从山西回传到万全复教时,门下各派所宗仪轨已经混淆。
④ 《朝阳遗留九甲灵文中册》,载曹新宇主编:《明清秘密社会史料撷珍·黄天道卷》第3册,第157页。

膳房堡谋差。可见，李宾不是 17 虚岁还俗即娶亲的。

前引经卷说过，李宾与王氏成亲的日子，是"二九"的第三天。嘉靖十五年的冬至日，为旧历十一月二十八日，从冬至日数 12 天，即十二月初十。可见，李宾与王氏结婚的日子为嘉靖十五年腊月初十。① 这是有意思的巧合！《金丹妙诀》也说李宾生于"腊月初十"。如果李宾不是在生日那天成亲，就一定是《金丹妙诀》、《明光圣诞文表》等道书将其生日与成亲日弄混淆了。李宾夫妇二人都是道内"教祖"，二人成亲之日，是"天缘相凑"的日子。

王氏 13 岁结婚，显然婚龄偏低，而且与李宾的年龄差距较大。这是当时普遍的习俗？还是明代边地卫所军户家庭的初婚年龄有别于内地？对此，我们没有更多的明代婚龄统计可以比较。著名的卜凯氏（John Lossing Buck）主持的金陵大学农学院农业经济系 20 世纪二三十年代的调查显示，中国北方女性平均初婚年龄在 17 周岁以上，不足 18 周岁；而男性平均初婚年龄，要高出女性 4 岁。② 而此后 1953 年河北省农村的人口抽样调查显示，女性平均初婚年龄约为 16 岁。③

卫所军户是以家庭为单位的，几代之后，似应形成卫所人口自然的性别结构，但边镇女性比例似乎普遍偏低。卫所军户的人数，在明代属于国家秘密，现存明代边卫性别比例的历史数据很少。笔者仅见辽东卫所的残档中，幸存嘉靖四十一年（1562）辽东某卫的男妇人口统计。其中一组数字，男丁人数有 3093，女性只有 2005，另一组男女人口数字分别是 1772 和 1228；

---

① 上述历日推算，参见郑鹤声编：《近世中西史日对照表》，中华书局，1981 年，第 42 页。

② 卜凯（John L. Buck）氏主持 1929—1931 年的调查显示，华北地区平均初婚年龄：男性 21.28 岁，女性 17.23 岁；而全国平均初婚年龄，男性 21.3 岁，女性 17.5 岁。上述数字，以及学界对卜凯调查的人口学统计分析，见 George W. Barclay, Ansley J. Coale, Michael A. Stoto and T. James Trussell, "A Reassessment of the Demography of Traditional Rural China," *Population Index*, 42(No. 4, 1976): 609. 卜凯自己对该问题的宏观总结，见卜凯：《中国农家经济：中国七省十七县二八六六田场之研究》（*Chinese Farm Economy*），张履鸾译，商务印书馆，1936 年，第 441 页。

③ 叶文振：《我国妇女初婚年龄的变化及其原因——河北省资料分析的启示》，《人口学刊》1995 年第 2 期，第 14—22 页。

两组数字的男女比例，竟然已经接近 3:2。① 在没有大量数据之前，不能排除上述严重失衡的性别比例，可能只是个别现象。但总体上卫所余丁择偶存在困难，也是不争的事实。这种情况下，因为适龄女性的稀缺，女性初婚年龄出现低龄化的倾向，而男性的初婚年龄，则往往远超女性初婚年龄。李宾的婚姻似乎也不例外。

但不论以哪种数据为背景，王氏的婚龄及其与李宾初婚年龄的差距，似乎反映了明代军户余丁婚姻的困难状态，一定程度上也显示出王氏娘家的经济社会地位较低。

李宾与王氏结亲的因缘，李世瑜所见贾贤庄普佛寺的黄天道"画传"上，有一幅"狮林卖地天缘相凑"的壁画与此有关。虽然画传上缺乏更具体的情节，但这幅壁画内容，似指李家曾经出卖过狮子村树林附近的土地之后与该村的王家结亲。李家卖地是否与娶亲的花费有关，尚不好臆测。但李姓迁来万全左卫牛角堡之后，随着家庭规模的增长，极可能在牛角堡周围私垦过土地。② 牛角堡基本上处于平原，而狮子村位于牛角堡东部的坡地上，再向东，就进入了山区。从宜耕区向坡地发展，这是开垦荒地的常理。前文已述，私垦是卫所军户常见的谋生手段，这种类型的土地，或被称为"余丁地"。③

《金丹妙诀》上所说李宾成亲之后，成为一名守军，在膳房堡的野狐岭长城一带戍边。李宾完婚后才上万全右卫从军，显然是军户家庭按照卫所的传统，在他从军之前，替为他物色妻室。这时距他"还俗"回家已经又过去了 7 年。

画传所说"卖地结缘"，虽说不像膳房堡一带流传的"哑女成亲"、"普明入赘"那样富于传奇色彩，但以土地换取婚姻的情况，与卫所余丁的社会

---

① 中国第一历史档案馆、辽宁省档案馆编：《中国明朝档案总汇》，第 92 册，第 21 页。需要指出，辽东《军册》残档极不完整，所载数字仅具局部性的参考价值。
② 参考第二章《老祖家谱》上万全右卫一支李姓的世系，可以推想左卫李姓军户的家族规模。
③ 参见第三章的"卫所余丁的出路"有关"私垦"的部分。

生活状况相符，很可能更接近真相。

附带说一句，民国《万全县志》所载"嘉靖四十一年，李宾娶膳房堡许家哑女，后来夫妇双双修道成真"的故事，虽然流传很广，然而，很少有人留意这个故事"发生"的时间。康熙年间所立普明墓碑上写得明白，"嘉靖四十一年"正是李宾的卒年！这说明"哑女成亲"故事，严格说来，是李宾故后"显化"的一个"神迹"。换言之，这个故事的"创造者"，早就熟悉李宾的卒年。①

三、新发现的普明夫妇年表

在黄天道经卷出版之后，笔者在最近的田野调查中，又发现了一种有关普明、普光生平的道书。② 这部经卷是民国十七年的抄本，题名为《原籍》，不分卷，结尾署"戊辰年六月二十九日起"。笔者第一章辑出"崇善抄经目录"的第 6 种《佛说普明原籍宝卷》（共 7 页）③，应该就是此经。

这本道书内容罕见，笔者没有见过别本，是一本真正的海内孤本。它是目前所知黄天道内有关普明、普光生平最详尽的记载。该经卷上说：

> 普明老耶，原籍万全左卫左所上牛角堡人氏，癸酉正德九年十二月初十日降生落凡。④ 丁丑年正德十三年五岁，随父到于膳房堡居住。⑤ 至于辛巳嘉靖元年九岁，⑥ 舍身出家削发，起法名信何，师徒二人迁行新

---

① 现存黄天道道书，有不少"托言"嘉靖四十一年所作的经卷，都是以同样的道理借用祖师李宾的名号。例如清抄本《普明遗留考甲文簿》，即以"嘉靖四十一年正月廿五日"抄经开篇；见王见川等编：《明清民间宗教经卷文献续编》第 1 册，第 127 页。
② 感谢李德声（化名）先生 2014 年 4 月惠赠资料。
③ 参见第一章崇善藏经目录。
④ 癸酉年为正德八年（1513—1514）。
⑤ 丁丑年为正德十二年（1517—1518）。
⑥ 辛巳年为正德十六年（1521—1522）。

# 第四章　夫妇
——普明、普光组成的边堡家庭

开口堡观音寺居住。不过一年，师傅早亡，仍回本地地藏寺投师，起法名圆环。不过一年，师傅迁方去讫，又投本堡镇边寺，投师圆庆。不过五年，师傅早亡。己丑嘉靖九年，又投万全左卫照化寺。① 老耶一十七岁，思凡混乱真性，离寺还俗。丙申嘉靖十六年②，老耶二十四岁，婚亲王氏，应候军差，报效出力。己亥嘉靖十九年③，二十七岁，暗九之年，五百年冤业相报，遇贼将左目损伤，本年吃斋修善。癸丑嘉靖三十二年，得遇真传，卯酉行功。甲寅嘉靖三十三年，通传大道。己未三十八年九月十三日，夜至三更，真性径入都斗三天紫微金殿古佛面前。西王圣母亲领天轴一统，普度人缘，先度二十四老会，按了二十四气。老耶壬戌嘉靖四十一年辛亥月十月壬戌十一日寅时入圣回宫，老耶寿活五十岁。

普光原籍万全左卫狮子村人氏，癸未嘉（靖）三年甲子月乙未日甲子时降生④，至于五岁，被（亲）母身死，随父前到膳房堡居住。丙申嘉靖十六年⑤，一十四岁，嫁配与老耶为妻。戊午嘉靖三十七年，遇师口传授心印之诀，卯酉行功。至于癸亥嘉靖四十二年，内行周天火候，天降大道，包含天地，不漏分文。至于己巳隆庆三年戊己，发真言。壬申隆庆六年九月初九日，夜至三更，顿悟真性，径入都斗三天紫微金殿古佛面前，西王圣母亲领天轴一统，手卷灵符，钵盂禅杖，法宝随身，普度人缘。丙子万历四年丙申七月戊午二十七日戊午时归空。

普明祖降生癸酉年乙丑月甲寅日戊辰时降生。⑥

---

① 己丑年为嘉靖八年（1529—1530）。
② 丙申年为嘉靖十五年（1536—1537）。
③ 己亥年为嘉靖十八年（1539—1540）。
④ 癸未年为嘉靖二年（1523—1524）。
⑤ 丙申年为嘉靖十五年（1536—1537）。
⑥ 癸酉年乙丑月甲寅日，应为正德九年十二月二十日，与卷初"正德九年十二月初十日"相差10天，或为误算所致。

普光祖降生癸未年甲子月乙未日甲子时，己巳年开法，丙子年丙申月壬午日丙午时回宫。普光祖寿活五十三岁，万历四年七月廿七日戊午时归［空］。

二姑母降生于丁未年癸丑月壬戌日辛丑时降生，至到丁巳年甲辰月初九日甲子时回宫。

大姑祖寿活六十七岁。二姑祖寿活七十一岁。

这个抄本文辞质俚，又多舛误之处，似乎出自初通文字者之手。民间道书编纂者和传抄者的知识与现实条件，都不能以智识阶层的常理推想。上述经文，一个明显的错误，是把干支相对的年号纪年多算一年。例如，经卷上说普明"癸酉正德九年十二月初十日降生落凡"，癸酉年实为正德八年。很显然，这位民间道门写手手里，是没有年表一类的工具书可以备查的。不过，这类问题，并不影响其史料价值。我们完全可以拿这部道书作底本，修订其纪年的错误，补充以其他道书，为李宾夫妇各自整理出一份"年谱"。

而前引《周祖传普明指诀》，记载了普明、普光的两个女儿的出生时间，对以上最末两条可作参考补充：

大姑奶奶，嘉靖二十一年壬寅降生，万历二十二年甲午得法，二十七年己亥开道，［三十六年］戊申回宫。

二姑奶奶，嘉靖二十六年丁未降生于十二月十五日。万历二十三年乙未得法，二十八年庚子开道，四十五年［丁巳］甲辰［月］回宫。①

乾隆二十八年方观承在膳房堡办案时已经问明：李宾、王氏两个女儿也有法号，大女儿号普净、二女儿号普照。由是可知，大姑奶奶普净生于嘉

---

① 《周祖传普明指诀》，曹新宇主编：《明清秘密社会史料撷珍·黄天道卷》第4册，第548页。

第四章　夫妇
——普明、普光组成的边堡家庭

靖二十一年（1542），卒于万历三十六年（1608），享寿66岁。二姑奶奶普照生于嘉靖二十六年（1547—1548），卒于万历四十五年（1617），在世约70岁。我们可以由此推知，王氏是在19岁时，生长女普净；24岁时，生次女普照。

综合上述资讯，笔者检得李宾与王氏的年表如下（年龄均按道书原载虚岁排列）：

表 4-1　李宾年表

时年	年龄	行迹
正德八年癸酉（1513—1514）	1	十二月初十日，即1514年1月5日，降生于万全左卫左所上牛角堡。[1]
正德十二年丁丑（1517）	5	随父前往万全右卫膳房堡居住。
正德十六年辛巳（1521）	9	出家，法名信何，随师迁至万全右卫新开口堡观音寺居住。
嘉靖元年壬午（1522）	10	新开口观音寺师傅亡故，李宾返回膳房堡，又往本堡地藏寺投师，起法名圆环。
嘉靖二年癸未（1523）	11	地藏寺师傅迁方离去，李宾又投膳房堡镇边寺，拜圆庆为师。此后五年，一直随镇边寺圆庆修行。
嘉靖七年甲子（1528）	16	镇边寺圆庆师傅亡故。
嘉靖八年己丑（1529）	17	投万全左卫照化寺，当年还俗回家。
嘉靖十五年丙申（1536）	24	腊月初十日，与王氏成亲。[2]
嘉靖十六年丁酉（1537）	25	婚后，承军差赴戍效力。
嘉靖十八年己亥（1539）	27	损伤左目，开始吃斋修行。
嘉靖二十一年壬寅（1542）	30	长女普净生。
嘉靖二十六年丁未（1547—1548）	35	癸丑月壬戌日辛丑时，即十二月十五日（1548年1月25日）辛丑时，次女普照生。
嘉靖三十二年癸丑（1553）	41	得遇真传，学会卯酉行功。
嘉靖三十三年甲寅（1554）	42	开法传道。
嘉靖三十八年己未（1559）	47	九月十三日（即1559年10月13日）"真性径入都斗"，领"西王圣母"法旨，普度人缘，传下二十四会。
嘉靖四十一年壬戌（1562）	50	十月十一日寅时（即1562年11月7日），卒。[3]

[1]《膳房堡普佛寺庙志》记载普明生日为正德八年四月十八日。

[2] 据前文"二九三春"推知，二人成亲之日为嘉靖十五年腊月初十。

[3]《原籍》所记，普明的忌日，也是嘉靖四十一年十月十一日，与前述普明祖墓碑碑文及《膳房堡普佛寺庙志》所载相同。其干支为壬戌年辛亥月壬戌日，亦与之相合。

表 4-2　王氏年表

时年	年龄	行迹
嘉靖二年癸未（1523—1524）	1	甲子月乙未日甲子时，即十一月二十九日（1524年1月4日）甲子时，降生于万全左卫狮子村。
嘉靖六年丁亥（1527）	5	随父前到万全右卫膳房堡居住。
嘉靖十五年丙申（1536）	14	腊月初十日，与李宾成亲。
嘉靖二十一年壬寅（1542）	20	长女普净生。
嘉靖二十六年丁未（1547—1548）	25	癸丑月壬戌日辛丑时，即十二月十五日（1548年1月25日）辛丑时，次女普照生。
嘉靖三十七年戊午（1558）	36	遇师口传印诀，学会卯酉行功。
嘉靖四十二年癸亥（1563）	41	暗中承道，深藏不露，内里锻炼周天火候。
隆庆三年己巳（1569）	47	戊（辰）、己（巳），即三月、四月，发真言吐卷造经。
隆庆六年壬申（1572）	50	九月初九日，夜至三更，顿悟真性。"径入都斗"，承"西王圣母"法旨，领了手卷灵符，钵盂禅杖各种法宝，普度人缘。
万历四年丙子（1576）	54	丙申月戊午日戊午时，即七月二十七日（1576年8月21日）戊午时，卒。

四、王氏娘家的史料

我们已经整理出来王氏的年表。嘉靖二年十一月二十九日，王氏出生于万全左卫的狮子村。狮子村距离李宾的出生地牛角堡不远，牛角堡以东十里，就是狮子村。王氏幼年丧母，4岁的时候，随父亲前往万全右卫膳房堡居住。她的父亲极有可能也是前往膳房堡赴办军差谋生，才移居万全右卫。

第四章　夫妇
——普明、普光组成的边堡家庭

但万全右卫处于极边要冲，正德、嘉靖年间战争频仍，王家可能与李宾的家庭一样，几代人往返于万全左、右卫之间。

显然，在明廷与俺答汗"隆庆议和"之前，位于极边要冲的万全右卫，并不是适宜全家常住的生活中心。这一点，从李宾日后传教的范围可以看出。李宾虽然幼年随父前往万全右卫的膳房堡居住，又在万全右卫、左卫的几个寺庙里投师修行，但实际上，李宾一直在顺圣东、西二城（今阳原县内），以及向南的蔚州、广灵一带传道。看过泽田氏藏《虎眼禅师唱经卷》就会明白，李宾更加熟悉的是万全左卫附近，桑干河流域的城邑堡寨。①

1947年，贺登崧绘制出《黄天道流衍范围图》之后，又在民国《怀安县志》上发现，该县牛家堡村有一座建于光绪十五年（1889）的普佛寺。因而推断万全县的普明信仰是向县南发展。②但他似乎没有意识到，这个村子就是李宾出生的地方。笔者2013年曾指出李宾、王氏的出生地。③同年7月，王见川、范纯武、赵昕毅三位教授与笔者一起，重访李世瑜先生当年调查的地方。大家对学界长期没有找到李宾夫妇的出生地表示奇怪，寻问如何"发现"了他们的故乡。④确实，在泽田瑞穗论著的"误导"下⑤，我去过张北、崇礼以及坝上坝下不少地名与"狮子"有关的乡村。不过，当2012年走访到怀安县牛家堡与狮子村，几乎没有费力，就问清楚了情况。

今天的牛家堡新村没有任何寺庙的痕迹，过去的城堡只剩下堡墙的残

---

①　泽田瑞穗最早注意到《虎眼禅师唱经卷》上的地名分布，参见泽田瑞穗「初期の黄天道」、氏著『増補寳卷の研究』、國書刊行會、1975、351—352頁。

②　参见 Willem A. Grootaers, "Temples and History of Wan-ch'üan (Chahar):The Geographical Method Applied to Folklore," *Monumenta Serica*, 8(1948):312。民国《怀安县志》（1934年）卷四「建置志·祠庙」记载了20世纪30年代初县境内的庙宇普查结果。在第三堡乡的牛家堡村南，有普明寺一座，建于光绪十五年（1889），正殿一间，无人执守，也无香火地亩。

③　曹新宇：《明清民间教门的地方化：鲜为人知的黄天道历史》，《清史研究》2013年第2期，第7页。

④　过去关于普明、普光出生地的研究困难，主要是民间文献不足的缘故，相关学术成果，参见李世瑜、泽田瑞穗、马西沙、喻松青、秦宝琦等前辈学者的研究，此不赘述。另外，这类问题与学界偏重文献，轻视田野调查有关。

⑤　参见〔日〕泽田瑞穗「初期の黄天道」、『増補寳卷の研究』、351頁。

土。据村民石友三先生（70岁，2012年）回忆，20世纪40年代，旧堡城里还有人住。城堡就在今牛家堡村的西北，占地面积不大，仅容十几户人家。1950年之后，堡墙慢慢被拆除，拆下的旧堡门被人搬到他处，据说现在还在使用。村民相传，牛家堡有600多年的历史，村里的大姓为李、石、刘三姓，似以李姓迁来较早。村民相传，本村人都是从山西洪洞县的大柳树（大槐树）迁到本村的。洪洞大槐树是明代华北移民的共同传说，山西的雁门关以北，以及河北阳原、怀安一带明代边堡旧地，也不例外。但问到具体来自山西何地，却没有人知道。村里三个大姓，也没有一家藏有族谱。[①] 而牛家堡因何得名，大部分村民说不上来，但记忆中牛家堡从来没有过"牛姓"。牛家堡黄天道经卷都写作"牛角堡"，可能最初就叫牛角堡。当地方言，牛角、牛家相仿，现在叫作牛家堡。关于普明信仰的记忆，在今天的牛家堡似乎已经淡忘，远不像膳房堡一带，普明的传说尽人皆知。这里只有少数人知道普明爷爷在坝上有处大庙。

狮子口村距离牛家堡村仅有十里。两个村子同属黄土高原地貌。不过，牛家堡位于平川地带，而狮子口村地势较高，三面环山，整个村子处于进入东部山区的过渡带，海拔已经达到1200米。到狮子口村需要爬坡，上坡就到了村前的广场。

狮子口村是怀安县的贫困村，平原土地较少，以坡地梯田的旱地农业为主。村民的住宅以红砖青瓦的平房为主，大部分农家院还是土坯围墙。近年来，村头修建了一个小广场，安装了不少健身器材，面貌有所改变，显得干净、精神。

当我们询问村民，狮子口村是否与牛家堡村有结亲的传统，坐在广场上休息的人都笑了起来："你是说普明奶奶吧？"这一点与牛家堡的情况反差很大，狮子口村似乎人人都知道这个传说。由于地势较高，从狮子口向西，

[①] 今天牛家堡的李姓，没有人知道李家祖先原从山西寿阳迁来。可惜本村最熟悉牛家堡历史的李汝良（化名）先生，早已搬到怀安县城居住。

第四章　夫妇
——普明、普光组成的边堡家庭

几乎可以俯瞰牛家堡。民国以来，两个村子就都属第三堡乡。①而且两个村子之间，似乎历来就有姻亲的传统，主要是狮子口村的女子嫁到牛家堡村，今天还有这样的例子。狮子口村民都知道"普明奶奶"姓王。王姓在狮子口村不算大姓，人口也不兴旺。不知王家是否已经外迁，总之，后来连院子也废弃了。清末民国黄天道"复教"，有人在王家院子里盖起了一座"家庙"，就叫"普明庙"，规模不大，蕞尔一室而已。（见图4-1）

图4-1　怀安县狮子口村普明庙遗址，曹新宇摄

年长的村民知道，坝上的膳房堡有"普明爷爷"的大庙，但说者似乎不知道那座大庙在20世纪50年代已经拆毁。显然，这里的普明信仰已经彻底地方化了，很早就没有教派之间的活动了。

村民传说，普明爷爷与普明奶奶是在牛角堡结婚的，王氏就是从本村出阁的。参考嘉靖十六年（1537）李宾与王氏成亲时万全右卫所处的军事要冲位置，这一点是非常有可能的。与右卫膳房堡相比，万全左卫牛角堡远在洋河以南，丘陵山谷纵横，又不在军事要塞，自然要安定得多。

明代北方边堡的紧张局势，到嘉靖三十年（1551）才出现缓和。而膳房堡一带的边堡地区，真正进入长期和平的时代，要到20年之后，即隆庆五年（1571），明廷正式与俺答汗为首的蒙古右翼首领议和，册封俺答为顺义

---

① 民国时期同属怀安县"第三区"；见民国《怀安县志》卷二，户口，第32页。

王,此后在大同、山西①、宣府、延绥、宁夏、甘肃等地先后开设互市,北方边境的战事才基本结束。但这已经是李宾故后9年之事。

狮子村当地关于李宾与王氏的传说,都是非常地方化的故事。都说普明爷爷得道成佛后,主要就是济世救人。而他对别人的帮助,也都是非常实际的。传说,普明在农忙最需要帮手的时候,帮别人锄地,不论哪家请他,他都答应下来,而且都准时帮各家锄地。最后大家才发现,他是在同一时刻,在各家田地里锄地:原来普明爷爷用了"分身法"。再有,狮子村流传一个"三尺布"的故事。据说,一次"普明奶奶"让"普明爷爷"去买布,普明爷爷买好布返回,看到路上有一个穿着破烂、衣不蔽体的穷人。普明心中不忍,就把新买的布故意掉到穷人前面,等着他去捡走,而自己空手回到家中。普明爷爷原本担心普明奶奶会责怪他,谁料普明奶奶非但没有怪他,反而叫他找到拾布的穷人,由她量体裁好,缝制成衣,才又叫普明送去。

这类故事,是乡土化的"神仙传",属于华北乡村典型的神明解厄济困的传说。这类传说是教派活动"地方化"的一个表征。膳房堡一带流传的民间道门与方观承斗法一类的神话,在狮子村里没有任何的记忆。乡土化的传说似乎已成功地"剔除"了可能引起任何紧张的道门神话。从这些传说本身,我们已经无法看出这种信仰具有任何教派特征。这是华北民间教派地方化的一个共性。我们在邯郸地区对弘阳教祖师韩太湖的田野调查中,几乎听到了同样的故事。②

普明奶奶的娘家,也没有提供给我们更多关于王氏家族的资料,只是最近,我们从山西发现的黄天道道书上才发现了王氏父亲的名字。

前引《金丹妙诀》上面有关普明生平称:"野狐岭下,损目一睛,岳父王达,劝我回心,达达营内,投拜赵宗。持斋三次,不得明心。"③ 这与我们

---

① 大同即山西行都司所在,山西都司为太原都卫改。
② 曹新宇:《从灾荒历史到灾难隐喻》,载李文海、夏明方编:《天有凶年:清代灾荒与中国社会》,生活·读书·新知三联书店,2007年,第475页。
③ 《普明遗留周天火候金丹蜜指心印妙诀》,载曹新宇主编:《明清秘密社会史料撷珍·黄天道卷》第2册,第5页。

第四章　夫妇
——普明、普光组成的边堡家庭

为李宾整理出来的"年表"相合。都说李宾入伍后遭遇不幸，在野狐岭下受伤，一目失明。后经岳父王达相劝，吃斋修行。

笔者在晋中地区的田野调查中，发现一部不具年代《黄天道唱经》清末抄本，里面有一曲"风入松"，也记载了这个细节。经卷上说：

离灵山一去不回来。〔先生，离灵山一去不回来，你在哪里降下，何处安身？〕我在九州汉地安身命，牛角堡下降生人。〔先生，九州汉地安身命，因为何人下降？〕因为皇极下天宫。三世佛同转法轮。〔先生，三世佛同转法轮，离家有多少年大（来）？〕离家有三千七百八十年，佛法僧原来是一根。〔佛法僧原来是一根，降在何处，落在何方？〕降落在木子生人。黑虎又显真，普明降生弥勒尊。叶（钥）匙佛显化三人。一佛一法又一僧。都不离七祖家风。〔七祖家风是元根，他是谁人引进？〕一三二土走之人。达达营挨次行程。〔达达营挨次行程，他师傅是何人？〕师傅走肖玄越。直指与我五戒严全。①

曲中也说李宾是在达达营拜师吃斋。后来笔者注意到，已刊《普明古佛遗留五公灵符真宝经》，卷末也收此曲，只是文字略有不同。②

文中特地提到李宾赴达达营拜师，还有一位"引进"，是"一三二土走之人"。这是"拆字法"，"一三"是"王"字；"二土走之人"，即"逹"字。看来，最初引进李宾入"法门"的，就是王逹。显然，这位王逹就是《金丹妙诀》所说李宾的岳父。从这份文献我们知道，李宾岳父的名字应为王逹。黄天道道内流传很广的拆字"一三二土走之人"之说，就是证据。而《金丹妙诀》上的王达，显然是抄写错了。

---

① 近勇堂藏《黄天道唱经》不具年代清抄本（山西介休）。
② 见王见川等编：《明清民间宗教经卷文献续编》第1册，第152—153页。

五、男女双修

　　前引《家谱》宝卷，对李宾 17 岁还俗一事，称其"思凡混乱真性"，明显是贬义，而且似有惋惜之意。此语或是李宾生前对门下弟子之自述，也未可知。但总的来说，黄天道并不提倡独居。它的信徒大多在家，对"在家修行"自然极为赞同。《普明如来无为了义宝卷》称："全真大道乃是在家菩萨"，又说"在家菩萨智非常，闹市业中作道场"。① 揄扬的就是"在家修行"。

　　对李宾还俗，道内也有另外一种解释。赵家梁普佛寺的画传，有一幅"菩萨传言令证人伦"的壁画，绘制菩萨现出金身，垂示李宾在家修行，令其婚育，得证人伦大道（见图 4-2）。李宾受菩萨点化成家修道，显然"在家修行"，不仅不是"思凡"的"人欲"在"混乱真性"，反而是神圣的行为。家庭生活与身心修炼，同时得到菩萨神谕的肯定，二者之间，自然不存芥蒂。

　　这一点，似乎不仅只是道内的说教。2012 年夏天，笔者在万全县田野调查时，当地的一位武术家，听说我正在研究黄天道经卷，闻讯找上门来。这位武术家寻访的目的，竟然是询问道内"双修"的经卷。这让我着实大吃一惊。他解释道，"双修"是内丹的一种，又称"泥水金丹"；他的妻子也是武术家，二人正在总结这方面的文献。黄天道内一直流传这种双修的功法，他们也收集道内的丹书。

　　原来我只在道书上看到这些名词，并没有想过深入研究。这次经过"行家"点拨，以后看到这些内容，不免也会留意。我这才发现，内丹家不论是否修这一门，都知道这个丹法，而看见我听后"一头雾水"，一般都会加一句：不要想偏了！不过，笔者采访过几位全真教道士，却不太提倡这种丹法。他们的解释是，这种丹法容易"走偏"，修泥水金丹者，表面上气色红

---

① 《普明如来无为了义宝卷》，普明无为了义如来分第三十六，载张希舜等主编：《宝卷初集》第 4 册，第 591 页。

润，但内损甚重。另外，泥水金丹需要修炼双方基础相当。否则就成了"采补"，会损害对方。全真道士以独身清修为主，这种小术，自然不能提倡。

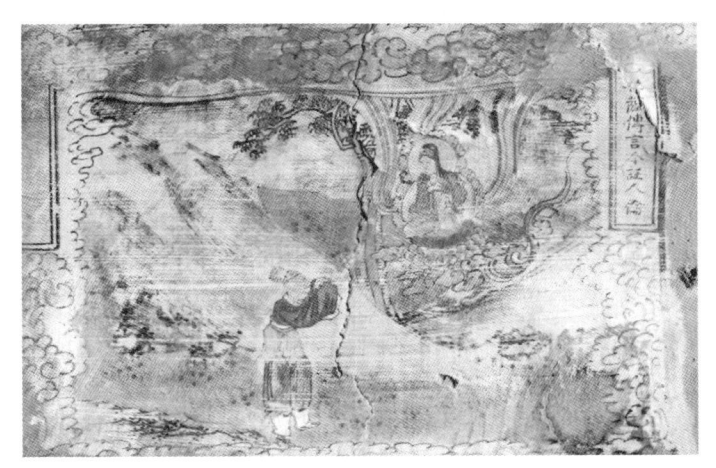

图 4-2 赵家梁村普佛寺壁画"菩萨传言令证人伦"（局部），张振山摄

我还是没有弄明白"双修"的究竟。不过，黄天道的丹法里，显然有双修的内容。《普明如来无为了义》宝卷第二十分，就称黄天道的妙法，男女均可习练。① 而在"龙尊王如来分第四"中，就明确说到"双修"。卷中一曲《四朝元》唱道：

> 工程浩大，工程浩大，想灵山失散，苦恋尘埃，忽然间解悟开，才得了明白，暗想真天慈光浩大，照破了三千世界，（俺天）无生法遍天垓，男女双修，都得超三界，金丹在九转里埋，九转里埋，人人下种栽，身轻体泰，游游荡荡，一去不来，一去不来。②

---

① 经卷上称："妙法度有缘，直指无相天。男女吞入腹，飞上都斗天。"《普明如来无为了义宝卷》，龙尊王如来分第四，载张希舜等主编：《宝卷初集》第 4 册，第 409 页。
② 《普明如来无为了义宝卷》，龙尊王如来分第四，载张希舜等主编：《宝卷初集》第 4 册，第 412 页。

同卷"清净施如来分第十五",隐晦地说出,修炼持戒,就是为了"连泥带水"上法船。① 到本卷的三十一分,还专讲到了"斩赤龙"的女丹。② 当然,没有师承,这些话并不易解。明代的内丹术,已经深受三教合一思想的影响。《普明如来无为了义》也讲究"真精、真气、真诀",反对修炼者认人身"浊精"为至宝的做法。

> 有相形体非是真言,人人执在一身之体,收精养气当做真性,山河大地终有毁坏,岂在人身收补浊精浊气,怎得坚固,寿活千岁百岁,只是地仙之果,不得长久。有身终有假,无相是真空,万物皆有坏,我性一无崩。③

普明去世后,蔚州卫的黄天道道首普静干脆撰写了一部《黍米泥水妙诀金丹宝卷》,大力发展双修与女丹。据说,此丹法分别是太上老君和观音老母传下,男子修黍米金丹,女子修泥水金丹。④ 修炼的要领,是分别男女,按不同的日子时辰,采取日月精华,"吃日果,饮月泉"⑤。据该卷"泥水金丹分第十"称:女子采气,不用卯酉之法,"只用寅申巳亥三十二刻,初一起首之时,安炉立鼎,在于艮卦,寅时生壬,取天一之炁,地一之神,月一之血,人一之精,炼成至宝,得成菩萨之果,超凡入圣,后有四句开头,听菩萨言曰:初五十四二十三,太上老君不出庵,观音老母金丹诀,泥水元来运周天"。据说男子修金丹道,得果为佛身;而女子修泥水丹,日后为菩萨。⑥

---

① 《普明如来无为了义宝卷》,清净施如来分第十五,载张希舜等主编:《宝卷初集》第 4 册,第 468 页。
② 《普明如来无为了义宝卷》,宝月光如来分第八,载张希舜等主编:《宝卷初集》第 4 册,第 431 页。
③ 《普明如来无为了义宝卷》,清净如来分第十四,载张希舜等主编:《宝卷初集》第 4 册,第 458—459 页。
④ 参见《黍米泥水妙诀金丹宝卷》序,《明清民间宗教经卷文献续编》第 3 册,第 5 页。
⑤ 《黍米泥水妙诀金丹宝卷》,夺月血分第七,《明清民间宗教经卷文献续编》第 3 册,第 18 页。
⑥ 《黍米泥水妙诀金丹宝卷》,泥水金丹分第十,《明清民间宗教经卷文献续编》第 3 册,第 24 页。

第四章　夫妇
——普明、普光组成的边堡家庭

不过李宾并非专讲泥水丹法。相传，他创立黄天道之后，著有两种宝卷：《了义宝卷》、《清净真经》。《了义宝卷》，即《普明如来无为了义宝卷》，有明万历二十七年（1559）的重刻本流传至今。①《清净真经》尚未发现有传本。但李姓后人李蔚，曾经根据此经，于康熙二十五年（1686）刊行《清静无为妙道真经宝忏》，实际上是《清净真经》的某种辑本。《清静无为妙道真经宝忏》涉及的丹法，主张采撷日月之精华。该经卷上有一段话，特意说明"日月二气"对于修丹之重要性：

> 呼炁为天，吸气为地，呼吸二气，乃为返还之道，天地阴阳，水火交媾，异名而所说譬喻之道，青龙白虎，金公黄婆，婴儿姹女，红铅黑汞。日为先天之炁，纯阳真体。月为后天之气，朱雀玄武。内衔真乙之精。先天气为火，化为东华帝君，万物慈父。后天之气，真阴之水，化为西方白帝真君，乃为万类群生，无生之母。身内怀胎，十年满足，暗藏北方癸水，唤做婴儿。东方甲木，暗藏一点真阳，名为姹女。土釜黄庭，戊己中央，五行四相，万类有情，赖戊己二土。生仙归家径路，渐渐成功。②

这段丹经，称"日为先天之炁"，"月为后天之气"。这里比较重要之处，在于明确指出，"先天纯阳之炁"属火，化身为"东华帝君"万物慈父，方位在东；而"后天纯阴之气"属水，化身为"白帝真君"无生之母，方位在西。这种采取先天后天、日月精华的丹法，与男女双修的泥水丹法之区别在哪？为何又冠以"清净"之名？

"内丹术"在中国有着深厚传统。"保精爱炁"、"导引行气"之术，很早便为炼养家所重。《汉书·艺文志》之"神仙"、"房中"各家，即列举《黄

---

① 收入张希舜等主编：《宝卷初集》第 4 册，第 371—605 页。
② 《清静无为妙道真经宝忏》，载曹新宇主编：《明清秘密社会史料撷珍·黄天道卷》第 5 册，第 10—11 页。

帝杂子步引》十二卷、《黄帝岐伯按摩》十卷、《容成阴道》二十六卷、《三家内房有子方》十七卷等"导引术"与"房中术"的著作。① 相传汉末魏伯阳所著《周易参同契》，即将内丹术理论化。魏晋时期，葛洪《抱朴子·微旨》亦称："好生之徒，各仗其所长。知玄素之术者，则曰唯房中之术可以度世矣；明吐纳之道者，则曰唯行气可以延年矣；知屈伸之法者，则曰唯导引可以难老矣。"② 可见"房中"、"行气"、"导引"诸术并称"长生"之道，汉末魏晋已然。

五代以降，内丹术与儒、释二家思想不断碰撞，有了新的发展。金丹南宗与北宗的兴起，对宋以降内丹术影响最大。北宋熙宁八年（1075），道教金丹南宗的祖师张伯端（984？—1082）曾将十六首七言、六十四首绝句、一首五言共八十一首诗，以及十二首《西江月》词，结集为《悟真篇》，援引禅宗经义，阐发内丹理论。张伯端，字平叔，号紫阳，天台人，后被奉为"紫阳真人"。他的《悟真篇》与《周易参同契》一样，成为宋以降内丹学的基本文献。张伯端的丹法重炼命，被后世称为"先命后性"之学。而金丹北宗之祖，以金元之际王嚞（字重阳）所创全真教的丹法影响最大。王嚞倡"先性后命"之学，后全真教大兴于北方，被奉为北宗。二派均奉"金丹"派传说中的钟（离权）、吕（岩）为祖师。元明以降，南宗张伯端及门下石泰、薛道光、白玉蟾、彭耜即所谓"五祖"，而北宗王嚞派下丘处机、谭处端、刘处元、王处一、郝大通、马钰、孙不二称为"七真"。③

---

① 《汉书》卷三十，《艺文志》，中华书局，1962年，第1778—1779页。五代以降，不少内丹家批驳"房中术"为"小术"，不算"丹法"。但在炼养实践中，"房中"、"导引"之术，一直没有被彻底摒除。

② （东晋）葛洪：《抱朴子·内篇》卷六，《微旨》，上海古籍出版社1990年影印，第43—44页。

③ "七真"最初计王重阳本人，元明以降，以重阳七弟子为"七真"。"五祖七真"的道谱，见元李道谦撰《甘水仙源录》十卷；《四库全书总目提要》引明人都邛《三余赘笔》称：今日道家有南北二宗，其南宗者谓自东华少阳君得老聃之道，以授汉钟离权，权授唐进士吕岩，授辽进士刘操，操授宋张伯端，伯端授石泰，泰授薛道光，道光授白玉蟾，玉蟾授彭耜；其北宗者，谓吕岩授金王喆，喆授七子，其一丘处机，次谭处端，次刘处元，次王处一，次郝大通，次马钰，及钰之妻孙不二。（《四库全书总目提要》卷一百四十七，中华书局，1997年，第1964页。）

第四章　夫妇
——普明、普光组成的边堡家庭

宋元以来的内丹之学，不论南、北，均汲取佛教理论，但同时又批评佛教只有"性功"，没有"命功"[1]，为民间丹家讲求"三教合一"开辟了道路。元代白莲宗普度和尚曾专门批评民间内丹家。他发现有的民间道门冒充"白莲宗"，但修行上却讲求"般精运气"。他们非但不是修净土的"莲社"，甚至也不是张伯端的丹道[2]；禅宗六祖法脉的"漕溪之源"，被民间内丹家比喻经脉中的"漕溪路"，或"漕溪一脉"。丹家所说"夹脊双关"就在漕溪一脉，看位置似乎即是"督脉"[3]；禅宗"赵州茶"的话头，被说成了行气咽津的意思；[4]"无漏"被解为"保精防漏"[5]；"一合相"被说成"男女双修"[6]；而"无量光佛"、"超日月佛"这些阿弥陀佛的称谓，被用来指代"采日月之精气"。[7]最令普度警惕的是，民间道门假托禅宗六祖之言，批评僧人。而且他们纷纷造言，"或称弥勒下生，或言诸天附体"。普度对民间道门内丹修炼的批评，出自宗派之见，未必是全面的观察，但为我们保留了元末民间丹道难得的记录。

黄天道李宾在道内一直称"七祖普明"，上接"禅宗六祖"慧能，显然是受到禅宗六祖教外别传说法的影响。此种话头或即元末附会白莲宗的丹家之绪宗。从丹法上来看，黄天道兼习南、北二宗，而略近南宗。这就是为什么李宾丹经既有泥水丹法，也强调清净无为。黄天道内丹法近南宗，也对万

---

[1] 贾题韬：《佛教与气功》，四川人民出版社，1993年，第12页。
[2] 普度：《莲宗宝鉴》，"念佛正论卷第十之真如本性说"，载杨讷编：《元代白莲教资料汇编》，中华书局，1989年，第141—142页。
[3] （元）普度：《莲宗宝鉴》卷十之"辩明漕溪路"，载杨讷编：《元代白莲教资料汇编》，第153页。
[4] （元）普度：《莲宗宝鉴》卷十之"辩明赵州茶"，载杨讷编：《元代白莲教资料汇编》，第158页。
[5] （元）普度：《莲宗宝鉴》卷十之"辩明无漏果"，载杨讷编：《元代白莲教资料汇编》，第157—158页。
[6] （元）普度：《莲宗宝鉴》卷十之"辩一合相"，载杨讷编：《元代白莲教资料汇编》，第147—148页。
[7] （元）普度：《莲宗宝鉴》卷十之"辩超日月光"，载杨讷编：《元代白莲教资料汇编》，第155页。

全当地民间信仰产生了一定影响。李世瑜先生1947年在万全县调查时，南宗的祖师紫阳真人张伯端，仍是村民一个重要的崇拜对象。①

这类兼习南北二宗丹法，在明清时期流行颇广。清初著名学者刘献廷称此种修炼为"清静而兼阴阳者"，丹家又称其为"添油接命之法"。对此，刘献廷解释道："彼以人之色身或有变坏，或值迟暮，色力已衰。不能修清静以了性命，则置鼎器，取坎离，以补完失天。然后清静可修。谓之泥水金丹。其言曰：竹破还将竹补宜，抱鸡须用卵为之。更有始终皆用阴阳，全不讲清静者，两家互相是非，哄争未有已也。"② 可见，明清之际，丹家所述"房中"便是"阴阳"；"坐功"即为"清净"。而中国武术史专家周伟良先生注意到，明清时期流行颇广的《易筋经》的几个版本中，也都有强调修炼"泥水金丹"的内容。③

不过，批驳泥水丹法的声音也不少见。清代著名医书《养生秘旨》上有一篇《长生在惜精论》，对上述房中术即颇有微词：

　　钟离师曰：长生不死由人做。长生亦有道乎？昔箕子序六极曰：凶短折。则知人之不能永年者，亦自我戕其生也。譬诸草木方长，从而折之，鲜有能畅茂者矣。盖人身三宝曰精气神者，人谓修丹须断淫欲，养生者当以此为第一义也。或曰：炼精者，炼元精，非交感之精，岂在淫欲之断乎？不知元精与淫之精本非二物，凡人未交感时，身中无处有精，《内经》云：肾为精府，又云：五脏各有藏精，并无停泊之所。盖此时精皆涵于元气之中，未成形质，唯男女交感，此气化而为精，自泥丸顺脊而下，至膀胱外肾而施泄，则此精即为渣滓之物，而曰交感之精矣。是其生于真一之中，则为元精；漏于交感之中，则为淫欲。其为元气则一也。是以修仙家只留得精住，则根本壮盛，生气日茂。若欲心不

---

① 李世瑜：《现在华北秘密宗教》，第27页。
② （清）刘献廷：《广阳杂记》卷三，中华书局，1957年，第125页。
③ 周伟良编著：《〈易筋经〉四珍本校释》，人民体育出版社，2011年，第108—109、150页。

息,灵根不固,此精日耗,元气日少,渐渐竭尽而死矣。乃世人于交感时,手按尾闾,闭其淫佚之精,谓之留精不泄。不知留精乾,当留于未成形质之先,若俟其成质而后止之,则此精已离肾俯,而神气已去,使败秽之物积于腰肾之间,致酿成奇癖之疾,何其愚哉?而盲师又诳之曰:宜引此精自尾闾夹脊双关而止,乃为返精补脑,名泥水金丹。噫!是杀人而不操刃者也,能逃天谴乎?然则人之欲留精乾,必于平时清心纯念上做工夫始得。①

如此,"泥水金丹"则指男女交感之时,男子搬精运气,逆送至尾闾、夹脊双关的返精补脑之术。是否此即黄天道之"泥水金丹"法,有待后来者详考。

六、李普明去世后的王氏

普明去世之后,王普光逐渐成为黄天道重要的宗教领袖,日后道内尊其为"八祖"。关于普明与普光之间教权传递的关系,马西沙先生研究黄天道经卷之后,表示怀疑。他注意到"普光执掌黄天道,已是普明死后七年之事,不知中间发生了什么变故"②。王见川先生在《众喜粗言宝卷》中读到"普光佛,狮子村人,得普明暗传",因此猜测普明故后,教权由其他弟子接续,以后,普光悟道,以普明传人自居,因未受认可,故称"暗传"。③这个看法极有见地,可惜缺少更多史料支持。

相传普光所著《普光四维圆觉宝卷》上册(以下简称《圆觉宝卷》),以

---

① (清)不具名者撰,王雅菊点校:《养生秘旨》,载"珍本医籍丛刊"《陆地仙经附:心医集、修昆仑证验、养生秘旨》,中医古籍出版社,1999年,第100—101页。
② 马西沙、韩秉方:《中国民间宗教史》,第417页。
③ 王见川:《黄天道早期史新探》,第57页。

及托名普光著《普光四维圆觉宝卷》中册，现已公布。① 笔者又见到该宝卷一种上下册的抄本，不具年代。从文献上看，现已有可能重新检视普光在黄天道组织上和教义上做过何种贡献。

《圆觉宝卷》对普明的师承、著述有所说明。该经卷上说：

> 今有普明古佛，原来古性，从南岸而发传法，得遇玄云老祖，传与卯酉之功，意转真经亦无空缺，采取先天一炁，二六行持，彼岸开通。于甲寅年古镜从（重）明，包含天地乾坤，内隐了六载，只（直）至雷音宝寺，十万八千之路，取一卷无字真经，霎时直至东土娑婆世界南阎之村。造法清净无为妙道莲华真经一卷，内隐五千四十八卷，一揽大藏。续发如来了义宝卷，内接三佛乾坤劫数，一乘大法。戊午年中普度贤良，指透天[机]四句无为妙偈，传度皇胎之子九十二亿。②

里面特别提到，普明的师傅是玄云老祖，普明在甲寅年即嘉靖三十三年（1554）"得丹"之后，嘉靖三十七年（1558）开始收徒传道。其间到"雷音寺"取经，嘉靖三十九年（1560）之后才著《清净无为妙道莲华真经》。《圆觉宝卷》下面又说：

> 祖报师恩，到于奇化庵内，见一玄云祖，口口谢恩。祖见师言，返（反）拜普明古佛为师。拜辞老祖，得回奇山修真养性。九年功满。壬戌遗留钵盂、禅杖、手卷、灵符，真传大道，寄留禅师金白，领祖三佛乾坤世界，稍施数载，隐藏不知。丙寅年重磨古镜，天心普照，交附常白真人，领五盘四贵，玄妙消息，内发四维普光圆觉宝卷，内按

---

① 曹新宇主编：《明清秘密社会史料撷珍·黄天道卷》第4册，收录于《普光四维圆觉宝卷》上册，与《普光四维圆觉宝卷》中册，两种宝卷是完全不同作者所创，具体考证，笔者将另文详述。

② 《普光四维圆觉宝卷》上，经序，载曹新宇主编：《明清秘密社会史料撷珍·黄天道卷》第4册，第8页。

第四章　夫妇
——普明、普光组成的边堡家庭

三十六分。己巳年已传在世。了言一句，普度缘人。①

这段记载非常珍贵，它说明普明著经之后，其师"玄云老祖"反拜普明为师。这反映出道门中间创作经卷的重要性。

引文中所说的壬戌年，即嘉靖四十一年（1562），普明去世，他的"钵盂、禅杖、手卷、灵符"，都留给了一位"金白禅师"，而不是普光。

普光是凭着自己的宗教组织才能，才成为黄天道的继承人的。上述经文说，直到丙寅年，即嘉靖四十五年（1566），普光才开始掌教，此时普明已经去世四年。文中"丙寅年重磨古镜，天心普照，交附常白真人，领五盘四贵，玄妙消息"，说的就是此事，而"常白真人"就是普光。

普光没有从普明那里掌教，这恐怕是事实。在笔者所见《圆觉宝卷》（下）不具年代抄本中，可以看到普光用另一种譬喻，讲述了此事。卷中道：

说宝华光菩萨，即是多宝古佛，化现富楼那长者，在于西牛货州银城贩各样宝贝，只（直）至南阎月落之村。进得村来，沿门问了一遭，寻一所干净去处，宽房大屋，寄放宝贝。问在无心居士家内寄放，交与慧明，稍时方可用之。说罢，扬常而去了。等至己巳上旬开示。②

"己巳"即为隆庆三年（1569），"开示"就是修成《圆觉宝卷》的意思。但文中说得明白，"多宝古佛"、"富楼那长者"，即普明，虽留下"各样宝贝"（经卷、法器），但并没有正式传授给普光。而普光既"无心居士"，反将家藏经卷转变给了教内的慧明。在普明死后，普光没有直接成为祖师，那么她后来凭借什么才让教众信服，成为黄天道真正的继承人呢？《圆觉宝卷》可能是很重要的一个原因。

---

① 《普光四维圆觉宝卷》上，经序，载曹新宇主编：《明清秘密社会史料撷珍·黄天道卷》第4册，第9页。
② 《普光四维圆觉宝卷》，宝华光菩萨分第二十；近勇堂藏不具年代抄本。

《圆觉宝卷》创作于隆庆三年（1569）。在宝卷中，普光将自己称为"南极寿星千佛老祖"点化的真人。她又是"旃檀光菩萨"、"唐僧"化显，连她出生的狮子村，也被称之为"三摩狮村之地"。与她一起修行的"普明"被称作"多宝古佛"，二人共同侍奉老祖，其间普光也得老祖"妙偈，微细之语"，这是自称"得丹"的隐语。[①]该经卷中又说：

> 童子开荒三年，修城三年，盖空王殿三年。天有九宫，地有九洲，黄河有九曲，人有九窍。修仙修佛，不离九世，九转还丹，是九载苦功，才成玉体，九叶金莲。头顶一颗九曲明珠，普照乾坤世界，明彻海底，五十四两法宝，灌满虚空。[②]

所谓化显唐僧，是因为唐僧取经，历经六年，普光也修行六年方才得道，因此自比唐僧。

普光对自己修行的渊源也有交代，《圆觉宝卷》内称她的"法门"来自南方。卷中说："今有南岸上一根铁幡杆。南极寿星遗（遣）差白土地将幡杆送在北岸上，立起标杆，挂起彩旗。幡杆原是三截，底一截高二万四千由旬，中一截高一万八千由旬，下一截高一万二千由旬。径过三千，方圆二万七千，共合八万四千由旬。上安着八卦，攒就锦绣宝盖，倒垂莲带五百七十六条。每一面安珍珠二万七千颗，宝盖上安九曲明珠，圆周遭垂璎珞珊瑚玛瑙琥珀，上又不靠天，下又不占地。当空立起巍巍不动，普照四州。往下须着万道霞光，上照五蕴皆空，晃破十方世界，上下四维乾坤恒沙，都归一体。"[③]"幡杆"由点化她的老祖"南极仙翁"派人送到"北岸"，

[①] 《普光四维圆觉宝卷》上，多摩跋旃檀香菩萨分第一，载曹新宇主编：《明清秘密社会史料撷珍·黄天道卷》第4册，第17页。

[②] 《普光四维圆觉宝卷》上，旃檀光菩萨分第二，载曹新宇主编：《明清秘密社会史料撷珍·黄天道卷》第4册，第20页。

[③] 《普光四维圆觉宝卷》上，牟尼幢菩萨分第三，载曹新宇主编：《明清秘密社会史料撷珍·黄天道卷》第4册，第24—25页。

说的就是这个意思。文中对"幡杆"夸张的描述，就是对其法门及丹法的赞叹，值得注意的是，"南极仙翁"并非她与丈夫普明一同侍奉的祖师，这似乎表明，普光的修行除了她丈夫的门派之外，另有来历。这是民间修行者到处寻访名师异人，学习法门的写照。

道门之间，互相访探彼此的修行、修炼也很常见。《圆觉宝卷》中有一曲《画眉序》称："南岸上，拗令人。普传香功谢天恩。一个个，休要怠慢，挨会周行，想若咱天法施现，善男女，个个还源，有缘休使你人来探，法船开才的归元。"说的就是这种情况。① 除了这类交流，民间道门还有所谓"闯会"之说，似乎就是以同一道门的名义在外传道，但原来的会主、祖师，并没有许可他们这么做，就像是"闯入"法门的一个教派。

普光还有一个"青真老母"的尊号，据说还是"精进菩萨"化显。② 她的丈夫普明，曾自号"青真菩萨"，这时又被称为"李老君"化显。经卷上还说，普明普光夫妇二人"日月并行"，修炼的是"全真大道"。此外，普光是狮子村人，青狮子是文殊菩萨的坐骑，而普明是牛角堡人，老君的坐骑是青牛。因此普光造卷叙说二人因缘时说：

> 把青牛，颠倒过，谁人知道。
> 白象驮，青狮子，配合成婚。
> 心意定，取真经，六年苦行。
> 过千山，和万水，苦海尘轮。
> 意真香，灌乾坤，普照世界。
> 空王殿，立起他，昼夜长明。③

---

① 《普光四维圆觉宝卷》上，牟尼幢菩萨分第三，载曹新宇主编：《明清秘密社会史料撷珍·黄天道卷》第4册，第27—28页。

② 《普光四维圆觉宝卷》上，精进菩萨分第五，载曹新宇主编：《明清秘密社会史料撷珍·黄天道卷》第4册，第32页。

③ 《普光四维圆觉宝卷》上，慧炬照菩萨分第七；近勇堂藏不具年代抄本。已刊本似有脱页，不见引文。见曹新宇主编：《明清秘密社会史料撷珍·黄天道卷》第4册，第47页。

那么，除了普明普光二人习练"全真大道"，修炼内丹，南方师傅传给普光的是什么修行教理呢？《圆觉宝卷》上有段经文，道出一些原委：

> 无始以来至如今，普贤菩萨立全真。
> 法宝相停真空体，普照乾坤法王身。
> 南无本是一点光，时时普照若娑婆。
> 周转乾坤光明现，四维上下阿弥陀。
> 弥陀本是古真天，混沌返还自如然。
> 无新无旧常时现，一番拈起一番新。
> 陀佛本是无极绳，初始以来有光明。
> 阿弥陀佛从头念，南无才是本原根。
> 阿弥陀佛分四相，上下南北六字通。
> 共同成了十个字，四时不错丈六身。①

这段话表面说的是"南无阿弥陀佛"六字佛号，但文末又说"共同成了十个字"，令人难以捉摸。然而，这十字弥陀正是明代白莲教的重要教义。

明初白莲教被明令查禁之后，元末以降倡言"弥勒下生"的白莲运动，因政治上的忌讳，不敢公开传布。民间道门渐渐出现了一种以"阿弥陀佛"隐藏"弥勒救世"的新趋势。这期间，民间道门形成了很多关于"阿弥陀佛"的新理论。"十字佛"就是其中的一种。"十字佛"一般写成"南无天元太保阿弥陀佛"，但其真正的要害，是要借阿弥陀佛的名头来隐藏"弥勒佛"的身份。所以强调"十字弥陀"不是"四字佛"（阿弥陀佛），也不是"六字佛"（南无阿弥陀佛），实际上它就是一个自称"弥陀"的"弥勒佛"。

明中叶以降民间道门用"十字弥陀"的方式传徒很普遍。弘阳教的创教

---

① 《普光四维圆觉宝卷》上，海得光明菩萨分第八，载曹新宇主编：《明清秘密社会史料撷珍·黄天道卷》第4册，第43—44页。

第四章　夫妇
——普明、普光组成的边堡家庭

祖师韩太湖学道之初，就曾遇到过一个传"十字弥陀"的道门师傅。但学了两年后，韩太湖开始怀疑。他在自创的宝卷中写道：

就把五千四十八卷念尽读熟，四字弥陀，六字弥陀，念得他唇熟口破，不得心地开通，临老也难躲这个生死，又说念十字弥陀，又不知何祖宝号，怎了生死？不是出身之法。①

而据道内一种谈到韩祖生平的经卷《弘阳妙道玉华随堂真经》记载，韩太湖生于隆庆四年（1570），万历十六年（1588）才开始学道②；这说明"十字弥陀"到了万历年间还被民间教门用来吸引信徒，而且支吾其词，让人不知是"何祖宝号"。实际上，"十字弥陀"不愿轻易让人识破就是"弥勒佛"。

普光的师傅，传的也是"十字弥陀"，这不是偶然的巧合。看来，从"南岸"来传道的师傅，教的是白莲教的法门。但是，《圆觉宝卷》似乎不太强调白莲教"救世信仰"的一面，丹法才是整个修行的关键。丹法也被称之为"佛性"，人人都有，佛性如水银，大小皆圆满。人亦不分贵贱贤愚，皆有佛性，只是尘世蒙蔽，埋没不见罢了。③老祖传道，传的就是还丹之法。普光修炼内丹的法门，有很多形象的说法，经卷中有一曲《纺丝娘》唱道：

性入在斗牛宫，三身四智法宝停。过去二十零四祖，［弥陀佛］一百二十真对真。［佛弥陀佛］

---

① 《弘阳苦功悟道》，《赞叹四字佛六字佛十字弥陀不是出身之路品第八》，载张希舜等主编：《宝卷初集》第15册，1994年。

② 《弘阳妙道玉华真经随堂宝卷》，见王见川、蒋竹山编：《明清以来民间宗教的探索——纪念戴玄之教授论文集》，附录第40页。

③ 《普光四维圆觉宝卷》上，大悲光菩萨分第十一，载曹新宇主编：《明清秘密社会史料撷珍·黄天道卷》第4册，第54页。

> 无影山打华瓶，性真一点进斗宫，明香一炷辉天地，［弥陀佛］跨鹤乘鸾朝太清。［佛弥陀佛］
>
> 昆仑山一转巡，土釜黄庭见无生，九宫八卦俱不动，［弥陀佛］拔楔抽钉出真人。［佛弥陀佛］
>
> 达摩祖是胡僧，只履西归一游巡，真人取得无价宝，［弥陀佛］满树华开一样红。［佛弥陀佛］①

曲中"无影山打华瓶"，是形容修丹圆满，"元神出窍"，一刹那间迸破躯壳（通常是头顶）的超越感。而"满树华开一样红"，即指得丹后那种境界一新的体验。经卷中又说：

> 二六循环周围转，上下相停二八身。
> 牟尼出矿还入矿，一段灵光耀古今。
> 混元初祖无遮障，显出金莲自如然。②

此处所谓"二六循环周围转"指卯酉行功，而"牟尼出矿"，就是得丹的另一种比喻。此外，普光的法门里，还重视千手千眼孔雀明王菩萨，因为据说孔雀明王"化现三头十六背"，为"上方七佛之母，下方万物之父"；又是"历代诸佛、诸母之师，万象森罗之祖。威音以前，空性以后之精元"。因此与道教"母"的概念融为一体，又演化"先天一炁"生出"万象森罗"、三教圣人。如此一来，孔雀明王菩萨既是"诸佛之母"，又是炼丹的护法。③这种说法，明末民间道门经卷当中已不常见，似乎也是早期道门信仰的遗

---

① 《普光四维圆觉宝卷》上，庄严胜菩萨分第十四，载曹新宇主编：《明清秘密社会史料撷珍·黄天道卷》第4册，第66—67页。
② 《普光四维圆觉宝卷》上，大悲光菩萨分第十一，载曹新宇主编：《明清秘密社会史料撷珍·黄天道卷》第4册，第54页。
③ 《普光四维圆觉宝卷》上，贤善首菩萨分第十五，载曹新宇主编：《明清秘密社会史料撷珍·黄天道卷》第4册，第67—69页。

存，有意思的是，明人笔记《双槐岁抄》即称元末白莲教红巾军起义所倡明王下生者，"孔雀明王是也"。① 红巾军的政治口号是"宋复元仇"，信仰的号召却是"明王下生"，学术界较少注意到"明王"如何过渡到明后期常见的佛母信仰，《圆觉宝卷》为我们留下珍贵的一例。

此外，普光丹法也采用了很多禅宗的话头②，以及道家的丹诀来描绘炼丹时的气象③，丹功当中所谓"羊车、鹿车、牛车"的"三车搬运"，"三花聚顶，五气朝元"等等说法，都可以在经卷中找到。④

更有意思的是，经卷中还讲了三教圣人的渊源，说法也不常见于明末道门经卷当中，据称：

> 弥勒仙光，四字化成，三教如来、老君、孔子，如来留下生老病死苦，老君留下金木水火土，圣人留下仁义礼智信。燃灯是老君，释迦是如来，夫子化现是弥勒。即是三回九转，八十二化现，转化钥匙古佛，普传四句妙偈。口传心印真诀，一乘大法清净法门。一无污染，无为正法清廉洁净。⑤

"三教合一"是民间道门常见的内容，但普光所称"夫子化显是弥勒"，是早期道门中"儒童菩萨"的信仰，非常值得注意。清初山东单县刘佐臣八卦教即有孔子教之称，显然与此相符。普光经卷当中，还有一段关于普光与普明的师傅周玄云论道的文字，非常可读。经文道：

---

① 连立昌、秦宝琦：《中国秘密社会》第二卷，元明教门卷，福建人民出版社，2002 年，第 48—51 页。
② 参见《普光四维圆觉宝卷》，贤善首菩萨分第十五上，载曹新宇主编：《明清秘密社会史料撷珍·黄天道卷》第 4 册，第 69—70 页。
③ 参见《普光四维圆觉宝卷》，才光菩萨分第二十五，近勇堂藏本，不具年代抄本。
④ 《普光四维圆觉宝卷》，智慧胜菩萨分第二十六，近勇堂藏本，不具年代抄本。
⑤ 《普光四维圆觉宝卷》，弥勒仙光菩萨分第二十七，近勇堂藏本，不具年代抄本。

故我清真祖师，在于奇山，修炼年久，不得真传。游行天下，化度有缘人。此时游至灵山，撞遇为答云老祖入庵说道。为答曰：禅何而来？光曰：生死事大，无常迅速，明师在庵，禅定如何为念？答曰：卯酉之功。光曰：既识卯酉，师嗣虽（谁）传？答曰：我师是无名老子。光曰：无名者，即为天地，有名者，即是其形。答曰：既知天地无名，何不体袭无生，善哉，善哉。少留一宿，真乃告辞，迅回奇山，意转真经，单提无念，卯酉行持，六年苦行，悟得真空妙意，成就当来佛果，若得九年功满，须报前师深恩。速归灵山，观见为答云老祖，在庵禅定。常白真人向前顿首纳拜，口口谢恩。答曰：祖师纳拜，有何无故。光曰：多谢师傅口诀，得成无上之道。吾有何口诀？答曰：师言卯酉之功，永证菩提之果。弟子专来报恩。答曰：闲论一言失其口诀。我师傅，汝为我固贪尘世心乱神往，不得无上之道。即是真师，见性有何教方？光曰：弟子体天投教，以道化人。答曰：以道化人，返传与汝。光曰：若是传师口诀，须得对天发一弘誓大愿，方可传得。答曰：手拈香，对天发愿，返拜常白真人为师。性复在于灵山悟道。[①]

文中"为答云老祖"即周玄云，"青真祖师"普光在普明死后，"修炼年久，不得真传"，直到得周玄云点化之后，丹功才见效应。访周祖时，还在其庵内"少留一宿"，这样的细节都保留下来，足见民间造卷所存史事之详。普光修行六年之后，终于"得道"，又来周祖庵前谢恩，周祖发现普光已经"明心见性"，即对天发愿，反拜普光为师。这段因缘，卷中拟出一段"公案"，话说：

昔日灵山有一为答老祖，返拜常白真人为师。终日安禅定意，转无字真经，性随周天轮转，虔诚观空拜佛，真香灌满十方，志心感应蕴空

[①] 《普光四维圆觉宝卷》，普光圆觉菩萨分第三十六，近勇堂藏本，不具年代抄本。

菩萨。故来证道。

菩萨曰：即知道理在传，如何返拜常白为师？答曰：师如良医，能治心病。菩萨曰：金钟在空，如何不响？答曰：须得人撞。

菩萨[曰]：既知此道，早早急奔灵山。答曰：日晚程途远，人困担儿沉。菩萨曰：以（已）知沉重，放下罢。答曰：放下自然轻快。菩萨曰：既知放下轻快，早证无为，吾不是你凡世之人，吾是蕴空菩萨。因大众一切男女不得出世。故来与你证道以偈。

答曰：道正人真，菩萨归空，今即是古，古即是今。菩萨归空而去，为答老祖回至本庵，悟道修真，一闻千悟。得证菩提果位。金钟悬挂在虚空，一声响开白玉门。饥餐渴饮常对面，如何隔火把灯寻。①

这些文字很可能不是普光所作原文，因为前文中说过，周玄云在普明得道之后，拜过普明为师。周祖不太可能传授二人丹法之后，既拜普明为师，又拜普光为师。所谓普光在普明死后向周玄云学道，倒是透露出普光不是从普明那里直接继承了黄天道的教权。那么这段文字是谁所著呢？经卷中又说：

常白真人告辞而归奇山，沿途普度一切男女，行至于一山。真师告问大众弟子，此山何名？弟子慧光上前谕曰：此是神仙岭蔚罗郡人头山，往过是野狐岭，为南阎之界。青真老祖手提纸笔，封赠于贤地。神仙岭改做弥陀岭，蔚罗郡改做北八天，人头山改做蓬莱境。野狐岭即是彼边，人道（到）彼岸，即见五蕴皆空。老祖赠罢贤地，速归奇山。菩萨归空，相好庄严，五色祥云围绕，号为普光圆觉菩萨。遗留偈曰：

常白真人誓愿深，普光号为圆觉真。

---

① 《普光四维圆觉宝卷》，普光圆觉菩萨分第三十六，近勇堂藏本，不具年代抄本。

为答返拜为师祖，彼岸得度传慧灯。①

这是说普光得法之后，老祖将"蔚罗郡人头山，往过是野狐岭"，即从今天蔚县向北到野狐岭一带的广大地区都封赐为"贤地"，"神仙岭改做弥陀岭，蔚罗郡改做北八天，人头山改做蓬莱境。野狐岭即是彼边"，这是把道门传统上所谓的"圣境"，搬到了黄天道派下各会所在的地区。而"贤地"指的是"普贤之地"。

普贤是普光的外孙女，一度被称为黄天道的"十祖"，是普明、普光之后，黄天道重要的领袖。我们现在所看到的《圆觉宝卷》，应该就是普贤手订的版本。因此，宝卷内说普光赐予"贤地"，并不奇怪。实际上，现存的万历二十六年刊本《普明如来无为了义宝卷》，也是普贤手订。②

《圆觉宝卷》完整地描述了民间道门"三甲、六甲、九甲"的假想历日，以及与之相应的三佛九劫共两万七千年，《普明如来无为了义宝卷》中也有同样的说法。不同的是，《普明宝卷》在末劫中化为弥勒度众的祖师是李普明，而《圆觉宝卷》是由普光"引领寒山、拾得，化显未来弥勒菩萨"。弥勒菩萨第三会后，又有五莲、五会，五莲是"青莲、红莲、白莲、黄莲、黑莲"，而相应的五会是"青阳、红阳、白阳、黄阳、黑阳"。③

该卷最后还有赞颂普光的一曲《傍妆台》，说普光实为万全左、右卫黄天道的教祖：

普光佛投凡野狐，在娑婆南阎膳地。弥陀住燕地，九州把道脱。沙云两镇分内外，万膳左右立根科。黄羊背后有天华洞，十万八千中大罗。天榜挂，弥陀宣，寒山拾得与我助法船。④

---

① 《普光四维圆觉宝卷》，普光圆觉菩萨分第三十六，近勇堂藏本，不具年代抄本。
② 《普明如来无为了义宝卷》，普明无为了义如来分第三十六，见张希舜等主编：《宝卷初集》第4册。马西沙先生较早提出这一观点，见马西沙、韩秉方：《中国民间宗教史》，第432—433页。
③ 《普光四维圆觉宝卷》，普光圆觉菩萨分第三十六，近勇堂藏本，不具年代抄本。
④ 《普光四维圆觉宝卷》，普光圆觉菩萨分第三十六，近勇堂藏本，不具年代抄本。

这段话实在重要，因为"黄羊背后有天华洞，十万八千中大罗"是近代广泛流传的一句谶谣的"母本"，常见于《烧饼歌》、《推背图》的各种版本当中，一般写成"黄羊背后有一洞，可容十万八千众"。

第五章　经典（上）
——"成化禁书"的消息

在我们新公布的黄天道文献中，有著名的明代"成化禁书"目录上的同名经卷民国精抄本4种，另有未见目录的同函抄本1种，性质相近，应为未经著录的同时代经卷。① 上述"禁书"目录，是都察院左都御史李宾于成化十年年底（1475年1月20日）奏请榜示天下的"妖书"名单，经明宪宗批准，颁行全国。鉴于目前学界并无公认的16世纪（即明正德朝）之前的白莲教文献，这份90余种禁书的名单，是研究明代早期白莲教运动的重要目录文献。

为了下文中讨论方便，我们把这个"禁书名单"编号附下：

1.《番天揭地搜神记经》
2.《金龙八宝混天机神经》
3.《安天定世绣莹关》
4.《九龙战江神图》
5.《天官知贤变愚神图经》
6.《镇天降妖铁板达》

---

① 参见拙稿《新发现的重要明清秘密宗教文献（代导言）》，曹新宇主编：《明清秘密社会史料撷珍·黄天道卷》第1册。

7.《通天混海图》

8.《定天寰国水晶珠经》

9.《金锁洪阳大策》

10.《金锋都天玉镜》（与 87 同名）

11.《六甲明天了地金神飞通黑玩书》

12.《通天彻地照仙炉经》

13.《三天九关夜海金船经》

14.《九关七返纂天经》

15.《八宝擎天白玉柱》

16.《夫子金地历》

17.《刘太保泄漏天机》

18.《伍公经》

19.《夺天册》

20.《收门纂经》

21.《佛水记》

22.《三煞截鬼经》

23.《金锁栏天记》

24.《紧关周天烈火图》

25.《玉盆经》

26.《换天图》

27.《飞天历》

28.《神工九转玉瓮金灯记》

29.《天形图》

30.《天髓灵经》

31.《定世混海神珠》

32.《通玄济世鸳鸯经》

33.《锦珊瑚》

34.《通天立世滚云裘》

35.《银城论》

36.《显明历》

37.《金璋紫绶经》

38.《玉贤镜》

39.《四门记》

40.《收燕破国经》

41.《通天无价锦包袱》

42.《三圣争功聚宝经》

43.《金历地经》

44.《夺天策》

45.《海底金经》

46.《九曜飞光历》

47.《土伞金华盖》

48.《水鉴书》

49.《照贤金灵镜经》

50.《朱书符式》

51.《坐坛记》

52.《普济定天经》

53.《周天烈火图》

54.《六甲天书》

55.《三灾救苦金轮经》

56.《智锁天关书》

57.《感天迷化经》

58.《变化经》

59.《镇国定世三阳历》

60.《玄元宝镜》

61.《玉伞锦华盖》

62.《换海图》

63.《转天图》

64.《推背书》

65.《九曜飞天历》

66.《弥勒颂》

67.《通天玩海珠》

68.《照天镜》

69.《玄天宝镜经》

70.《上天梯等经》

71.《龙女引道经》

72.《穿珠偈》

73.《天形图》

74.《应劫经》

75.《天图形首妙经》

76.《玉贤镜》

77.《透天关》

78.《尽天历》

79.《玄娘圣母亲书》

80.《太上玄元宝镜》

81.《降妖断怪伍家经》

82.《金光妙品》

83.《夺日金灯》

84.《红尘三略》

85.《照天镜》①

---

① 与第 68 种是同一经卷，或是同名异本（这种情况在民间文献中很常见，如第 10 种与第 87 种即同名），现在尚无从判断，故保留文献原貌，以待后来者详考。

86.《九关番天揭地神图》

87.《金锋都天玉镜》

88.《玉树金蝉经》

89.《玄娘圣母经》

90.《七返无价紫金船》

91.《银城图样》

92.《龙凤勘合》

一、《三煞截鬼经》

新发现黄天道文献当中的"成化禁书"公布后，王见川教授对其"关键性"史料价值，予以肯定；但稍后指出，应慎重推断民间抄本与"成化禁书"名单同名经卷的关系。① 他以《九莲经》，特别是"成化禁书"单上另一种《三煞截鬼经》的几种现存版本为例，说明民间抄本之篡改、冒用是常见的现象。见川教授的这些看法是长期研究民间文献者的经验之谈，值得重视。这里专门讨论目前发现的几种"成化禁书"。因为有关文献都是近年来学界的新发现，加上民间文书的背景又格外复杂，所说不妥之处，祈请方家指正。

（一）《三煞截鬼经》与"成化禁书"的关系

王见川等学者首次公布《三煞截鬼经》（"杨至善、李运明重刻"本，以

---

① 参见王见川"序言"，载《明清秘密社会史料撷珍·黄天道卷》；以及氏著《民间宗教经卷的年代及真伪问题——以〈九莲经〉、〈三煞截鬼经〉为例》，《清史研究》2015 年第 1 期，第 109—117 页。

下略为"杨李本")①,笔者即指出该经卷与"成化禁书"目录的关系。文章发表后,《台湾宗教研究通讯》全文转载。② 而近年来陆续发现该经卷其他版本后,王见川认为,"现存的《三煞截鬼经》并非成化禁书经目中的《三煞截鬼经》的覆刻或重刊",可能仅借其名而已。

王见川敏锐地注意到,几种版本中,要以首次影印公布的"杨李本"较早。而"民国戊寅(1938)滇西弥阳彭成章助刊"本(以下称"戊寅本")及"民国二十二年癸酉(1933)花月重刊"本(以下称"癸酉本")较晚。理由是"杨李本"中的四帅信仰"马赵关温",在戊寅等本写作"马赵岳温"。这显然是受到"万历四十二年(1614)关公受封为'关圣帝君',民间传言岳飞替补关公地位的影响"。现公布几个版本,确如王见川所说,要以"杨李本"为早出。笔者也注意到,"杨李本"通篇"宁"字,均作"寍",应是避道光皇帝"旻宁"之讳的阙笔。这是清抄本的痕迹,而其他两种,均为民国刊本。

那么,目前能否推断"杨李本"《三煞截鬼经》是(或大体上是)"成化禁书"名单上的同名经卷呢?王见川表示怀疑。因为经卷中出现"无生老母"、"云城"等词,学界倾向认为流行于万历前后。或有学者认为,"无生老母"是正德时期的民间教派创造出的神祇,而"云城"一词,早期多称"银城"。当然,民间文献的史料缺环很多,流变复杂,上述观点是部分学者研读民间文书的体会,并非定论。此外,民间文书中的改动、增削是很常见的,没有更早版本比对,不排除后出的抄本可能改动过某些字句。③

但更重要的是,首先应该明确"成化禁书"有何特点。这一点恰恰是学

---

① 王见川等主编:《明清民间宗教经卷文献·续编》第 2 册,台北新文丰出版公司,2005 年。
② 拙稿《从非常态到常态历史:清代秘密社会史近著述评》,《清史研究》2008 年第 2 期,第 133—138 页。及《台湾宗教研究通讯》第九期,台北兰台出版社,2011 年,第 213—226 页。
③ 罗教祖师罗孟鸿自述"悟道"之前曾念八年"无生父母"(或"无生老母"),显然"无生父母"在民间早有流行,并不始于罗孟鸿刊行经卷的明正德年间;银城之说,早在唐代即有记载,目前并无文献证明民间何时改称其为"云城"。罗祖的自述,参见《苦功悟道卷》,载张希舜等主编:《宝卷初集》第 1 册,第 112 页。

界的盲点。通过对新发现文献的研究，笔者意识到，目前公布的几种"成化禁书"，实为一个有机的整体。① 这批民间文书，内在理路关系密切，完全可以做统一的文本分析。

就拿王见川质疑的《三煞截鬼经》"杨李本"为例，其中不少重要线索，就反映出这样的特点。

这部经卷的名称奇雄，不易理解。如果"释名"的话，所谓《三煞截鬼经》，是因经卷所载神话而来。经中说：弥勒降世时，"释迦不满退位"，放出"三十六洞鬼"，降下种种瘟疫恶疾，引起劫变。② 而信徒只有崇奉"弥勒"，方能祛除恶鬼。因此，经卷极为尊崇弥勒，每颂其尊号，都要"九遍九叩"。③ 弥勒还被称为"后佛"、"后祖"、"十公"。④ 经卷描绘此"后佛"形象，称其"三头六臂"、"左手执日，右手执月"；又说："口似朱砂牙似剑，头似法身大火轮。手执钢刀诸鬼怕，劈破邪魔万鬼惊。"这一"法相"有密教色彩，与整个经卷多杂咒术（卷末专颂"佛母准提咒"）相应，这不是万历时期教派宝卷常见的弥勒形象，显然不是明后期经卷的特点。

"杨李本"虽然也有类似民间教派流行的"三阳劫变"的说法，但并不是后期经卷常见的"过去、现在、未来"三佛，"青阳、红阳、白阳"三会。该经卷说过去佛是"过去七佛"，共九劫，以燃灯掌教。接下来是"黄阳"掌教，似乎就是释迦。"黄阳"换位时，发下三灾，放出恶鬼，以应劫变。这位黄阳，对应的是"六佛"，此后接替他掌教的是"十公"，代领诸天、二十八宿下凡传会，即"末劫祖"，"十祖公"，也就是弥勒。⑤ 七佛、六佛、十公，特别是"黄阳教"的说法，是早期教派的特征之一。明嘉靖间创教的华北教派黄天道的教义，对此即有所继承，到清代，闽浙一带还有"黄阳

---

① 李宾奏请将查抄到的"妖书"榜示天下，是成化年间华北"妖书案"浪潮的反映，案发地集中在直、鲁等地。
② 王见川等主编：《明清民间宗教经卷文献·续编》第2册，第419页。
③ 王见川等主编：《明清民间宗教经卷文献·续编》第2册，第416页。
④ 王见川等主编：《明清民间宗教经卷文献·续编》第2册，第417—418页。
⑤ 王见川等主编：《明清民间宗教经卷文献·续编》第2册，第408—409页。

教"的遗存。① 这类反映明前期教派特征的"词汇",不是偶然现象。

又如,经文中反复出现"翻天揭地搜鬼精"或"翻天揭地细搜寻"等不常见的说法,② 参考"成化禁书"目录,才发现一种经卷名称即作《翻天揭地搜神记》。这种词语上的一致,似乎反映二者有内在的联系。

此外,笔者发现重要证据,更直接反映出《三煞截鬼经》与新发现"成化禁书"经卷的关联。"杨李本"记载了一句"暗语",指出"末劫祖师"的出处。这几句是:

失乡遭末劫,祖传无字经。答(搭)救吾门子,四牲(生)不知闻。开发九龙岗,牛钩曲藏身。普度男共女,迷人那(哪)知闻。③

"暗语"中"牛钩曲藏身"一句,字面上殊不可解。清末"杨李本"这句话,民国"戊寅本"写作"伴经典藏身",显然是抄经者由于字句费解而径改。但九龙岗、牛钩曲,是一对紧密联系的"暗语",实为"成化禁书"的核心信仰之一,并非笔误。

笔者新发现"成化禁书"目录上的《照仙炉经》(见图5-1(a)),开经即赞颂:

有人曾见照仙炉,便是神仙下阎浮。
二千五百年限至,九龙岗上拜真佛。④

---

① 参见曹新宇等:《中国秘密社会》第3卷《清代教门》,第268页。温州、乐清等地的黄阳教,残存至解放初期,参见中国会道门史料集成编纂委员会编纂:《中国会道门史料集成》(上册),中国社会科学出版社,2004年,第465、466、469页。
② 王见川等主编:《明清民间宗教经卷文献·续编》第2册,第411、421页。
③ 王见川等主编:《明清民间宗教经卷文献·续编》第2册,第420页。
④ 民国精抄本《照仙炉经》,载曹新宇主编:《明清秘密社会史料撷珍·黄天道卷》第2册,第167页。

另有一段非常重要的预言，详述一系列神秘的"地名"。经上说（见图5-1）：

  ……二千五百年终，弥勒出世之日，燕南赵北，无影山前，牛跔之曲，凤凰之坡，落瀗泉边，三心圣地，十号名山前，上有九九盘龙华盖，下有仙[鸾]飞凤之形。返（乃）崆峒山师傅目（因）无世界，至于日选下。东平西高、南阔北窄，内有七百余里，乃天地日月，用水定平，其地有九龙游戏，名是九龙岗下；鸾飞凤集，名曰落瀗泉边。天地之（玄）黄，人缘聚会，趟避三灾迯八难。其地无远无近，无高无下，南占赵北，在天金牛官，在地邯郸。又曰玉仙宅。①

这两段预言，开宗明义，说"九龙岗"是末劫来临，"真佛"弥勒的降生之地。第二段预言略有抄写讹误之处，但整段话文意清晰。大意说：崆峒山师傅（即民间教派所说"阿弥陀佛"），在未创设天地之前，就选下方圆七百余里一处圣地，准备未来劫变，弥勒出世时，众位信徒前往避劫。经卷中地名"南占赵北"，有抄本也作"燕南赵北"，上应"金牛官"，下为邯郸。具体之处，至为神秘，"无远无近、无高无下"，大概只有信徒才能看到。而"隐语"所说的"无影山前，牛跔之曲，九龙岗下，落瀗泉边"，就是"圣地"中的具体地名。

同卷又有一段预言，称弥勒菩萨曾令弟子文鸾菩萨、火圣菩萨、月光菩萨，各统领神兵等候"时年"。"直至二千五百年出世子（之）时，西南有一贤人，身穿青衣，骑青马，打青旗，执定青号，掳入中心地上，无影之山，落瀗之泉，凤凰之坡，无木桥边，一条大涧，六道深沟，三心圣地，十号神山，昆仑顶上，透仙宅中，此处立银城一座七百里，召集贤人，南阎浮世，九十二亿皇胎子女，实善男子，敬信之女，趟三灾迯八难，九龙岗上，红莲

---

① 曹新宇主编：《明清秘密社会史料撷珍·黄天道卷》第2册，第168页。

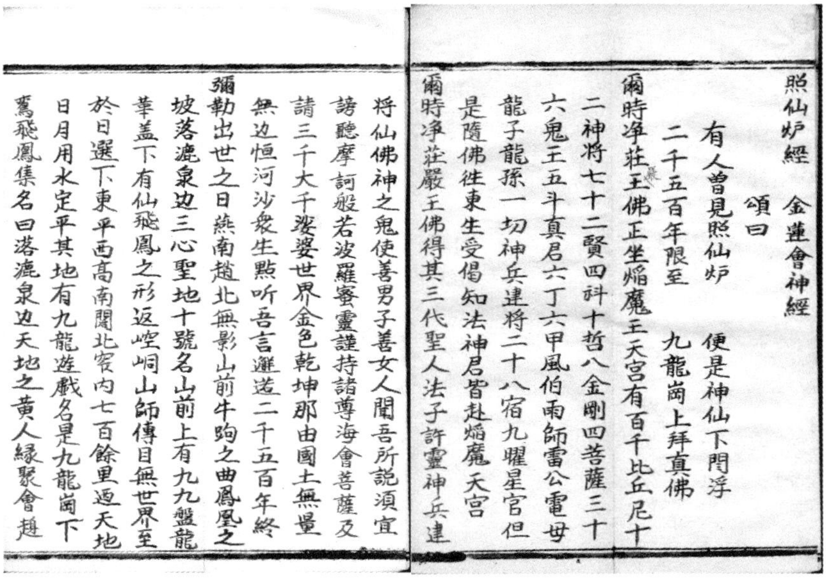

第五章　经典（上）
——"成化禁书"的消息

（a）

照仙炉經　金蓮會神經
頌曰
有人曾見照仙炉　便是神仙下問浮
二千五百年限至　九龍崗上拜真佛
爾時淨莊嚴王佛正坐焰魔天宮有百千比丘十
六神將七十二賢四科十哲八金剛四菩薩三十
二鬼王五斗真君六丁六甲風伯雨師雷公電母
龍子龍孫一切神兵建將二十八宿九曜星官但
是隨佛住東生受偈知法神君曾赴焰魔天宮
爾時淨莊嚴王佛得其三代聖人法子許靈神兵建
將仙佛神之鬼使善男子善女人間吾所說須宣
謗聽摩訶般若波羅蜜謹持諸尊海會菩薩及
請三千大千娑婆世界金色乾坤那由國土無量
彌勒出世之日燕南趙北無影山前牛呴之曲鳳凰
坡落漉泉邊十號聖地返噔峒山師傳目無世界呈
華蓋下有仙飛鳳之形三心乾坤有九九盤龍
於日選下東平逼高南閣北窯內七百餘里逼天地
日月用水定平其地有九龍遊戲名早九龍崗下
驚飛鳳集名曰浚漉泉邊天地之黃人緣聚會趙

（b）

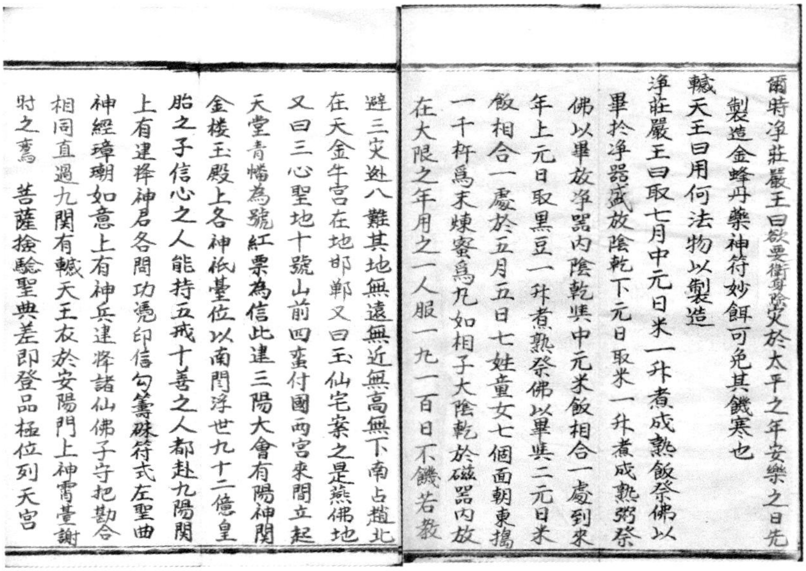

爾時淨莊嚴王佛曰欲要衝尊陰災於太平之年安樂之日先
製造金蜂丹藥神符妙餌可免其饑寒也
淨莊嚴王曰用何法物以製造
軾天王曰用取七月中元日米一升煮成熟飯祭佛以
畢拎淨器盛放陰乾獎中元日取米一升煮成熟粥祭
佛以畢放淨器盛放陰乾獎下元日米一升煮成熟飯相合一處到來
年上元日取黑豆一升煮熟祭佛以畢與三元日米
飯相合一處於五月五日七姓童女七個面朝東搗
一千杵馬末煉蜜為丸如相子大陰乾於磁器內放
在大限之年用之一人服一九一日不饑若教
避三灾逃八難其地無遠無近無高無下南占趙北
在天金牛宮在地邯鄲又曰玉仙宅棄之是燕佛地
又曰三心聖地十號山前四蠻付國兩宮來間立起
天堂玉殿上各神祇臺位以南門浮世九十二億皇
金樓玉殿上各神祇臺位十善之人都赴九陽閣
胎之子信心之人能持五戒十善之人都赴九陽閣
上有建擇神君各間功憑印信句蒸碟待式左聖曲
神經漳珊如意上有神兵建將諸仙佛子守把勘合
相同直遇九閣有輯天王衣於安陽門上神雷臺謝
附之焉
菩薩撿驗聖典差即登品極位到天宮

图 5-1　《照仙炉经》

下，参拜十代明王。"

综合这些预言可以看出，"九龙岗"、"牛跑曲"等地，实际上就是整个神话中七百里"银城"的位置，即民间教派所说的末劫时分"避难圣地"的所在。届时信徒投奔"九龙岗"，方可参拜"明王"。①

弄清这一点，《三煞截鬼经》"杨李本"内无法释读的"九龙岗"和"牛钩曲"等字句，便可迎刃而解。显然，"杨李本"中的"牛钩曲"，就是《照仙炉经》所说的"牛跑曲"。②

再者，上述《照仙炉经》还称：有"三十六鬼王"，曾随佛下生东土，劫后还要返回"焰魔天宫"。③一同下界的，还包括众比丘、神将、九曜、二十八宿，甚至儒家七十二贤。④"三十六鬼王"，下文有一段韵文对其说明。经文道：

> 天宫诸健将，下界降阎浮。
> 三十六洞鬼，投降在门户。
> 浮生官眷属，日夜喰儿女。
> 斗米价千钱，饥饿难行步。⑤

可见，"三十六鬼王"即"三十六洞鬼"，诸鬼下界侵害众生，都是劫数所定。《三煞截鬼经》母题的源头至此分明：末劫时分，上天派下三十六洞鬼在东土引发灾难。而且通过新发现"成化禁书"《照仙炉经》对这一神话母题意旨的交代，整个脉络更加完整：三十六洞鬼在劫数来临，被派出祸害

---

① 由于文献不足，史学界对元末白莲教"明王出世"起义口号的来源，一直聚讼纷纷。此处以末劫时分，明王"九龙岗"上以待信徒，可备一说。
② 笔者调查中所见其他民间抄本中，"牛跑曲"有"牛玽曲"、"牛拘曲"、"牛沟渠"等写法。
③ 曹新宇主编：《明清秘密社会史料撷珍·黄天道卷》第2册，第167页。
④ 七十二贤下生，具有民间"儒童菩萨"的信仰特征。而儒童菩萨及上述"月光菩萨"（又称月光童子），是对敦煌遗书当中"弥勒救世"教义的明显继承。
⑤ 曹新宇主编：《明清秘密社会史料撷珍·黄天道卷》第2册，第177页。

人间。而交劫过渡之后，它们还会被天所收，返回天宫。

（二）"成化禁书"的档案线索

"成化禁书"目录为《明实录》所收。明人余继登《典故纪闻》①、朱国祯《涌幢小品》亦存其目，李世瑜先生《宝卷综录》（1961年）转录《涌幢小品》，这一目录始为学者广知。②《涌幢小品》称：李宾奏请录出"妖书"，为明廷成化二十三年（1487）查办山西崞县王良、李钺一案所得。其说大谬！③因为李宾奏准榜示妖书，事在成化十年十二月（1475年1月），而山西王良、李钺一案审结，已是十五年之后。④李宾原奏题本，幸存官书所录刑部档案。题本原文明确指出：妖书目录是成化八年（1472）、十二年（1476）办理于福全、陈福礼两起案件中录出。朱国祯张冠李戴，为成化"妖书"谱系，埋下一桩公案。王良、李钺案与嘉靖初年震惊朝野的李福达（张寅）案关系匪浅，是明代民间教派史上一桩大案。可惜上述错误，现在仍被学者沿袭。⑤

都察院左都御史李宾的题本（成化十年十二月十二日），为《皇明条法事类纂》"刑部类"收录，据载：

> 山东道呈准锦衣卫镇抚司手本开：问得犯人陈福礼，招系山东兖州府济宁州民。景泰年间，因避差役，带男陈益逃移，四散潜住，收集各项妖书，令陈益用朱墨誊画"银城图样"并"龙凤朝章"、"勘合"，上

---

① （明）余继登著，顾思点校：《典故纪闻》，卷十五，中华书局，1981年，第266—267页。点校者"禁书目录"与笔者断句略有不同。

② 李世瑜先生据《涌幢小品》将这份目录点校为88种，后车锡伦先生转录李说。参见李世瑜：《宝卷综录》，中华书局，1961年；车锡伦：《中国宝卷总目》，北京燕山出版社，2000年。

③ （明）朱国祯：《涌幢小品》，中华书局，1959年，第765页。

④ 明抄本《钦明大狱录》，缪氏艺风堂藏本（哈佛—燕京图书馆善本部收藏），上卷，《都察院题为劾武职重臣恃势嘱托重情罪犯事》。

⑤ 如李世瑜《宝卷综录》及车锡伦《中国宝卷总目》等。

填"延龙元年"名号，妖言惑众，骗钱使用。成化八年，到于柏乡县民人马文斌家住歇，收到逃民刘恭，跟随使用，在彼同住三年。陈益看得妖书精熟，起谋逆心，用铁铸成"孙子隐形"印，木刻"韩信安营"印、"孙膑乾水"印、"定身"印等六颗。又用黄、白等绢做成旗号、小幡，并做"休粮药丸"等件。但人将钱拜投，福礼不合惑说："后有朝章、勘合的，跟入倒马寨聚会，不愁没饭吃。我今见（现）有绝食丹药，服一丸，饱四年日。"马文斌不合听惑拜投，给与朝章、勘合、妖书等件。成化十年三月，恐怕事发，又到赞皇县民人安长家，亦不合容留住歇讲论。……有男闻知，邢台县灵霄寺私自披剃为僧人赫元贞，上山拾柴，赶蛇到崖下，见石匣内有《刘太保天书》三本，一向寻访。本年九月内，寻见赫元贞，同到下处。福礼指元贞说："西南一窝狗，燕南趋北来，合口又赫府，神附赫元口。"出恶逆妖言。彼有余丁范俊，亦被福礼等惑动，给与"朝章"、"勘合"。陈益又令赫元贞等黄道日跟随上寨，祭赛旗印，又用木做七星飞剑一把，要行用铁打造间，致被范俊来京报锦衣卫行事人捉送到卫，追出《翻天揭地搜神记经》等项妖书，"龙凤勘合"、"朝章"，并"休粮药丸"等件。……犯人陈福礼等敢回往妄捏写妖书，造成"龙凤勘合"，煽惑人心，设立坛场，伪称年号，私造印信，谋为不轨，法难宥死。及查得节次问过妖书、妖言人犯，多系河间等府、并山东地方民人。……今陈福礼亦系彼处民人，行妖言煽惑众。诚恐军、卫有司不体朝廷悯生民之意，将所降圣旨榜文奉行未至，山野小民一时不得周知，遭罹刑宪。乞敕都察院，查得前项榜文，备将妖书、勘合、图本等件，开载于榜，通行直隶等处巡按监察御史，着落军卫有司，照式翻刊，于市镇乡村道店屯堡处张挂，晓谕军民人等遵守等因。①

---

① 《皇明条法事类纂》卷三十二"刑部"类，载杨一凡主编：《中国珍稀法律典籍集成》乙编第5册，《皇明条法事类纂》（卷二十六至卷五十），科学出版社，1994年，第242—243页。

第五章 经典（上）
——"成化禁书"的消息

此本奏准之后，左都御史李宾又将都察院最近奏准另一案，即成化八年锦衣卫镇抚司查获直隶东光县民刘通从山东武定州于福全处所得《九龙战江神图》、《通天玩海珠》等项"妖书"，一并奏请榜示天下。① 后合并开列二案"已发各项妖书、图本等件"90余种。日后各种明代官书、笔记所记"妖书"目录，即源于此。②

李宾题本因是"原奏"，更多地保存了"成化禁书"的珍贵信息。题本中所谓"银城图样"、"朝章（璋）"、"勘合"，均为"朱墨誊画"，极可能都是单张的图，因此开列"妖书"名单上称："'朝章'十四张、'龙凤勘合'二十八张"；而这些内容，在明廷正式公布的"妖书"榜上都作省文，仅列名目而已。③ 从名单上可以判断，类似的单张符咒、图本，还应包括"朱书符式"等。这类符图，学界长期以来都将其误作经卷类文书。

民间教派的"银城图样"实物，笔者最近已经公布一例。④ 而其他图本的名目，上述"成化禁书"《照仙炉经》也有记载（见图5-1）。经文说：

佛又曰：三心圣地，十号山前，四蛮付（八）国，两宫来间，立起天堂，青幡为号，红票为信，此建三阳大会，有阳神关，金楼玉殿上，各神祇台位，以南阎浮世九十二亿皇胎之子，信心之人，能持五戒十善之人，都赴九阳关上，有健将神君，各问功凭、印信、勾筹、朱[书]符式，圣曲（典）神经、朝璋、如意。上有神兵健将诸仙佛子把守，勘合相同，直过九关。有辖天王衣（依）于安阳门上，神霄台谢。时之（文）鸾菩萨检验，圣典[不]差，即登品极，位列天官。⑤

---

① 《皇明条法事类纂》卷三十二，载杨一凡主编：《中国珍稀法律典籍集成》乙编，第5册，第243—245页。
② 《明实录》的妖书名单与题本略有不同，见《明宪宗实录》卷一百三十六，成化十年十二月甲午，第2550—2552页。
③ 另外，朝璋与勘合，形制一定最近，题本上也有称"龙凤朝章、勘合"的情况。见《皇明条法事类纂》卷三十二，载杨一凡主编：《中国珍稀法律典籍集成》乙编，第5册，第246页。
④ 见拙稿《明清民间教派的"避劫银城"》。
⑤ 曹新宇主编：《明清秘密社会史料撷珍·黄天道卷》第2册，第169页。

其后又说：

> 净庄严王佛言曰：菩萨你如何不知，南阎浮世界，东土九十二亿皇胎之子，孝顺儿孙，皆在人间知法受戒受偈，神经圣典上中下三卷，八百玄文，有朱书符式、印信、勾筹、朝璋、如意、香花、净水、素食祭献高真上圣，各家门首宅上，悬挂白虎神幡一只，神光结成万像，华盖上冲天府，或显紫雾（雾）神光之色，诸邪恶鬼，见者远离，并不敢为殃害也。①

对比李宾题本与新发现的"禁书"抄本《照仙炉经》的内容，即可知前述明廷查抄到的"勘合、朝璋、朱书符式、银城图样"等符咒、图本，都是"末劫"时年，信徒们赶赴"银城"避劫的"信物"。

另外，左都御史李宾题本，还提到一种绝食丹药"休粮药"，在成化妖书案中屡屡发现。除上文陈福礼传有"休粮药"丸之外，嘉靖年间，北京又查获有人散发"休粮药"（省粮药）。如上述明人笔记《涌幢小品》记载，嘉靖四十三年（1564），有白莲教首告揭发同党，即持"伪告身二卷、省粮药一包"为证物，并特称"北人皆奉其教"。② 此案与"成化妖书案"中陈福礼案的情况类似，可见这种药丸在明代华北民间教派活动中之常见。

休粮药，又称"省粮药"，早在唐人修炼术中，即见以此辅助绝食辟谷。宋代医家，有以铁脚凤尾草蒸黑豆配制"休粮药"方子。③ 明代教派活动中的"休粮药"，似与内丹修炼有关。但其具体如何，学界不得其详。而在《照仙炉经》中，亦有休粮药方（见图5-1），不仅有制造方法，而且指明其用途，专为"同坛一会"的信徒所备。经中记载：

---

① 曹新宇主编：《明清秘密社会史料撷珍·黄天道卷》第2册，第171—172页。
② （明）朱国祯：《涌幢小品》卷三十二，第769页。
③ "铁脚凤尾草：性温无毒，即休粮药，每用同黑豆蒸熟，拣去凤尾草，每食五七粒后，终日自然忘食。"载《续修四库全书》，子部·医家类，第990册，上海古籍出版社，2002年，第115页。

尔时净庄严王曰：欲要卫身除灾，于太平之年安乐之日，先制造金蜂丹药，神符妙饵，可免其饥寒也。辖天王曰：用何法物以制造？净庄严王曰：取七月中元日米一升，煮成熟饭，祭佛以（已）毕，于净器盛放阴干。下元日取米一升，煮成熟粥，祭佛以（已）毕，放净器内阴干，与中元米饭相合一处，到来年上元日，取黑豆一升煮熟，祭佛以（已）毕，与二元日米饭相合一处，于五月五日，七姓童女七个，面朝东，捣一千杵为末，炼蜜为丸，如相子大，阴干与瓷器内，放在大限之年用之，一人服一丸，一百日不饥。若教南阎同坛一会之人服之，亦复如是。若服二丸，二百四十日不饥。若南阎浮大德贤良之人，太平之时治此神丹，元旦食之，除百病，去千灾。发白又黑，返老还童。九九服之，加入丁香、沉香、白耳、松香各七钱，久服之人，寿活千岁。一年喰之，一年无病。二年喰之，二年无病。年年喰之，年年无病。若久服之人，遇大雪大（不）冷，炎阳不热，刀兵不能伤害，鬼神千里避之，毒虫恶兽不能害，一切邪魔并不敢［侵］，入身千军万马，如无人之境也。①

而从新刊布的文献来看，类似"休粮药"的配方，在明清华北民间教派黄天道内，又称"路粮米"。这一传统，似乎一直延续到民国时期。②

上述明代档案线索与民间文献互相印证，可见新发现《照仙炉经》等经卷，很大程度上应该是"成化禁书"的原抄。

（三）"成化禁书"与白莲教的关系

据明代档案、官书记载：成化年间，山东、北直隶等地"妖书"案频发。

---

① 曹新宇主编：《明清秘密社会史料撷珍·黄天道卷》第 2 册，第 174—175 页。
② 关于"路粮米"的配方，参见曹新宇主编：《明清秘密社会史料撷珍·黄天道卷》第 6 册，第 68—70 页。

早在成化五年（1469）审结的案件中，就有山东民人刘得云（卖药为业），曾把孔景顺传给的"《金璋紫绶》"等书，及龙凤勘合、符印，与州人传观，谓人藏此能免灾难"①。而在李宾奏准明廷榜示"妖书"目录之后，"妖书"流传仍在暗中继续。成化十二年（1476）李子龙内府传教被诛一案再次揭出，军匠杨道仙在太监当中传徒，并暗地发放"伪朝章、勘合，并勾筹、符印"②。

上述文献记载也显示出，这些"勘合"、"勾（珣）筹"辗转流传，渊源甚早，并非始于成化时代。只是在成化十年前后，出现了泛滥的态势。前揭左都御史李宾题本中也称：山东兖州民人陈福礼所收集的各项"妖书"，是"景泰"年间之事。③

这些符咒图本，似乎长期在民间潜行。清乾隆年间直隶官方收缴的教派经卷中，再次发现了类似的"珣璹、半印"。④而当时更多的案卷当中，将此种"勘合"、"珣璹"称为"三角真印"。此次笔者公布的多件清乾隆时期黄天道帛书，即保存了这些符咒图本的原貌，其形制与清代档案记载吻合。根据我们实地调查，华北地区的这类"符咒"，一直沿用到20世纪40年代。

限于文献不足之故，学界虽然认识到"成化禁书"目录在民间宗教文献学上的重要性，但总体上，这方面的研究尚处于目录学阶段，⑤甚至在如何点校这份禁书目录方面，学者也无共识。王见川教授称，笔者最新公布的经卷中，《聚宝经》、《照贤经》等，已有同名经卷著录公布⑥，但检视其所刊印的几种复印件，可知其本晚出，例如：王见川教授所刊《照贤经》，实为清末

---

① 《明宪宗实录》卷六十六，成化五年四月庚辰，第1336页。
② 《明宪宗实录》卷一百五十七，成化十二年九月己酉，第2867页。
③ 《皇明条法事类纂》卷三十二，1994年，第242页。
④ 《军机处录副奏折》乾隆二十八年四月十六日兆惠奏折附供单及查抄经卷清单，载《历史档案》1990年第3期，第59页。
⑤ 以往的中文研究，仍多受到李世瑜《宝卷综录》的影响。关注《皇明条法事类纂》对成化禁书史料价值的一个例外，参见程德：《关于成化年间"妖书妖言"案的一则史料》，载《明史研究论丛》第3辑，江苏古籍出版社，1985年。而西方目前讨论到该目录重要性的文献，只有田海教授的一篇书评，见 Barend ter Haar, "Review to Precious Volumes: An Introduction to Chinese Sectarian Scriptures from the Sixteenth and Seventeenth Centuries by Daniel L. Overmyer," *T'oung Pao*, Second Series, 89(2003): 204。
⑥ 王见川、宋军、范纯武主编：《中国预言救劫书汇编》第5册，台北新文丰出版公司，2010年。

民初九宫道大量篡改之后的版本。[①]但民间抄本内在联系,往往不绝如缕,如有研究者将有关各本细致对照,将必有所得。最近的田野调查,印证了历史档案的记载,也见证了历史上民间教派顽强的生命力。民间文书虽然缺乏传统文献学意义上的定本,但通过学界同仁不断努力,挖掘抢救濒危的珍贵文献,我们同样可以在民间文书充满改动的断裂性表象之下,探索其延续性特征。也许在学界珍视民间文献的呼吁与推动之下,明前期,甚至更早的白莲教运动的历史研究,终将出现新的局面。

二、"银城图"考[②]

新发现黄天道帛书和写经中,有些关于"银城"的经卷,还有不少珍贵的图像资料,从未见于著录。本书第一章所复原的崇善收藏黄天道经卷目录(以下简称《崇善目录》),亦收录有《九州汉地银城图》、《银城宝偈》等经卷的名目,颇为引人注意。

(一)新发现"银城"文献与明"成化禁书"的关系

从《崇善目录》来看,明代查禁的"成化妖书"目录上的经卷似乎在民间仍有流传。例如,《崇善目录》中《佛说九龙书》、《九龙混海图》,与"成化禁书"中的《九龙战江神图》、《通天混海图》可能有关。

这一推测,后来得到验证:在上述新发现黄天道写经中,笔者竟又找

---

① 例如,该民国抄本《佛说照贤经》记载"大清国有九头一十八尾,末后绪小主"以及"五台山李向善"为"末后收元准一家"等语。见王见川、宋军、范纯武主编:《中国预言救劫书汇编》,第5册,第448—451页。
② 本文初稿(日文),曾以《明清民间教派的"避劫银城"》为题,发表于武内房司编《戦争・災害と近代東アジアの民眾宗教》,东京:有志舍,2014年3月版。此次译成中文,笔者做了重要修订与补充。

到成化禁书目录中的四种经卷，即《通天彻地照仙炉经》（编号 12）、《三圣争功聚宝经》（编号 42）、《照贤金灵镜经》（编号 49）、《应劫经》（编号 74）。这四种经卷同一函中，另有一种《佛说定劫经》，性质与上述四种一致，应是成化目录未收同类经卷。① 几种经卷全部精楷抄成，每折 5 行，每行 19 字，五种经卷总共 122 折，装成 31cm×11cm 的折本，与同批发现的其他宝卷抄本的形制相同。这些发现证实成化禁书目录的经卷，一直在民间教门内部流传，嘉靖末年创立的黄天道，仍旧保存了其中某些经卷。②

无独有偶，明"成化禁书"中，有两种与"银城"信仰有关的经卷，即《银城论》和《银城图样》。而黄天道《崇善目录》也收录了《九州汉地银城图》、《银城宝偈》两种经卷（尚存抄本）。③

由于史料所限，这几种银城经卷之间的关系究竟如何，尚不好断言。但这些发现，至少让我们看到"银城"信仰的延续性。另外，笔者在田野调查中还看到一些罕见的"银城"图像资料。主要是一件纸本的《银城图样》和一件绘有银城的帛书。这类图像资料非常罕见，大可作为"银城"的一个样本，做些细心的考察。

（二）《银城图样》

"银城"之说，史上出现甚早。《册府元龟》载唐玄宗开元初年，即有

---

① 成化禁书目录中，除上述 4 种及民间较多传本的《推背图》（又称《转天图》）、《伍公经》之外，笔者还见过《三煞截鬼经》，以及《通天混海图》的抄本。《三煞截鬼经》，见王见川等编：《明清民间宗教经卷文献续编》，第 2 册；王见川等编：《中国民间信仰·民间文化资料汇编》第 2 辑，第 12 册，台北博扬文化事业有限公司，2013 年；《通天混海图》为清心阁藏本，感谢宋军先生惠赠资料。

② 对这批新发现文献的讨论，参见王见川：《民间宗教经卷的年代及真伪问题——以〈九莲经〉、〈三煞截鬼经〉为例》；以及拙文《新发现"成化禁书"与白莲教的关系——兼答王见川教授问题》；上文均载《清史研究》2015 年第 1 期专栏"明清民间宗教的新史料与新问题"，第 109—125 页。

③ 《九州汉地银城图》，见曹新宇主编：《明清秘密社会史料撷珍·黄天道卷》，第 5 册，第 381—382 页。

人因倡言弥勒佛出世，当出"银城"，李唐将灭，刘姓当兴[1]，而遭到官府镇压。明清民间教门经卷中，银城往往写作"云城"。一般认为，银城或称云城，是乾坤毁坏，末劫来临之时，教门信众的"避劫"之所。

本文讨论的银城图像资料，主要是一件清末纸本的《银城图样》，与一件绘有"银城考选"的清乾隆时期帛书。这件《银城图样》纸本手绘，折叠处有少许残损。（见图5-2）

《银城图样》，按观图者北向绘制，上北下南，左西右东。它的绘制风格，有点像传统刻本方志里面的城池图。图上清楚地划分为中心城、内城、外城三个区域，布局略似北京城皇城、内城、外城。《银城图样》图像细节及所附文字，透露出不少前所未见的资讯，对我们理解民间教派的银城信仰极富启发。

1. 中心区

图标中心区标记："银城八百里，中心宣府"。显然预示将来末后劫难来临，银城将出现在黄天道在北直隶的中心，即"宣化府"一带。上述崇善目录《九州汉地银城图》，全称作《佛说万国九州汉地银城图样式》，保存一份银城更大范围的地域图。（见图5-3）银城在所谓"汉地"，即"北岸"、"中元（原）"某地。

《九州汉地银城图》按传统舆图观图者南向的习惯画图。全图上南下北，左东右西。图中罗列朔州、应州、浑源州、蔚州、怀州、隆庆州、云州、保德州、洪州。其中保德州标位不确，似乎从本来的西北方位移动到现在的位置。也许是因为该图需要手绘在经折装的抄本上面，幅面受到限制。但其他各州位置相对准确，图中的"北岸"，为蔚州（今蔚县）、顺圣川以北，隆

---

[1] 原文为："王怀古，玄宗开元初，谓人曰：释迦牟尼佛末，更有新佛出。李家欲末，刘家欲兴。今冬当有黑雪下贝州，合出银城。勅下诸道按察使，捕而戮之。"见（宋）王钦若等编修，周勋初等校订：《册府元龟》，卷九百二十二，凤凰出版社，2006年，第10693页；马西沙先生曾引述该条资料，参见马西沙、韩秉方：《中国民间宗教史》，第57页。

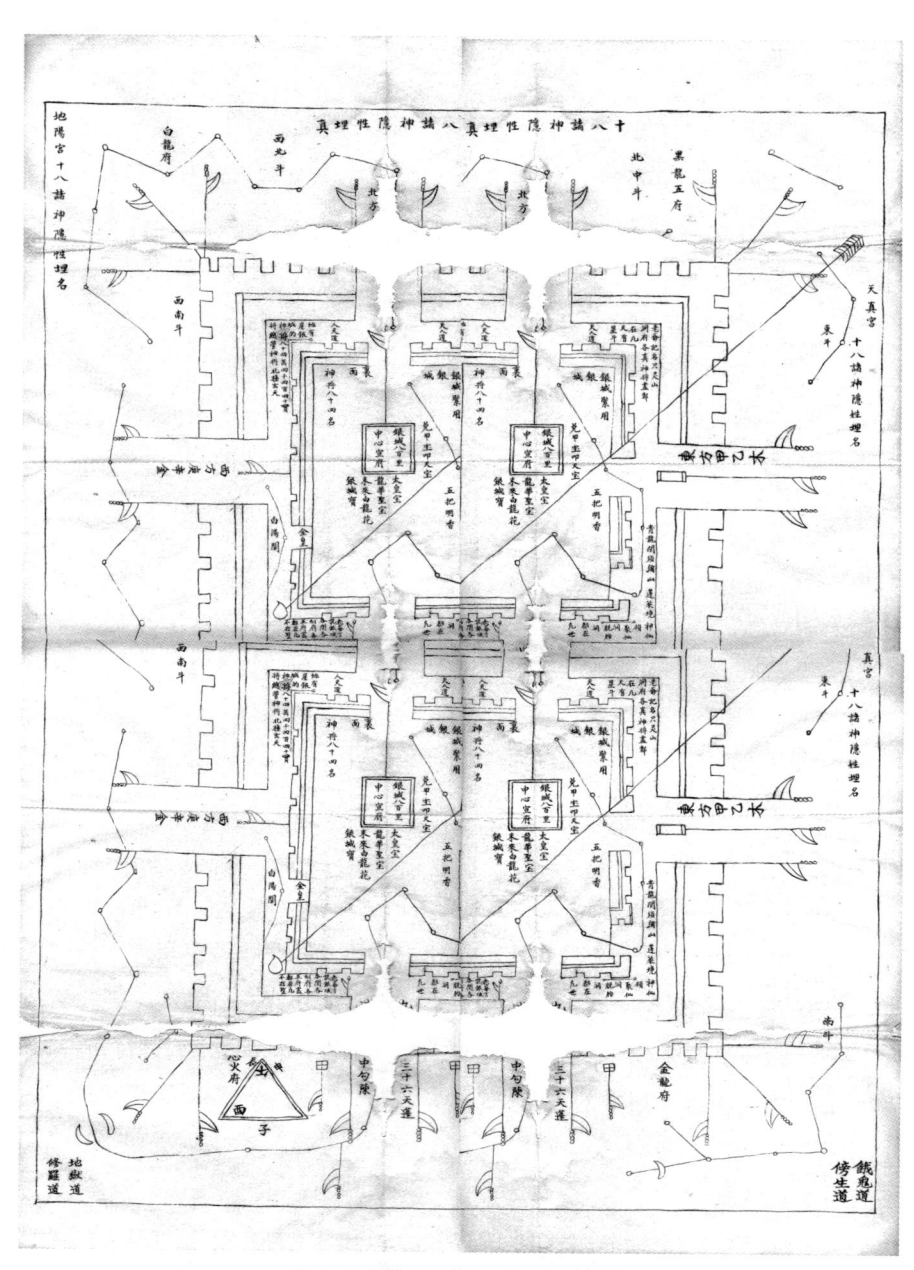

图 5-2 《银城图样》，清末纸本手绘

庆州（今延庆）以西，应没有任何问题。显然，这个"北岸"中元（原）汉地，就是宣化府所在的位置。

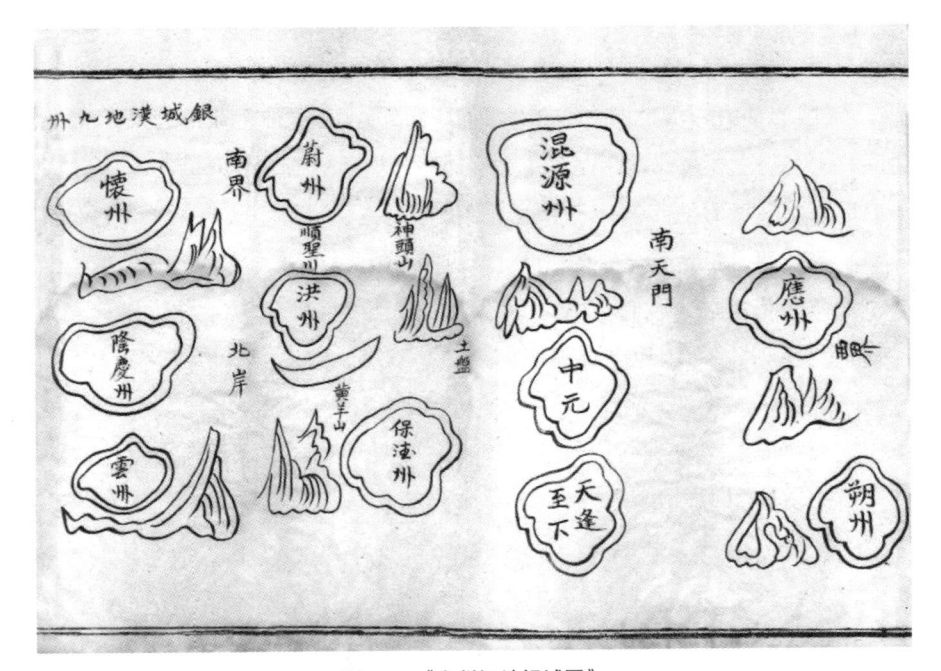

图 5-3 《九州汉地银城图》

2. 内城区

内城区的东门南侧首列"五把明香"（见图 5-2），字面上是焚香五把的意思。但靠近中心区东侧、南侧，列出："兑甲宝、叩天宝、太皇宝、龙华圣宝、未来白龙花银城宝。"上述五件，均为明清之际的黄天道经卷。据说末劫时分，核验能否进入银城避劫，就需要这些"宝贝"。内城北门两侧又记："银城紧（禁）用，银城里面神将八十四名。"（见图 5-2）这话的口气，显然是将内城当作宫禁，而且有神将守护。

内城共有五门，即东门、东南门、南门、西南门、北门。但有文字标记者，仅西南城门，名为"金皇白阳关"。并且在西南城角画有一箭，从银城外东北方向射来，纵贯全城，其意不明。

3. 外城区

外城墙与内城墙之间，标记文字最多。从内城南墙西侧开始，依次为：西南角记："老爷言说，银城各关各州、府，各五府，尽都在凡，不在圣。"东北角记："老爷记名，只（这）灵山洞府各真、神将，尽都在凡。"西北角记："银城的神将，八十四万四千四百四十员将，总管神将北极玄天。"而北门两侧文字与上述东北角、西北角文字连写。但显然应该分开读作："天有星斗，地有星（疑有阙字）。"东南角记："青龙关、须弥山、蓬莱境、神仙领（岭）、聚仙洞、脱胎洞，都在凡世。"（见图5-2）

外城未列关名，仅标"东方甲乙木"、"西方庚辛金"，"北方"后阙字（疑为"壬癸水"）。因原图局部残损，南关不清。但根据上述三关标名，可能是"南方丙丁火"。而南关还有"（前阙字）三十六天蓬"、"（前阙字）中勾陈"。外城之北，东为"黑龙五府"、西为"白龙府"；外城之南，东为"金龙府"、西为"心火府"。

上述外城墙与内城墙之间两处出现"老爷言说"、"老爷记名"的"老爷"，即指黄天道创教祖师李宾。嘉靖四十一年（1562）李普明去世后，黄天道开始吸收其他教派的信徒，成分愈加复杂，教内也融入了其他祖师的称号，其中显著一例称为"朝阳老爷"。而后世黄天道经卷托名"朝阳老爷"者，颇为普遍。[①] 银城的秘密，要借"祖师"之口说出，反映出黄天道的银城信仰带有道门文化的色彩。

值得注意的是，上述外城，标记银城各个关口、州、府，多次强调其"在凡不在圣"。这都表明，银城虽然道门外的凡人无法看到，但末劫来临之时，就会在"中元（原）北岸"的宣化府一带显现。也就是说，银城是降临凡间的避劫之地，并非远离人间的彼岸天堂。

---

① 参见拙文《明清民间教门的地方化：鲜为人知的黄天道历史》。

4. "六道"的分布

银城外城以外，分布着"六道"当中的饿鬼道、傍生道、地狱道、修罗道；而"六道"中的天人道、人天道外城之内。[①]（见图 5-2）

"六道"是典型的佛教术语。万物有情不出生死轮回者，均依照业报，在六道中辗转，只有佛、菩萨、罗汉可以跳出轮回。有意思的是，这张银城图中，六道内"天道"、"人道"可入银城。据传统佛教弥勒信仰的教义，释迦佛时期为五浊恶世，说法甚难，众生得度，有漏有尽。而到弥勒说法时，初闻佛道有漏者，尽得脱度。

显然，上图黄天道的银城，只接纳六道中的"天道"、"人道"。一方面说明，只有人、天两道才有可能入城避劫；而另一方面，"天道"与"人道"也未超脱生死轮回，所以才入银城，等待弥勒三会龙华，求得解悟，进入极乐世界。这同样表明，在秘密宗教的教义上，银城并非彼岸的天堂与极乐世界。银城更像是一个此岸与彼岸之间的"过渡区"，它的意义，在于为末劫中痛苦和恐惧的"皇胎儿女"提供避劫场所，等候弥勒救主的说法度化。

不少研究者将"银城"或"云城"看作"民间教派追求的天堂"，并等同于"赡养极乐国"（安养国）或西方极乐世界。[②] 但从银城图的图像资料来看，学术界上述看法不够准确。上图显示，银城各个州、府的关口、把守神将均在凡间。而六道分布中"天道"、"人道"入城得度的思想，也体现了同样的观念。

5. 诸天星斗

图中银城外城为诸天星斗环绕。东为"东斗"，南为"南斗"，西为

---

① 即佛教所称六道轮回中的天道（deva）、人道（manusya）、修罗道（asura）、傍生道（亦译作畜生道，tiryagyoni）、饿鬼道（preta）、地狱道（naraka）。前三道为善道，后三道为恶道。《银城图样》中天人道，人天道，即天道与人道。

② 马西沙、韩秉方：《中国民间宗教史》，第 58 页；濮文起：《家谱宝卷表征》，《世界宗教研究》1996 年第 3 期。

"西南斗"（见图 5-2，文字标注略靠上），北为"西北斗"、"北中斗"。（见图 5-2）

6. 投凡诸神

图中投凡众神都在银城之外，东方："天真宫，十八诸神隐姓埋名"；西方："地阳宫，十八诸神隐性（姓）埋名"；北方"十八诸神隐性（姓）埋真"。南方只有三角印一个，上标"子、午、酉、辰、申"五字。（见图 5-2）

众神隐姓埋名投凡间，是民间教门信仰的重要母题之一。其最重要的宗教意味在于告诉人们：凡俗生活中可能隐藏着指引民众走向神圣与救度的"导师"。诸神隐姓埋名下凡，散在各方，显然是为了救度红尘中迷失真性的"失乡儿女"，帮助他们入银城躲避劫难。

（三）帛书《古佛遗留先天文榜》上的银城

黄天道的图像实物，是明清民间道门信仰与思想的直观体现，有助于我们从具体的图景中观察他们的经卷。笔者所见各种银城图像中，最让人吃惊的是一幅以城池为背景的清代彩绘，画在长 510cm，宽 38cm 的帛书手卷上。画中这座银城，城头云雾缭绕，城下有人值守，富有戏剧化场景的效果（见图 5-4）。该卷帛书题为《古佛遗留先天文榜》，不具年代，但从同一批发现的另外 6 种完全类似的帛书来看，其绘制年代大概不会晚于乾隆中叶。[①]

1. 银城考选

图 5-4（a）所示银城图像，城门口端坐一人。此公头着道巾，身披黄袍，足踏云履，手持文簿，长髯背剑，煞是威风。而他面前，不少等待入城

---

① 同批发现标注年代的两份帛书分别为：《朝阳古佛老爷遗留末后文华手卷》（1200cm×41cm），乾隆二十九年（1764）制作；《灵符手卷》（620cm×39.5cm），制作于乾隆三十二年（1767）。这批帛书，均载曹新宇主编：《明清秘密社会史料撷珍·黄天道卷》，第 1 册。

之人伏拜座下，手执号牌文表，等待验明入城。其后尚有人群，个个执表敬立，等候"考选"。显然，黄天道入银城，要经过严格的考选程式。

帛书《古佛遗留先天文榜》开篇即宣称：这道《先天文榜》是上乘古佛设定，保护"金童"登基所用。"金童"为黄天道第四代（或第五位）传人，《先天文榜》中称其为"主公"。金童在道内气焰嚣张，可见一斑。经卷还叮嘱大众要准备好"三佛牌号"、"文凭后照"、"勘合朝璋"、"七颗大印"，以备末劫时分"对合同"，入银城之用。届时缺少一件，守城的"铁面张公"便会将其赶出银城。（见图5-4（b））

据此可见，图5-4（a）中坐在银城门前守城者，即为张公。而张公所查牌号、文凭、朝璋、大印等，均为"秘传"。为了防伪，有印信还是"半印"。（见图5-4（c））这种半印，就是民间道门传说中的"勘合"。上述宝物，若敢擅自传与"非人"（教外之人），被巡天"四帅"发觉，便要"打碎尸灵"。

图中这座银城，尽管黄天道色彩浓厚，但还是为我们保存了一般秘密宗教"银城信仰"的普遍特征。明清很多民间教门都沿用银（云）城"五公佛查号"的传说，在此有所体现。

《古佛遗留先天文榜》亦有"五公"手持敕令，在关口上详细点名。黄天道似乎在"五公佛查号"的教门传统上又增添了一位有自身特色的"铁面张公"，由张公查号之后，才由"五公"点名。

2. 末劫避难与兴亡谶言

银城是末劫时分才降临人间的避劫所。因此，末世预言中夹杂的不安，也往往在银城降临前后出现。

前文所见，从唐代起，银城便与预言姓氏兴亡的谶言联系在一起。末劫启动的征兆（重大事件）、劫变发生的时年，往往都是用"隐语"叙说。这份《古佛遗留先天文榜》所体现的这方面的色彩，也很浓厚。该卷一首七言诗中有如下四句：

188　祖师的族谱

（a）银城考选图（局部）

（b）

（c）七印图（局部）

图 5-4　帛书《古佛遗留先天文榜》（局部）

沙僧得宝过边庭，带领癸水等南兵；

五魔出世天下乱，中央返了破口臣。

沙僧是《西游记》中大家熟悉的角色。在各种清代戏剧中，沙僧的扮相，一般都要剃净前额。此处借用这个形象，暗指入关的清主。"癸水"即北方"壬癸水"，暗指北方清兵。南兵则指南明王朝的残部。因此，第一句实际上在说，清人入关，与南明对峙。第二句"五魔出世"，指明末李自成等农民军蜂起，天下大乱。中央返了破口臣，"破口"指"吴（吳）"字，"返了破口臣"，即指吴（吳）三桂降清。

"五魔"与"破口"之谶，早在明成化年间便广为流传。此处被造卷人借用，影射明清鼎革到清初"三藩之乱"之间的变故。从本卷的谶言来看，清初黄天道并不认为清人可以稳坐天下。清军入关、剃发易服，被造卷者理解为乾坤遽变、末劫临近的信号。他们还在继续观察这出天崩地裂般的历史大剧：南明残存政权一度与清廷并立；吴三桂于康熙十二年（1673）十二月叛清，康熙十七年（1678）仓促称帝后覆灭。天下终将落入谁手？民间道门的预言仍在发展。这卷帛书隐秘地说出，朱明王朝灭亡后，清人只能坐到"甲子"年，即康熙二十三年（1684）。此后，天下大乱，直至丁卯年，乾坤改换，方能得见太平。届时再由教主"金童"发令改元，天下共享太平。

戊午年天下乱起，甲子年末劫降临；本来也是明成化年间流传之谶言。此卷之预言，将戊午年（1678）吴三桂称帝作为重要背景[①]，并预言甲子年（1684）天时至，丁卯年（1687）改换新春。可见，此预言始出笼的日期，当在1678—1684年之间。显然，明清鼎革到清初"三藩之乱"等历史重大变故，都被造经的教派看作末劫启动的征兆。

3. 末劫考验与教门正统

末世意识，视现存秩序即将崩坏的狂热气氛，往往会在短期内加强教团

---

① 康熙年间"三藩之乱"与黄天道预言的关系，笔者有另文撰述。

内部的凝聚作用。但如果多个教派利用弥漫于社会上的恐慌，扩张自己的派系，这种时刻，也很容易造成教派之间的激烈竞争。

上述《先天文榜》对此即有反映。"入银城"所需的种种"宝贝"，本身就是对"假弥勒"或"邪师杂祖"的考验。如果乱世之中，错投非人为师，信徒不仅不能获救，反而会永远沉沦。这卷帛书强调，要谨防没有凭证的"假弥勒"与"假银城"。教派间的竞争，成了"正统"与"邪魔"的考验！据称，通过这场考验留下来的，才是真正的皇胎儿女。就像《先天文榜》上说："趁着大风扬秕子，考澄九阙上品人。""秕子"的说法，甚至像是基督教《圣经》中的比喻，二者都指"假信徒"而言。

当然，经文上没有忘记直截了当地告诫信众，谁是末劫当中的"假弥勒"：

> 末后妖魔鬼子都出在宣、大两镇，盂、寿、五台。有姓于、后、梁、刘、张、温、沈、王、潘、胡、李、凤、姜、王、常、吴、郝、孟、楼、高、薄、赵、白、焦、郭、金，俱不可认他。[1]

可以看出，撰写经文的这支黄天道，主要活跃在直隶、山西。而他们的民间道门"同行"，末劫时分出现的"妖魔鬼子"，也都出在直隶的宣化府、山西大同府及盂县、寿阳和五台等县。

对这张《银城图样》的简析，大致可以看出：（1）从唐代开始，银城就与弥勒救世的传说结合，并流传至明清时期，成为民间教门的核心信仰之一；（2）银城信仰在明"成化禁书"中占有重要地位，明嘉靖末年创立的黄天道继承了这一教义；（3）新发现的银城图像资料说明：在黄天道教义上，银城是凡间躲避灾难的太平家园，并非超脱此世的彼岸天堂；（4）清代黄天道的"银城信仰"，与政治性的谶语关系密切。但此种谶语最迫切的目的，似乎更在乎在信徒当中争夺"正统"。

---

[1] 曹新宇主编：《明清秘密社会史料撷珍·黄天道卷》，第1册，第215页。

第六章　经典（下）
——"最早的"教派宝卷

《佛说皇极结果宝卷》是近年来学术界公认的重要民间教派文献。自20世纪90年代以来，学术界已围绕这部宝卷多次展开讨论。

1990年，中国俗文学学会主办的"首届宝卷、子弟书学术研讨会"在天津召开，北京图书馆研究员路工先生在会上宣布：他收藏的明宣德五年（1430）《佛说皇极结果宝卷》，要比学界所知最早的正德四年（1509）的罗教宝卷早了近80年。此前，只有少数学者知道这个藏本的存在。此次公布之后，引起学界广泛关注。1992年，中国秘密宗教研究的拓荒者李世瑜先生与加拿大英属哥伦比亚大学的欧大年（Daniel L. Overmyer）教授，合著英文论文《最早的中国教派宝卷：佛说皇极结果宝卷》，将这个藏本介绍给海内外学者。[①] 此后，这部宝卷也被欧大年看作教派宝卷的早期范本。其总结中国民间教派文献的专著《宝卷》的第一篇专论，便是这部1430年《佛说皇极结果宝卷》！[②] 作为现存最早的教派（或白莲教）宝卷，这一文献现已

[①] Daniel L. Overmyer and Thomas Li Shiyu, "The Oldest Chinese Sectarian Scripture,The Precious Volume,Expounded by the Buddha,on the Results of(the Teaching of) the Imperial Ultimate (Period), " *Journal Chinese Religion*, 20 (1992): 17-31.

[②] Daniel L. Overmyer, *Precious Volumes:An Introduction to Chinese Sectarian Scriptures from the Sixteenth and Seventeenth Centuries*, pp.51-91.

构成众多论著的叙事基础。[①]自公布以来,该本已三次影印出版,而最近出版的两种宝卷文献丛书,均首列此卷。[②]

宣德五年《佛说皇极结果宝卷》的公布,也引起一些质疑。长期以来,学界没有发现过16世纪之前刊刻的教派宝卷。而明正德四年以降,大多数民间教派刊刻的宝卷,政治上趋于保守,少有像《佛说皇极结果宝卷》这样突出末劫思想,并全面地阐述秘密宗教的教义、组织与神明体系。因此,这些质疑也包含着对于明代秘密宗教兴起时代的不同看法。但总的来说,因缺乏确凿的证据,"怀疑论"并未成为学界的主导看法。明清民间教派源流复杂,名目混乱,加上政治上的压力,不乏为了"保密",而在经卷上藏头露尾,闪烁其辞的情况。教派宝卷是"地方化"的文献,一旦流入书肆,再被学者收藏,文本原初的历史背景与社会环境多被割裂,解读这类文献,当然是障碍重重。

2013年,在新发现的黄天道民间文书出版之际,中国人民大学清史研究所在北京组织召开过一次学术会议。笔者在会上提出,这批文献对重新认

[①] 如韩秉方:《罗教"五部六册"宝卷的思想研究》,《世界宗教研究》1986年第4期,第34—48页;马西沙、韩秉方:《中国民间宗教史》,上海人民出版社,1992年,第469页;马西沙:《宝卷与道教的炼养思想》,《世界宗教研究》1994年第3期,第63—73页;马西沙:《民间宗教志》,载中华文化通志编委会编:《中华文化通志》,上海人民出版社,2010年,第107页;马西沙:《中国民间宗教研究回顾》,载丁伟志、郭永才、张椿年总主编:《中国哲学社会科学发展历程回忆·哲学宗教学卷》,中国社会科学出版社,2014年,第414—428页;濮文起:《宝卷学发凡》,《天津社会科学》1999年第2期,第81—87页;路遥:《山东民间秘密教门》,当代中国出版社,2000年,第104页;梁景之:《清代民间宗教与乡土社会》,社会科学文献出版社,2004年,第27页;喻松青、张小林主编:《清代全史》第6卷,方志出版社,2007年,第173页;万晴川、陈苗枫:《〈西游记〉与民间秘密宗教宝卷》,载廖可斌主编:《2006明代文学论集》,浙江大学出版社,2007年,第487页;李明编:《印光"因果正信"居士观研究》,宗教文化出版社,2012年,第206页;王作安分卷主编:《大辞海·宗教卷》,上海辞书出版社,2013年,第146页;等等。20世纪90年代后期,笔者发现该卷与清档中乾隆年间查获山西长子县收元教经卷《立天卷》的关系,对马西沙将《立天卷》归为闻香教的观点,提出质疑;但当时也相信宣德五年《佛说皇极结果宝卷》不是伪托。见曹新宇:《明清秘密教门信仰研究》,中国人民大学博士论文,2001年;曹新宇:《中国秘密社会》第三卷《清代教门》,福建人民出版社,2002年,第18—27页。

[②] 该卷影印本,最早收入张希舜等主编:《宝卷初集》第10册。此后,濮文起主编:《中国宗教历史文献集成·民间宝卷》,黄山书社,2004年;马西沙主编:《中华珍本宝卷》(第一辑),社会科学文献出版社,2012年,选印的第一部宝卷,均为此本。

识《佛说皇极结果宝卷》的源流有新的突破。当时的报纸对此有过报道，但囿于篇幅，未能展开细论。① 下面就如何从新发现文献的脉络中重新看待这部教派宝卷提出浅见，祈请方家教正。

一、《佛说皇极结果宝卷》的年代之争

路工本公布之后，谢忠岳先生在天津市图书馆发现了一部"永乐□年"刊刻的《佛说皇极收元宝卷》，即《佛说皇极结果宝卷》的别本，从而又将"宣德五年说"提前了9到18年。②

《佛说皇极收元宝卷》，清道光间直隶地方官黄育楩《续破邪详辩》曾经著录，但此后罕有学者经眼。傅惜华先生《宝卷总录》称其"惟今不悉有收藏者否"，而李世瑜《宝卷综录》亦仅录其名而已。③ 天津市图书馆发现该卷永乐年间刊本，引起李世瑜的怀疑：这部宝卷的刊刻年代，越说越古，是否恰恰说明，不论是宣德五年，还是永乐年间，均为伪托？后来李老戏称来了个"否定之否定"，重申回归自己在20世纪50年代的观点，即宝卷的刊刻始于正德四年的罗教《五部六册》。④

李世瑜的"正德四年说"，与20世纪50年代他与郑振铎先生关于宝卷研究的争论有关。郑振铎认为，宝卷的源头，是唐、五代佛教的"变文"，而其兴起，则在宋元。宝卷有宣教与娱乐的两面，因此大致分为"佛教的"和"非佛教的"两大类。李世瑜在秘密宗教研究中注意到宝卷的重要性。他

---

① 参见户华为：《学界新发现一批黄天道帛书与写经等重要资料》，《光明日报》（理论·史学版），2013年7月11日。
② 李世瑜：《民间秘密宗教与宝卷》，载中国北方曲艺学校编：《曲艺讲坛》第5期，1998年9月；后又名《〈宝卷辑本〉导论》，收入氏著《宝卷论集》，台北兰台出版社，2007年，第51页。
③ 傅惜华：《宝卷总录》，巴黎大学北京汉学研究所，1951年，第11页；李世瑜：《宝卷综录》，中华书局，1961年，第9页。
④ 李世瑜：《〈宝卷辑本〉导论》，收入氏著《宝卷论集》，第55页。

不同意郑氏的分类，尤其不赞同将秘密教派宝卷笼统地归于佛教。李世瑜认为宝卷应当分为三类："一、演述秘密宗教道理的；二、袭取佛道教经文或故事以宣传秘密宗教的；三、杂取民间故事、传说或戏文的。"前两类是宝卷的正规形式，而后一类民间文学类宝卷，实际上是教派宝卷的流亚。① 指出秘密教派宝卷并非佛教宝卷，是李世瑜的贡献。但将教派宝卷看作宝卷的"正规形式"，乃至宝卷的创造者，可能有片面之处。宝卷的体裁，脱胎于佛教的俗讲，卷首卷尾多采用佛教科仪书上坛仪、忏法等"套头"。而宝卷内容韵白相间，杂南北时兴小曲及弹词、鼓词等说唱形式。② 除了宗教用途之外，也滋生出很多民间文学作品。宣卷，是明清以来不少地方重要的民间娱乐形式，在明万历年间已颇为流行。很难想象，这些宝卷都是模仿秘密宗教宝卷而来。近来，研究者已注意到现存早期宝卷并非秘密教派宝卷。李世瑜的宝卷分类显然也有一定的局限性。③ 恐怕郑振铎与李世瑜在这个问题上各自说对一半。郑振铎固然不应将教派宝卷混同于佛教宝卷，但李世瑜也似应在其所说"宝卷"之前加上"秘密宗教"或"民间教派"的限定词，才更贴近事实。

李世瑜怀疑路工本"宣德五年"的题识为"伪托"，但于作伪原因，实未指明。他只是笼统地指出：无生老母、天运三变、三佛掌教、末劫收圆等"白莲教义中最基本的概念"，以及印制精美的宝卷，不会在明初出现，因此只能是"托古"。李老这些经验之谈，值得重视。但他退回自己的旧说，更多源自学者的"直觉"，实在不算是"考证"。

较早提出《佛说皇极收圆宝卷》所属教派的学者，是著名藏书家周绍良先生。周绍良在私藏明刊本《救度亡灵超生宝卷》下卷中，发现了五种"佚

---

① 李世瑜：《宝卷新研——兼与郑振铎先生商榷》，《文学遗产》（增刊）第 4 辑，第 165—174 页。
② 车锡伦：《中国宝卷研究论集》，台北学海出版社，1997 年，第 268 页。
③ 车锡伦：《中国宝卷研究》，第 92—95 页；侯冲：《早期宝卷并非白莲教经卷——以〈五部六册〉征引宝卷为中心的考察》，《清史研究》2015 年第 1 期，第 102—108 页。

散"宝卷的名称，其中一种即《皇极收圆宝卷》，他因此推断：上述五种经卷，应为同一教派的宝卷。《超生宝卷》中，另有记载自家"法门"的一段话："教是三极同生教，万类同归是总门。三阳同转一生像，出世金莲法正门。道是一步皇天道，万象同归总路程。暗天掌着《收圆卷》，明天指路有调人。"故此周绍良认为，该教正名为"三极同生教"，另名"皇天道"，创教人李宾。①

受到周绍良的启发，车锡伦先生也将《佛说皇极结果宝卷》著录为"皇天道"经卷。他也认为"宣德五年"的题识是"伪刻"，并逐渐提出四条理由：一是卷中出现"无为道人"、"无生母"等"明朝中后期"多见的称呼；二是文中出现《定劫经》、《祖老黄册》、天地会等名目，都是明末清初的内容；三是清雍正、乾隆年间山西长子县查出收元教《立天卷》，内容上对《佛说皇极结果宝卷》有所承袭，说明二者属同一教派，因而《佛说皇极结果宝卷》应为明末清初宝卷；四是《佛说皇极结果宝卷》所说"天下的宝卷无边"的情况，在明宣德年间尚未出现。②四条理由，主要反映当时学界的看法。但囿于史料所限，这些看法并非定论。近来，研究者对此已有不少批评。③现在看来，唯有后来补充的第四条理由较有价值，即"天下的宝卷无

---

① 周绍良：《记明代新兴宗教的几本宝卷》，《中国文化》1990年第3期，第23—30页；及氏著：《〈救度亡灵超生宝卷〉跋》，载《绍良书话》，中华书局，2009年，第197—199页。

② 车锡伦：《中国宝卷漫录四种》(《文献》1998年第2期，第163—185页)，提出前三条证据。李世瑜重申"正德说"，并分析此前尚未出现教派宝卷的历史条件之后，车先生又加入第四条，见氏著：《中国宝卷研究》，广西师范大学出版社，2009年，第513页。

③ 例如：韩秉方批评无生母源于罗教《五部六册》的观点，并指出《五部六册》只有"无生父母"的概念，而且全是贬义。参见马西沙、韩秉方：《中国民间宗教史》，第210页。而林万传认为，"无生母"在嘉靖年间金丹道南宗的《葫芦歌》中就已经出现，见氏著《先天道研究》，台北巍巨书局，1984年，第一编，第22页。又如：《定劫经》名列明成化十年（1475）一月的禁书名单上，并非明末经卷。参见拙文《新发现的重要明清秘密宗教文献（代导言）》，曹新宇主编：《明清秘密社会史料撷珍·黄天道卷》第1册。学界现已公布《定劫经》抄本，收入王见川、宋军、范纯武编：《中国预言救劫书》第5册，台北新文丰出版公司，2010年；曹新宇主编：《明清秘密社会史料撷珍·黄天道卷》第2册。再如，车文第三条提出《立天卷》与《佛说皇极结果宝卷》承袭关系，笔者有不同意见，见曹新宇等：《中国秘密社会》第三卷《清代教门》，第18—27页。关于车文的评论，见隋爱国：《〈佛说皇极结果宝卷〉考论》，《世界宗教文化》2015年第2期，第137—141页。

边"的情况，确实不在宣德年间。①

应该指出，由于长期以来公、私收藏的孤本宝卷，一般学者难以利用，上述"按名索骥"的提要式目录学研究，从20世纪30年代起，就是宝卷研究的典型模式。这种整理工作带有拓荒性质，为后学者廓清文献脉络，非常重要。但这种模式也有明显的缺陷。学者不能见到原本，势必辗转迻录他人的著录与研究，因而陈陈相因，真伪夹杂，令初学者难窥门径。正是出于这样的原因，马西沙先生直到今天，也不同意周绍良、车锡伦的意见。他在新刊《中华珍本宝卷》第一辑的前言中反驳说："最早的折本宝卷是明代宣德五年（1430）的《佛说皇极结果宝卷》。有人说它是黄天道宝卷是不对的。黄天道创教于明代嘉靖年间，在《佛说皇极结果宝卷》出现一个世纪后，才有了自己的创教经书。"②

二、"永乐一十年代"刊本的问题

上述讨论当中，天津图书馆藏"永乐一十年代"《佛说皇极收圆宝卷》，显然值得进一步分析。但除了谢忠岳所作的馆藏著录，迄今并无其他研究。③

宝卷是说唱文学。读过路工本《佛说皇极结果宝卷》的学者不难发现，这部宝卷从文字到曲牌，都是北音。这是北方民间教团刊行经卷的印记。宝卷的刊印，需要耗费可观的资财与人力。因而开版刊经，往往是教团发展

---

① 这一观点，李世瑜先生最早提出，见前引氏著：《民间秘密宗教与宝卷》。另，欧大年依据该宝卷"天下的宝卷无边"一句，推论15世纪宝卷流行的盛况，并怀疑大部分早期宝卷没有流传下来；见 Daniel L. Overmyer, *Precious Volumes: An Introduction to Chinese Sectarian Scriptures from the Sixteenth and Seventeenth Centuries*, p. 60。

② 马西沙：《中华珍本宝卷》（第一辑）"前言"，载《中华珍本宝卷》第1册，社会科学文献出版社，2012年。

③ 谢忠岳先生最初认为该卷为清初刊本，见谢忠岳：《天津图书馆藏善本宝卷叙录》，《世界宗教研究》1990年第3期，第54—65页。

到一定规模的写照。① 但宣德五年之前，北方除了山西中南部之外，大多数地区处于社会动荡之中。从明初朱元璋多次派兵驱逐故元残余势力，到建文元年至四年（1399—1402）燕王朱棣发动"靖难之役"，北直隶、山东等地饱受战争蹂躏。朱棣夺位改元之后，又于永乐八年至二十二年（1410—1424），先后发动五次大规模北征，华北地区又陷入紧张的战备状态。明政府在华北组织的大规模移民活动，以及明军北方卫所的建置与调整，直到宣德朝中期，才大致就绪。而此间明廷对秘密教派采取高压政策，零星冒头的活动，动辄遭遇灭顶之灾。很难想象，在永乐朝前期，北方即出现了蓬勃发展的民间教团，并刊印了装帧精美的宝卷！

在天津市图书馆历史文献部李国庆主任与胡艳杰研究馆员的帮助下，笔者调阅了天津市图书馆的馆藏宝卷。大部分学者可能并不知道，天津市图书馆实际上还藏有一部《佛说皇极结果宝卷》下卷。也就是说，路工本《佛说皇极结果宝卷》，至少还有两个"别本"可供研究。先来看看《佛说皇极收元宝卷》。

《佛说皇极收元宝卷》33.3 cm×11.5cm，经折装，上、下两册，大字刊版、锦缎封皮、泥金题写书名。首页绘刻五面一幅的世尊说法图，后为三面龙牌，中间一面泥金题书写"皇帝万岁万万岁"的龙牌，也是先写在15.5cm×6.4cm 大小的黑底纸上，再转贴卷上。整套经卷装潢考究，金碧辉煌。此本二卷十五品，但上、下俱残，存十三品；折本半叶五行，行十七字，加刻句读。该卷与路工本《佛说皇极结果宝卷》版式不同。路工本半叶四行，行十五至十六字，不刻句读；另外，路工本卷首绘刻三教圣人图像，与此本完全不同。

核阅原卷后，笔者发现，关于《佛说皇极收元宝卷》著录刊刻年代的某些干扰因素，应当排除。

---

① 笔者通过多年的田野调查认识到，民间教派创造的经卷中，始终没有机会刊印的抄本，要远远多于刻本的教派经卷。

此本下卷函内另附一纸残片，约为两个折页的五分之一。右折页尚存"永乐十"及"福贤发心"七字；左边残页，存七字及释音，从左到右依次为："婕，音捷；恪，吝同；嬿，音炎；恚，音胃；狭，醎入声。"以上即残片所存全部字迹。而"永乐十"三字，便是谢忠岳先生所谓"永乐十□年刻本"的由来。

然而，天津市图书馆《佛说皇极收元宝卷》上、下两卷均残，刊刻年代题识的折页已佚，[①] 而下卷从十三品当中即残，并不应当另于全书之末，再出残页。又，虽然右残页上"发心"二字，为开造佛经者常用，但左残页释音之字，标注出的，却是吴音。如"恚"读作"胃"，"嬿"读作"炎"，显然不是北音。

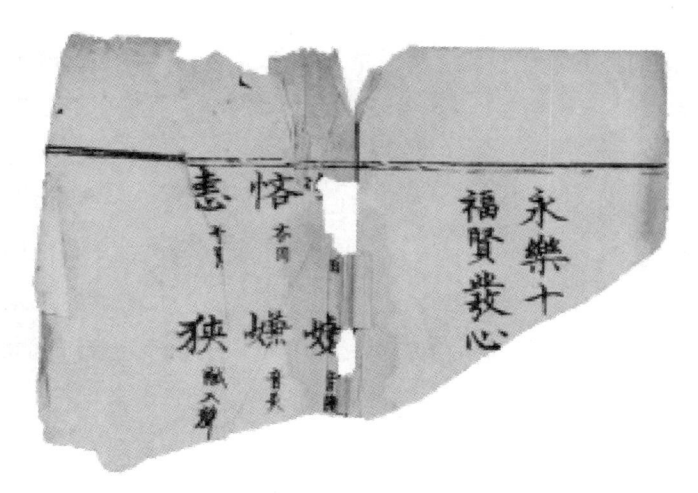

图 6-1 天津市图书馆藏《佛说皇极收元宝卷》卷后附残片，胡艳杰摄

不仅如此，上述释音各字，还表明此残片绝不会是《佛说皇极收元宝卷》的脱页。因为核诸《佛说皇极收元宝卷》及《佛说皇极结果宝卷》，上

[①] 谢忠岳误记该卷十五品，存十四品，参见谢忠岳前揭文；车锡伦转引谢著，亦误，见车锡伦编：《中国宝卷总目》，北京燕山出版社，2000年，第53页。

面都没有"婕"、"恚"二字。

经折装宝卷的翻折之处,容易开脱。脱页错置,甚至佚散的情况,也很常见。但合缀错页,绝非易事,即便是有经验的学者和收藏家,也极易出错。①这一纸"永乐十"的残片,便是别卷脱纸,不知何种原因,被错附于此。

可以初步确定,所谓"永乐一十年代"刻本,为著录之误,与《佛说皇极收元宝卷》的刊刻年代无关。

三、现存三个版本的关系

尽管上述年代题识的残片不是《佛说皇极收元宝卷》上的原页,但并不因此影响这两部宝卷的文献价值。天津市图书馆这两个"别本",对我们认识《佛说皇极结果宝卷》的源流,非常重要。

(一)路工本与天津市图书馆藏《佛说皇极结果宝卷》下卷实为同版

天津市图书馆(以下简称"天图")藏《佛说皇极结果宝卷》下卷的文字内容、装帧,与"路工本"一致。细核两部经卷,连文字印刷漶漫不清之处,都纤毫不差。可以肯定,二本为同版。唯一不同之处,是卷首、卷末的图版。天图本《佛说皇极结果宝卷》下卷卷首绘刻画像,为路工本下卷所无,并与路工本上卷卷首的画像也不是同版。下卷卷首绘刻佛像,不是明清宝卷刊本的通例。但细检该卷首页,"佛说皇极结果宝卷下"最末的"下"字,曾被糊裱遮挡过。似乎请卷人当时仅得一部下卷,但又不愿

---

① 如马西沙最新选印路工本《佛说皇极结果宝卷》,第二品与第十三品,即互错5页,无法通读。见马西沙主编:《中华珍本宝卷》第一辑,第38—42、165—170页。

令人在卷首就看到不是足本。下卷卷首刊印图像，也可能与此有关。不过，明清时期的经铺中，常备有不同款式的佛像刻板供选。此卷图像，或是应"请经人"所请刷印。笔者在田野调查中发现，民间还有自刻佛像木版，刷印在抄本宝卷首尾的情况。① 而在民间教团当中，某种经卷仅有半部的情况，并不少见。

天图本《佛说皇极结果宝卷》为清复刻明版宝卷。该卷卷末空白的"牌记"上，留有请经人的题记："咸丰元年十月十五日请，柴刘家庄发心请，侯家庄弟子侯建程造。"路工本卷末书牌上仅抄四句诗偈："佛在灵山莫远求，灵山只在你心头。人人有座灵山寺，好向灵山塔下修。"后题"龙花会正坛主收元祖掘（拙）笔"。因无请经人姓名及刷印年代，还引起过学者的种种猜测。②

天津市图书馆这部同版宝卷提示我们：路工本《佛说皇极结果宝卷》，极可能也是清代复刻本。

（二）《佛说皇极收元宝卷》为《佛说皇极结果宝卷》的底本

天图藏《佛说皇极收元宝卷》和《佛说皇极结果宝卷》，不仅版式不同，文字上也有出入，而后者应属晚出的经卷。

不少迹象表明，《佛说皇极结果宝卷》的初名，即《佛说皇极收元宝卷》。例如，《佛说皇极结果宝卷》卷内常自称《收元卷》。宝卷开经"香赞"之后，即称"收圆（元）宝卷初展开，诸佛菩萨降临来"；又说"牌神号将发英勇，收圆（元）宝卷下天台"。③ 而第一品再说："一部九收收元卷，

---

① 曹新宇：《新发现的重要明清秘密宗教文献（代导言）》，见《明清秘密社会史料撷珍·黄天道卷》第 1 册。
② 车锡伦：《中国宝卷研究》，第 513 页。
③ 《佛说皇极结果宝卷》卷首，载张希舜等主编：《宝卷初集》第 10 册，第 228—229 页。

考选三乘九品人。"①第十三品《寄生草》，又重三复四地说："乘云驾雾走天盘，才显九阙收圆（元）卷"；"九阙总掌收圆（元）卷，有福搭伙赴天盘"。②此外，全卷反复申说"收元"的地方，不胜枚举；相反，全卷无一例自称《结果卷》的情况。这都显示，《佛说皇极结果宝卷》为后用的经名。

另外，二者对比，不难发现，《佛说皇极结果宝卷》是在《佛说皇极收元宝卷》基础上校订而成。《佛说皇极收元宝卷》文字错漏之处很多。如：开卷即有"能开邪外道之迷心，善解头领船头之傲意"，文意不贯，上半句"邪"字之后，脱一"宗"字，下半句"傲意"应为"奥意"；而全句应为："能开邪宗外道之迷心；善解头领船头之傲意。"③而稍后"自言言真字儿难写"一句，"自言言"讹误，本应作"自古言：真字儿难写"。另外，卷内"索要"错作"色要"、"无为"错作"为为"、"出世"错作"世出"、"叶"错作"业"、"摸"错刻"莫"、"对"错作"兑"等错漏、别字，随处可见。④再者，《佛说皇极收元宝卷》文句不工，全然不像是明代讲究遣词造句、工整对仗的文风。像《参拜天地品第一》开品一句，"你等指天地不知天地行觉，指三光不知三光运转"，意思明白，并无不通之处。而《佛说皇极结果宝卷》为了整齐对仗，将前半句更改一字，作"你等拜天地不知天地行觉，指三光不知三光运转"。

《佛说皇极收元宝卷》开卷伊始就出现大量讹误，不应视为手民之误。值得注意的是，上述文字问题，在《佛说皇极结果宝卷》中被悉数更正。民间教团如何修订、润色这样一部重要经卷，完全值得专文细论，此不详述。目前可以断定，天津市图书馆所藏《佛说皇极收元宝卷》为《佛说皇极结果

---

① 《佛说皇极结果宝卷》"参拜天地品第一"，载张希舜等主编：《宝卷初集》第10册，第248页。
② 《佛说皇极结果宝卷》"赴云程朝都斗品第十三"，载张希舜等主编：《宝卷初集》第10册，第384—385页。
③ 天津市图书馆藏《佛说皇极收元宝卷》卷首；路工本《佛说皇极结果宝卷》相应的文字，载张希舜等主编：《宝卷初集》第10册，第226页。
④ 《佛说皇极收元宝卷》，"混沌处分天地品始"，对应的《佛说皇极结果宝卷》，载张希舜等主编：《宝卷初集》第10册，第237页。

宝卷》的"底本"。

四、被隐藏起来的祖师

除了对"底本"的文字进行润色订正，《佛说皇极结果宝卷》还对《佛说皇极收元宝卷》某些重要内容做了更改。其中一例，涉及道门祖师的身份，较为关键。

例如，《佛说皇极收元宝卷》第二品"拜请本性品"，有一段寻访祖师的话：

> 你既是如此，挂起意（贡）高心，低下铁脖子。往北走一千，望南莫（摸）一砖。寻着摘光祖，五盘才得了，四贵好还源，各祖才得了，万类总收圆。

这是指示求道之人虚心向化，寻访祖师，以便"末劫"收元的话。祖师的名号，显然就是"摘光祖"。这位祖师，是负责"五盘四贵"（教派组织）收元的总管，在教内显然极受尊崇。这段话亦载《佛说皇极结果宝卷》，但其中的"摘光祖"，被改换成了"当来祖"。[①]（见图 6-2、图 6-3）

"当来祖"即未来佛弥勒。弥勒下生度劫之说，明代秘密宗教各派类似，不是独特的内容。但"摘光祖"其意不显，似有所特指。《佛说皇极结果宝卷》用更为常见的"当来祖"取代"摘光祖"，显然是为了更好地隐藏这位祖师。这也说明，"摘光祖"的名号，更容易暴露本教派的身份。

[①] 参见《佛说皇极收元宝卷》第二品"拜请本性品"，关于《佛说皇极结果宝卷》相对应的内容，参见张希舜等主编：《宝卷初集》第 10 册，第 254—255 页。

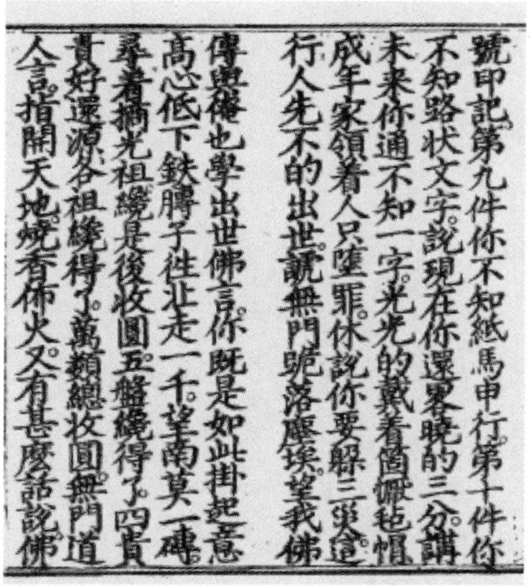
號印記第九件你不知紙馬申行第十件你
不知路狀文字說現在你還累晚的三分講
未来你通不知一字光光的戴着個僧毡帽
成年家領着人只墜罪休說你要躲三灾這
行人先不的出世說無門晚落塵埃望我佛
傳與俺也學出世佛言你既是如此掛起意
高心低下鉄膊子往北走一千望南莫一磚
尋着摘光祖纔是後收圓五盤纔得了四貴
貴好還源各祖纔得了萬類總收圓無門道
人言指開天地燒香佛火又有甚麼話說佛

图 6-2 《佛说皇极收元宝卷》(天图本)

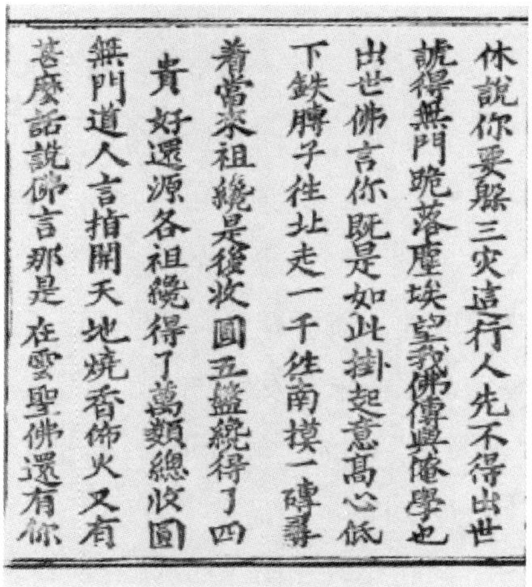
休說你要躲三灾這行人先不得出世
說得無門晚落塵埃望我佛傳與俺學也
出世佛言你既是如此掛起意高心低
下鉄膊子往北走一千往南摸一磚尋
着當来祖纔是後收圓五盤纔得了四
貴好還源各祖纔得了萬類總收圓
無門道人言指開天地燒香佛火又有
甚麼話說佛言那是在雲聖佛還有你

图 6-3 《佛说皇极结果宝卷》(路工本)

五、“摘光”的意义

这位被隐藏起来的“摘光祖”是谁？而所谓“摘光”，又有何种含义？这些问题，并无前人研究可供参考，直到笔者开展田野调查时，才发现了其大致线索。

新发现黄天道孤本宝卷《古佛遗留三极九甲天盘偈》，里面有一段重要的话，专讲“摘光”：

古佛见你无出路，指与六祖乱传机。五百余年藏得厚。辛酉年中四三祖，一阳一阴真不漏。八祖、九祖三个阴，才是九九知前后。十祖本是木子根，谷心为夫谷皮父。阴返阳生了不成，石女带帽人无路。抒开两只摘光手，日月将来钹底叩（扣）。当地乾坤黑暗了，口中念出翻天咒。改唤（换）乾坤布鼓鸣，母子同上西方路。唤起玉兔做先天，南北周行谁能勾（够）。①

其中“抒开两只摘光手，日月将来钹底扣”一句，道出“摘光”的秘密。“摘光”，就是“扣日月”，即通过咒术，制造日食、月食，遮掩日月。文中所述“摘光术”的次第：“诵咒”之后，日食或月食发动，乾坤黑暗，世界改换。新世界里，月亮（以及太阳？）复出，改为南起北落。这是民间秘密教派的末劫发生的时刻：石女降世、日月为蚀神所扣、乾坤黑暗。这时“摘光祖”念诵“翻天咒”、乾坤改变、布鼓齐鸣。教内原人回到西方极乐净土，母子团圆。

同卷还有一曲《红绣鞋》，再说“摘光祖”根由。此曲不尽合格律，但讲“摘光”之意甚明：

那其间，十佛说法，三三月，立起龙华，三三日，就是其家，天下无日月，谁晓得摘光祖拿，这等在（再）挂招旗，便见真假。②

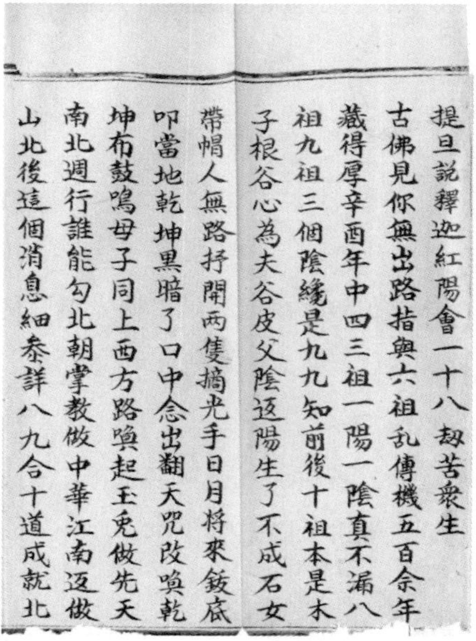
提旦説釋迦紅陽會一十八刼苦衆生
古佛見你無出路指與六祖乱傳機五百余年
藏得厚辛酉年中四三祖一陽一陰真不漏八
祖九祖三個陰纔是九九知前後十祖本是木
子根谷心為夫谷皮父陰返陽生了不成石女
帶帽人無路抒開两隻摘光手日月將來鈸底
叩當地乾坤黒暗了口中念出翻天咒改嗅乾
坤布鼓鳴母子同上西方路嗅起玉兎做先天
南北週行誰能勾北朝掌教做中華江南返做
山北後這個消息細恭詳八九合十道成就北

图 6-4 《古佛遗留三极九甲天盘偈》（局部）

“摘光”的咒语，新发现《普明古佛遗留末后一着扣天真宝》有详细记载。其“扣日咒”为：

太上老君古无当，化现儒

① 《古佛遗留三极九甲天盘偈》，载曹新宇主编：《明清秘密社会史料撷珍·黄天道卷》第 2 册，第 287—288 页。

② 《古佛遗留三极九甲天盘偈》，载曹新宇主编：《明清秘密社会史料撷珍·黄天道卷》第 2 册，第 304—305 页。

童占艮方。四十二宿拱手齐，凶杀（煞）豹尾降中央。唵哄啰哩古无生，标养诸神到凡中。天元阵上显手妙，久候齐赴蟠桃中。今时传下扣天宝，贤人牢收莫传人。太上老君万斗星，此法内中密传因！太上老君。急急如律令！咒语符，将谨将因，每月初一日，十五日，暗留通。[①]

而咒语中召请之"凶煞豹尾"，即计都星的别名。它的出现，表明黄天道的"摘光"法，与"蚀神"信仰有关。计都，为汉语的音译，即梵语的Ketu。它与罗睺（Rāhu），同为九曜中的隐曜。九曜又称九执，即日、月、五星，加上罗睺、计都二星。九曜之说，是中唐以降密教传入中国的星占学，始于汉译佛经，又多见密教部经典。

古代印度神话传说中，罗睺在一次联合众神对恶魔作战胜利之后，曾偷饮了长生不死的仙露，但此举被日、月所见，向诸神告发。毗湿奴（Vishnu）马上赶来将罗睺的头颅砍下，但仙露已经起了作用，尽管罗睺的头被砍下，但仍为不死的天神。此后，"神首"罗睺与他被砍下的身子计都，就成了日、月的死敌，总是设法赶上日、月吞掉他们，因而造成日食和月食。古印度天文学家还认为，彗星的出现便是计都所致，因而计都也被称为慧孛。著名天文史家德国法兰克福大学哈特纳（Willy Hartner）教授较早注意到，波斯和阿拉伯关于日月食的神话与此相类。阿拉伯人的神话是一条巨龙（al-Djawzahr）的首尾，制造了日月食。而不论罗睺、计都，还是巨龙首尾，其天文学的意义都是一致的：前者是白道与黄道的升交点，后者是降交点。[②]

存于日本的密教汉译佛经《七曜禳灾诀》称：罗睺遏罗师者，一名黄

---

① 《普明古佛遗留末后一着扣天真宝》，载曹新宇主编：《明清秘密社会史料撷珍·黄天道卷》第4册，第172—173页。

② Willy Hartner, "The Pseudoplanetary Nodes of the Moon's Orbit in Hindu and Islamic Iconographies," *Ars Islamica*, 5(1938 No.2): 113-154; reprinted in *Oriens-Occidens*, 10: 349-404. 黄一农：《清前期对"四余"定义及其存废的争执——社会天文学史个案研究》（上），《自然科学史研究》第12卷，1993年第3期，第240—248页；黄一农：《清前期对"四余"定义及其存废的争执——社会天文学史个案研究》（下），《自然科学史研究》第12卷，1993年第4期，第344—354页。

幡，一名蚀神头，一名太阳首。常隐行不见，逢日月则蚀，朔望逢之必蚀，与日月相对亦蚀。对人本宫，则有灾祸，……计都遏啰师，一名豹尾，一名蚀神尾，一名月勃力，一名太阴首。常隐行不见，到人本宫则有灾祸，或隐覆不通，为厄最重。①

罗、计二星为代表的九曜占星学，到晚唐时期，已经被道教所吸收。并逐渐加入自身的创造，形成罗睺、计都、紫气、月孛的"四余"之说，加上日月五星，因而形成十一曜的理论。② 近年来，九曜、十一曜理论在天文社会学与中外文化交流史上的意义，已为研究中唐到明清学者关注。但罗、计蚀神信仰在民间社会的流传，特别是对元明清时期秘密宗教的影响，尚未引起学界应有的重视。

前文发掘整理出来李宾的"年表"，在此开始有了"回报"。据李宾"年表"，嘉靖八年（1529）他曾投奔过万全左卫照（昭）化寺。而著名的昭化寺明代壁画，东壁上层即有反映罗睺、计都信仰的"上清十一耀（曜）星君众"。尽管现存壁画绘制于李宾去世的嘉靖四十一年（1562），但这里从前的罗、计星君信仰，无疑是非常流行的。③

而上引"扣天咒语"最后强调，配符、请符，仅限于"每月初一日、十五日"，也引起了我们的注意。经卷上又说："普祖差一大将甲乙大王，用扣天印篆符，画在绢上，用朱砂，将受七扁（遍），用口吹在空中，日光不明，一切大地人缘无处投奔，尽归老祖普明。"④ 甲乙大王，具体意义不明，但此处明显与择日有关。

扣天，即扣日月的目的，是"换斗盘"，也就是更换诸天星斗。因此，

---

① 金俱咤撰：《七曜攘灾诀》第二，《大正藏》第 21 册，第 446 页中；参见钮卫星：《罗睺、计都天文含义考源》，《天文学报》1994 年第 35 卷第 3 期，第 326—332 页。

② 钮卫星：《唐宋之际道教十一曜星神崇拜的起源和流行》，《世界宗教研究》2012 年第 1 期，第 85—95 页。

③ 河北省古建筑保护研究所编：《昭化寺》，文物出版社，2007 年，第 274 页。河北省文物研究所、张家口市文物局、怀安县文物保护管理所：《河北怀安县昭化寺考古勘察报告》，河北省文物研究所编：《河北省考古文集》三，科学出版社，2007 年，第 291—308 页。

④ 曹新宇主编：《明清秘密社会史料撷珍·黄天道卷》第 4 册，第 176 页。

当日、月、诸星全部被扣住隐匿之后，接下来还有换盘时呼唤三光的咒语。卷中记载：

> 解劫冤愁普明语，扣天符印谨授持。末后用符摘日月，九曜星官各换星。满天日月尽无生，天上玉皇紧随跟。敕令无明三光，急上依令！

这则咒语明确表明，九曜信仰不论在"降神扣日"，还是"星斗换盘"中，都占据重要的仪式地位。

更重要的是，这一系列咒语中，不论请符"摘日月"（即"摘光"）仅限于初一、十五（这两天是日食、月食可能发生的时间），还是择日的干支安排，都说明"摘光"仪式的背后，必定是有一整套推算日食、月食时刻的方法。这才是道内至为重要的秘诀！

关于驱动蚀神制造日食的信仰，除了文字资料，前文所述清代帛书《朝阳古佛老爷遗留末后文华手卷》，

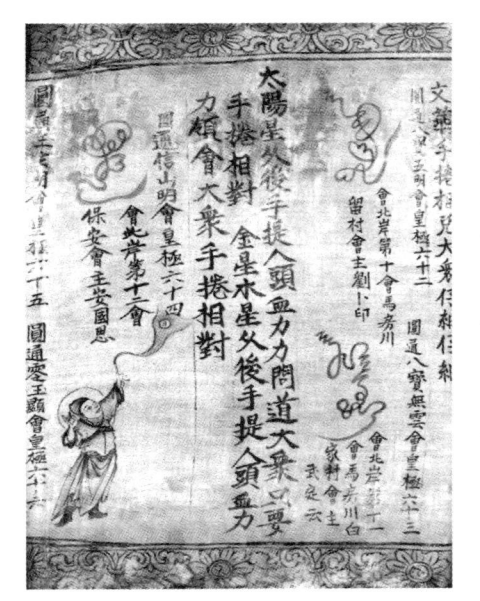

图 6-5 乾隆三十二年帛书《朝阳古佛老爷遗留末后文华手卷》（局部）

上面绘制一幅"施印扣日"的图像（见图 6-5），直观地显示了黄天道的"扣日"仪式。

图中文字注明，此施印掩日者，是"会主安国思"。此人侧身仰视，迎日站立，右手屈臂掐诀，冲日施印，左手食指上指，施法掩日。人像背后绘有光环，以别凡人。图像右上，注明这位会主，是"圆通信山明会皇极六十四会，北岸第十二会，保安会"的会主。故施法人乃保安州黄天道会主安国思。北岸第十二会，属黄天道二十四会中的老会。人像右侧题写："太

阳星久后手提人头血力力问道，大众只要手卷相对；金星、水星久后手提人头血力力领会，大众手卷相对。"

这段"星神问道"的文字，不见传世文献，意义尚待详考。但文字提示"掩日法"与占星术之间存在着密切的联系。[①] 这也说明，"摘光"术与日月食预测之间的密切关联。

六、摘光祖的身份

如果说"摘光"是黄天道的核心信仰，关系到乾坤转换末劫来临的时刻。前文所说"抒开两只摘光手"的摘光祖师身份，自然格外引人注目。《古佛遗留三极九甲天盘偈》说其身世，主要是下面几句："辛酉年中四三祖，一阳一阴真不漏。八祖、九祖三个阴，才是九九知前后。十祖本是木子根，谷心为夫谷皮父。"

"四三祖"即七祖，这是教派宝卷常用的拆字法。黄天道所谓七祖，便是创教祖师李普明。既是创教祖师，又为何称七祖？原来，民间教团附会佛教禅宗的通俗化传说，声称六祖慧能以降，教外别传，道降火宅。因此，七祖便是俗家修行的开山祖师。"辛酉年四三祖"即指嘉靖四十年辛酉（1561）李普明完成《无为了义》、《清净真经》两部宝卷，正式创立黄天道的法门。

八祖，指普明教团的继承人其妻王氏，法号普光。普光之后，黄天道的教统传给她的女儿。普明、普光夫妇生有二女，长女普净，次女普照，后均适康姓，二人并称九祖。普光称"八祖"，普净、普照二人合称"九祖"，因此诗中"八祖九祖三个阴"，说的就是八祖九祖实为三位女祖。而九祖之一普照的女儿普贤，即道门内的十祖。"十祖本是木子（李）根，谷心（米）为夫谷皮（康）父。"即指普贤的家世：外祖父李姓，父康姓，夫家米姓。

[①] 有别于道教"雷法"的"月孛法"。

也就是说,"十祖摘光"的传统,在黄天道教团内,曾指普贤而言。这可不是小事,因为我们已经知道,"摘光"就是末劫来临的一个信号,而接下来就是乾坤转换,星斗换盘,人间也要更始重新的惊天动地的时刻。

关于普贤的详细身世,传统文献无考。但仔细研究黄天道的道书会发现,普贤实际上是黄天道历史上的中坚人物。现存万历年间的普明、普光所作宝卷,似乎均为普贤主持刊刻!乾隆二十八年,方观承曾向乾隆帝奏明:"普明当日止生二女,称为普净佛、普照佛,次女之女称普贤佛,所葬坟墓亦各建塔座。"① 李姓后人李遐年也供出:"普明没有儿子,只生两个女儿,都嫁给康家,……大女号普净,次女号普照,普照之女普贤死后,坟上也都建有塔座,如今都没有后人了。"②

普贤坟塔的位置,根据笔者实地调查,在其夫家所在的村子米成庄。这个村名今天已经不用。其旧址位于万全县暖店堡村东北,后因匪患频仍,全村人搬入暖店堡堡墙内居住,米成庄渐渐废弃。但米姓在暖店堡也还算一大姓。村民中仍旧流传着关于普贤的传说。

据说,普贤的墓地规模很大,并建有庙宇,虽经乾隆二十八年(1763)方观承办案刨毁,但墓园的基址仍保留到20世纪50年代。而庙里的石碑、石砖,以及通往墓地的甬道两旁的石人、石马、石炉、石桌,是1958年"大跃进"兴修水库,为了采用石料,才被打碎搬走的。

关于乾隆年间方观承查办黄天道的原因,暖店堡米姓村民还有一种说法:据说方观承在宣平堡的山上看过当地的风水,发现米家的坟了不得,(这家)要出"一斗芝麻的官",这才下决心将其平毁。"一斗芝麻的官"是形容数目繁多,可见普贤后人,一直有将来发达显赫的传说。

另外,村民传说方观承当年抄剿普贤的坟塔,从坟里只挖出来两袋子干草,并没有找到普贤的尸骨。但普贤的坟被抄了,抄(损害)了米家十八辈

---

① 方裕谨编:《乾隆二十八年万全县碧天寺黄天道教案》,《历史档案》1990年第3期,第33页。
② 方裕谨编:《乾隆二十八年万全县碧天寺黄天道教案》,《历史档案》1990年第3期,第40页。

子。所以，从乾隆年算起来到现在，米家也没有出过大官。

普贤被当地人称为米姑姑。据说自从普贤到了米家，米家人就吃了长斋。村里老辈的人，现在仍有守着老规矩吃素的。不过，大多数人慢慢改了，但暖店堡米姓至今还保留一个特别的风俗：大年初一不动荤，以此来纪念米姑姑。他们与黄天道在膳房堡的祖庙碧天寺，也保持着特殊的关系。直到50年代膳房堡大庙（碧天寺）拆除之前，姓米的随便去，爱吃爱住。姓米的去，就是去姥姥家了。而大庙遇到修理，米姓也要"随布施"，都要捐助。[1]

从种种迹象来看，普贤当年的"气派"是很大的。普贤在道内号称"摘光祖"；她的坟茔庙塔，堪比王侯；在她影响下，米姓世代吃斋，传说日后整个家族显达。这一切足以让我们想象，她就是《佛说皇极结果宝卷》上那位被隐藏的祖师。

不过，我们还不能急于得出这个结论。最后一个问题：如果"摘光"的教义，属于民间秘密宗教的核心教义之一，又怎么能知道这个名号，不为其他教派的祖师所"僭用"？何以断定便一定是普贤？断定《佛说皇极结果宝卷》隐藏起来的"摘光祖"究竟是谁，似乎仍然需要更多的证据。

七、普贤的丈夫

除了"摘光祖"之外，《佛说皇极收元宝卷》还记载了其他的一些道号与祖师名号。这些门人道号似有所指。研究者已经注意到，《佛说皇极收元宝卷》里面的祖师名号，在清乾隆初年山西长子县查获的《立天卷》上，

---

[1] 米家的家谱，"文化大革命"期间被烧了。后来就没有续修。据说，村民史凤英曾经部分地抄过这份家谱，但后来搬走。暖店堡村里，米姓约占不到全村人口一半。另外的姓氏，有两支王姓、两支史姓，下来是李、袁、梁这三个小姓。

仍旧出现。① 可见，在教团内部，这些祖师名号最初必有所指，并非纯粹的神话，而是煞费苦心造出的组织谱系。

《佛说皇极收元宝卷》第十三品有一段话，对自家祖师的神位有所说明。

卷中以玉安、灵真、邵康三位道人，向佛问道：说赴云程都斗，须领收元的"修行"，但"修行之字、誓状表文"，最终都是烧化，旁门外道亦可申表烧化，似属虚礼，何以区别？这种宗教仪式上的困惑，是民间教团传播当中难以确立"正统"的真实写照。但祖师被"惹得"大怒。训斥门徒，本门表文，自有上界祖师查对、神将监坛，岂可等闲轻慢：

你三人全不知贵也。小咱家收圆，灭咱家出细；轻咱家表文，贱咱家誓状。一切明神，专理世间之事，咱家三千六百暗将，专管何事？修行之字，誓言出口，四十五暗紧攒，怎比那邪宗外道文疏？咱为未来皇极大事，盘云程外，设一云气宫，内有三位祖师，专理当来圣事。有一文意圣真佛，提调着穿云走殿一切神祇催上。有一武功大真佛，提调着三曹八部神众攒下。有一欲公大祖，提管着三千六百誊录仙官神吏，卷内修行、誓词、表文、卷香若到，时刻不敢违误。

文中所说"文意圣真佛"、"武功大真佛"、"欲公大祖"三位祖师，是本门派的上界神明。他们会确保弟子申奏的表文，直达天听！而其他"邪宗外道"申奏的表文，则被丢弃在天盘云程之外，堆积如山。

由上界祖师确保申奏表文的有效性，在宋代道教雷法仪轨上，已经较为普遍。用符时，勘合符一般要剪开，"一半于笺状前"，"一半于家书前"；所谓家书，意指焚化之后，通达上界的祖师，通常是许真君（逊）或葛天师（洪）；而笺状，则是奏请斗府星君的道教表文。② 其意则是通过祖师，转

---

① 车锡伦：《中国宝卷漫录四种》，《文献》1998年第2期，第163—185页；曹新宇：《中国秘密社会》第三卷《清代教门》，第22—25页。

② 《道法会元》卷194，载《道藏》，文物出版社、上海书店、天津古籍出版社联合出版（重刊涵芬楼影印本），1988年，30册，第226—227页。

达向天廷北斗的呈请。而勘合就是表明师承正宗的印信，只有如此才能确保法术的灵验。正一派三十代天师张继先（1092—1126）、[①]神霄派的王文卿（1093—1153），也都重视在雷法仪轨中使用勘合。[②] 以上《收元宝卷》的仪轨，显然有道教影响的色彩。但"文意圣真佛"、"武功大真佛"、"欲公大祖"三位祖师，不见《道藏》等已结集道书，显然是民间教派的神明。

令人吃惊的是，这三个尊名，在清末民国万全县黄天道教团内仍占据一席之地。如果我们还记得前引民国抄本《明光古佛圣诞文表》中黄天道女祖的几位夫婿，这三个名号正是她们的家人。大姑奶奶普净、二姑奶奶普照的夫婿，分别号"文意圣真佛"和"武公大真佛"，而普贤的夫婿号"欲公大祖"。李世瑜1947年的调查，在黄天道庙宇的"吊挂"上也曾发现这三位神明的名号，内容与我们新发现的《明光古佛圣诞文表》完全一致。

而在笔者新获道书《周祖传普明指诀》上，另有一段描述教派内部"写手"之重要的珍贵史料：

> 写手万善之仰赖，大众之凭翼。主管天文圣表，大众人画名画字，功劳甚大，果位至尊。香功勤者，九莲内上品上生，香功半者，九莲内中品中生。持说书写，便生华藏之天，与人演谈，定搭（达）捏（涅）槃（盘）之路。凡至大节之期，预先一天扫荡杂法邪见，沐浴五体身心，拈香拜礼。前半礼，展开文表，收心敛意，照格式书写，字体预要端楷，笔划需要明白，一切字体，不可减笔潦草。表文系大众归根赴命之本，了死超生之元。一有差错，不持增已罪恶，耽误大众之生死性命。若写的清格者，申至五云宫，有文意圣真佛，提调誊录，督令三百六十誊录仙官写表章，上交都斗宫中，后显诸佛班头，答查对号。若有大意心粗，吃烟不洁者，每将表文染污，申至五云宫内，

[①] 张继先诗诀，见《道法会元》卷二百二十五，载《道藏》，30 册，第 568 页。
[②] 王俊（文卿）序，见《道法会元》卷六十一，载《道藏》，29 册，第 165—166 页。

誊录仙官不敢誊写，尽将表文堆积三真院一旁，都斗官不得挂号，久后何以答查？①

在秘密宗教内部，每一会均需置"写手"至少一名。"写手"是各会会主的重要助手，申文奏表，不得轻慢。而在"圣中"监察写手申奏表文的"誊录仙官总提调"，却是"文意圣真佛"，即九祖普净的丈夫。

另一部前引以膳房堡村为中心的黄天道经卷《普明古佛遗留玉篆交册文簿》上，那段关于膳房堡许家"八公祖"的预言也说："末后南阎之地，善月之村，出八公祖，他在七山关等金童出现，合同欲公大祖，机（稽）查表章。若不正邪表，铜锤一降，打入灰河，枉费钱，永不上申。"②八公祖的办道的同志，竟然也是欲公大祖。

与《佛说皇极收元宝卷》三位查对表文的神明相比，这些乡村抄本上的我们已经落实了的人物，竟然是那些金碧辉煌的宝卷上的上界祖师。而宝卷上的"欲公大祖"，不是别人，正是普贤的丈夫！文意圣真佛与武功大真佛，分别是普净与普照的丈夫。《佛说皇极收元宝卷》将他们奉为神明，好让他们永远在教内监坛。

这几位监坛祖师身份水落石出，加上新发现《古佛遗留三极九甲天盘偈》等道内经卷奉普贤女祖为"摘光"十祖的事实，我们终于可以得出结论：《佛说皇极收元宝卷》被隐藏起来的那位神秘的"摘光祖"，便是黄天道师祖普贤。

《佛说皇极收元宝卷》与《佛说皇极结果宝卷》造经，显然与普贤等人有关。而据前文普明、普光"年表"，普贤之母普照是嘉靖二十六年生人，普贤活动的时代，当在万历时期。因而"宣德五年"这个刊本题识，只是一个"伪刻"。

---

① 《周祖传普明指诀》，载曹新宇主编：《明清秘密社会史料撷珍·黄天道卷》第4册，第533—534页。

② 《普明古佛遗留玉篆交册文簿》清抄本，感谢宋军先生提供清心阁藏原本。

参考文献

传统文献类

（汉）班固：《汉书》，北京：中华书局，1962年。

（晋）葛洪：《抱朴子》，上海：上海古籍出版社，1990年影印。

（宋）张君房撰辑，蒋力生等校注：《云笈七签》，北京：华夏出版社，1996年。

（元）陈澔注：《礼记集说》，北京：中国书店，1985年影印。

（明）何乔远：《名山藏》，福州：福建人民出版社，2010年。

（明）李东阳等：《大明会典》，台北：文海出版社，1988年影印。

（明）刘效祖纂：《四镇三关志》，万历四年刊本。

（明）严从简：《殊域周咨录》，北京：中华书局，2009年。

（明）杨嗣昌撰，梁颂成辑校：《杨嗣昌集》，长沙：岳麓书社，2008年。

（明）余继登撰，顾思点校：《典故纪闻》，北京：中华书局，1981年。

（明）俞汝楫等：《礼部志稿》，载《影印本文渊阁四库全书》，第597册，台北：台湾商务印书馆，1986年。

（明）朱国祯：《涌幢小品》，上海：中华书局，1959年。

（明）孙世芳、栾尚约纂修：嘉靖《宣府镇志》，嘉靖四十年刊本。

（明）王圻编：《续文献通考》，《续修四库全书》编纂委员会编：《续修四库全书》，第 761—767 册，上海：上海古籍出版社，2002 年。

（清）龚导江纂修：《寿阳县志》，乾隆三十六年刻本。

（清）黄育楩：《破邪详辩》（点校整理本），中国社科院历史所清史研究室：《清史资料》第三辑，北京：中华书局，1982 年。

（清）霍翼：《军政条例类考》，北京：北京图书馆出版社，1997 年。

（清）刘发岏修，李芬纂：《祁县志》，光绪八年刻本。

（清）素尔讷等纂：《钦定学政全书》，上海：上海古籍出版社，1995 年。

（清）永瑢等编：《四库全书总目提要》，北京：中华书局，1997 年。

（清）张廷玉等：《明史》，北京：中华书局，1974 年。

（清）孙承泽：《春明梦余录》，北京：北京古籍出版社，1992 年。

（清）王者辅纂，吴廷华修：乾隆《宣化府志》，乾隆二十二年重刊本，台北：成文出版社，1968 年影印。

（清）左承业纂修：乾隆《万全县志》，乾隆七年刊本。

《道法会元》，载《道藏》，文物出版社、上海书店、天津古籍出版社联合出版（重刊涵芬楼影印本），1988 年。

《宫中档乾隆朝奏折》，台北"故宫博物院"印行。

《明实录》，"中研院"历史语言研究所校勘，台北："中研院"历史语言研究所，1966 年。

《清朝通典》，上海：商务印书馆，1935 年影印。

《清实录》，北京：中华书局，1986 年影印。

（清）陈梦雷等：《古今图书集成》，北京：中华书局，成都：巴蜀书社，1986 年影印。

方裕谨选编：《乾隆二十八年万全县碧天寺黄天道教案》，《历史档案》1990 年第 3 期，第 31—41 页。

故宫博物院编：《史料旬刊》，北京：北京图书馆出版社，2008 年影印。

辽宁省档案馆、辽宁社会科学院历史研究所编：《明代辽东档案汇编》，沈阳：辽沈书社，1985 年。

路联逵修，任守恭纂：民国《万全县志》，民国二十三年刊。

缪氏艺风堂藏《钦明大狱录》明抄本，哈佛燕京图书馆善本部收藏。

施彦士纂修：道光《万全县志》，道光十四年刊本。

吴相湘辑：《明朝开国文献》，台北：学生书局，1966年影印。

杨一凡主编：《中国珍稀法律典籍集成》乙编第5册，《皇明条法事类纂》，北京：科学出版社，1994年。

张溥泉纂修：《怀安县志》，民国二十三年铅印本。

赵尔巽等：《清史稿》，北京：中华书局，1977年。

中国第一历史档案馆、辽宁省档案馆编：《中国明朝档案总汇》，桂林：广西师范大学出版社，2001年。

中国第一历史档案馆藏：《军机处录副奏折》全宗。

中国第一历史档案馆藏：《朱批奏折》全宗。

周勋初等校订：《册府元龟》，南京：凤凰出版社，2006年。

朱越利：《道藏分类题解》，北京：华夏出版社，1996年。

民间道书类

《佛说皇极结果宝卷》，清刻明刊本，天津市图书馆历史文献部藏。

《佛说皇极收元宝卷》，明刊本，天津市图书馆历史文献部藏。

《古佛天真考证龙华宝经》，近勇堂藏民国重刊本。

《弘阳妙道玉华真经随堂宝卷》，载王见川、蒋竹山编：《明清以来民间宗教的探索——纪念戴玄之教授论文集》附录，台北：商鼎文化出版社，1996年。

《虎眼禅师遗留唱经卷》，康熙三十一年壬申（1692），日本早稻田大学图书馆风陵文库本。

《黄天道唱经》，近勇堂藏清抄本。

《普明古佛遗留玉篆交册文簿》，清心阁藏清抄本。

《膳房堡普佛寺庙志（附神威台关帝庙、莲台山弘慈洞）》，民国抄本，近勇堂藏本。

《通天混海图》，民国抄本，清心阁藏本。

《销释接续莲宗宝卷》，清刊本，清心阁藏本。

研究著述类

Ahern, Emily Martin, *Chinese Ritual and Politics*, Cambridge: Cambridge University Press, 1981.

Barclay, George W., Ansley J. Coale, Michael A. Stoto and T. James Trussell, "A Reassessment of the Demography of Traditional Rural China," *Population Index*, 42(No. 4, 1976): 606-635.

Barrett, T. H., "Chinese Sectarian Religion: A Review," *Modern Asian Studies* 12(1978): 333-352.

Cao, Xinyu, "From Famine History to Crisis Metaphor: Social Memory and Cultural Identity in Chinese Rural Society," trans. by David Ownby, *Chinese Studies in History* 44 (Fall/Winter 2010): 156-171.

Chao Wei-pang, "The Origin and Growth of the Fu Chi," *Folklore Studies*, 1 (1942): 9-27.

Chesneaux, Jean, *Secret Societies in China in the Nineteenth and Twentieth Centuries*, Trans. by Gillian Nettle. Ann Arbor: University of Michigan Press, 1971.

Chesneaux, Jean. ed., *Popular Movements and Secret Societies in China 1840-1950*, Stanford: Stanford University Press, 1972.

Clart, Philip, "Confucius and the Mediums: Is There a *Popular Confucianism*?" *T'oung Pao*, 89(2003): 1-38.

Cohen, Myron L., "Souls and Salvation: Conflicting Themes in Chinese Popular Religion." In Watson & Rawski, eds., *Death Ritual in Late Imperial and*

Modern China, 1989, Berkeley, Los Angeles, London: University of California Press, pp. 180-202.

Dean, Kenneth, and Zheng Zhenman, *Ritual Alliances of the Putian Plains: Vol. 1: Historical Introduction to the Return of the Gods*, Leiden: E. J. Brill, 2010.

DeBernardi, Jean. ed., *Cantonese Society in Hong Kong and Singapore*, Hong Kong: Hong Kong University Press, 2011.

DuBois, Thomas David, *The Sacred Village: Social Change and Religious Life in Rural North China*, Honolulu: University of Hawai'i Press, 2005.

Faure, David and Helen F. Siu.eds, *Down to earth: the territorial bond in South China*, Stanford: Stanford University Press, 1995.

Faure, David, *Emperor and Ancestor: State and Lineage in South China*, Stanford: Stanford University Press, 2007.

Feuchtwang, Stephen, *Popular Religion in China: The Imperial Metaphor*, London: Curzon, 2001.

Goossaert, Vincent, and David Palmer, *The Religious Question in Modern China,* Chicago: The University of Chicago Press, 2011, pp. 20-41.

Grootaers, Willem A.,"Temples and History of Wan-ch'üan (Chahar): The Geographical Method Applied to Folklore", *Monumenta Serica: Journal of Oriental Studies*, 8 (1948): 209-316.

Jordan, David, "Foreword." In David K. Jordan & Daniel L. Overmyer, *The Flying Phoenix: Aspects of Chinese Sectarianism in Taiwan*, Princeton: Princeton University Press, 1986.

Kuhn, Philip, *Rebellion and Its Enemies in Late Imperial China: Militarization and Social Structure, 1796-1864,* Cambridge, MA: Harvard University Press, 1980.

Naquin, Susan, "Connections between Rebellions: Sect Family Networks in Qing China," *Modern China* 8(3): 337-360.

Overmyer, Daniel L., *Precious Volumes: An Introduction to Chinese Sectarian Scriptures from the Sixteenth and Seventeenth Centuries*, Cambridge MA: Harvard University Press, 1999.

Overmyer, Daniel L., and Thomas Li Shiyu, "The Oldest Chinese Sectarian Scripture, The Precious Volume, Expounded by the Buddha, on the Results of (the Teaching of) the Imperial Ultimate (Period)," *Journal Chinese Religion*, 20 (1992): 17-31.

Overmyer, Daniel L., *Folk Buddhist Religion: Dissenting Sects in Late Traditional China*, Cambridge MA: Harvard University Press, 1976.

Ownby, David, "Imperial Fantasies: The Chinese Communists and Peasant Rebellions," *Comparative Studies in Society and History*, 43(No. 1, 2001): 65-91.

Sangren, Steven, *History and Magical Power in a Chinese Community*, Stanford: Stanford University Press, 1987.

Shek, Richard Hon-Chun, "Religion and Society in Late Ming: Sectarianism and Popular Thought in Sixteenth and Seventeenth Century China," Ph.D. Dissertation, University of California, Berkeley, 1980.

Shek, Richard Hon-Chun, "Millenarianism without Rebellion: The Huangtian Dao in North China, " *Modern China* 8 (No. 3, 1982): 305-336.

Seiwert Hubert, *Popular Religious Movements and Heterodox Sects in Chinese History*, in collaboration with Ma Xisha, Leiden: E. J. Brill, 2003.

Ter Haar, Barend J., *The White Lotus Teachings in Chinese Religious History*, Leiden: E. J. Brill, 1992.

Ter Haar, Barend J., "Review to *Precious Volumes: An Introduction to Chinese Sectarian Scriptures from the Sixteenth and Seventeenth Centuries*," by Daniel L. Overmyer, *T'oung Pao*, Second Series, 89(2003).

Topley, Marjorie, 1963. "The Great Way of Former Heaven: A Group of Chinese Secret Religious Sects: A Group of Chinese Secret Religious Sects,"

Bulletin of the School of Oriental and African Studies, University of London, 26(No. 2 1963): 362-392; also in Jean DeBernardi ed., *Cantonese Society in Hong Kong and Singapore*, Hong Kong: Hong Kong University Press, 2011, pp. 203-240.

Topley, Marjorie, 1968. "Chinese Religion and Rural Cohesion in the Nineteenth Century", in Jean DeBernardi ed., *Cantonese Society in Hong Kong and Singapore*, Hong Kong: Hong Kong University Press, 2011, pp. 241-272.

Weller, Robert P., *Resistance, Chaos, and Control in China: Taiping Rebels, Taiwanese Ghosts, and Tiananmen*, Seattle: University of Washington Press, 1994.

Yang, C. K., *Religion in Chinese Society: A Study of Contemporary Social Functions of Religion and Some of Their Historical Factors.*

Zheng Zhenman, *Family Lineage and Social Change in Ming and Qing FuJian*, translated by Michael Szonyi, Honolulu: University of Hawai'i Press, 2001.

吉岡義豊：『現代の中國諸宗教 —— 民眾宗教の系譜』（アジア仏教史：中國編3），東京：佼成出版社，1974年。

吉岡義豊：『近代における寶卷流宗教の展開』，《宗教文化》3，1950年。

志賀市子：『近代中国のシャーマニズムと道教：香港の道壇と扶乩信仰』，東京：勉誠出版，1999年。

竺沙雅章：『中國佛教社會史研究』，京都：同朋舍出版，1982年。

浅井紀：『黃天道とその寶卷』，《东海大学紀要文学部》第67輯（1997），1—20頁。

浅井紀：『「九莲寶卷」のについて』，《东海大学紀要文学部》第86輯（2006），1—17頁。

曹新宇：『明清民間教派の「避劫銀城」』，載武内房司編：『戰争・災害と近代東アジアの民衆宗教』，東京：有志舍，2014年。

澤田瑞穗：『增補寶卷の研究』，東京：国書刊行會，1975年（1963年初版）。

武内房司监訳：『中國近代の秘密宗教』，東京：研文出版，2016 年。

鈴木中正：『中國における革命と宗教』，東京：東大出版會，1974 年。

卜凯：《中国农家经济：中国七省十七县二八六六田场之研究》（*Chinese Farm Economy*），张履鸾译，上海：商务印书馆，1936 年。

曹新宇、鲍齐、宋军：《中国秘密社会》第三卷《清代教门》，福州：福建人民出版社，2003 年。

曹新宇：《传统中国社会的"灾难信仰制度"与秘密教门的"灾难神话"》，《清史研究》2003 年第 2 期。

曹新宇：《从非常态到常态历史：清代秘密社会史近著述评》，《清史研究》2008 年第 2 期；《台湾宗教研究通讯》第九期，台北：兰台出版社，2011 年。

曹新宇：《从灾荒历史到灾难隐喻》，载李文海、夏明方编：《天有凶年：清代灾荒与中国社会》，北京：生活·读书·新知三联书店，2007 年。

曹新宇：《明清秘密教门信仰研究》，中国人民大学博士论文，2001 年。

曹新宇：《明清民间教门的地方化：鲜为人知的黄天道历史》，《清史研究》2013 年第 2 期。

曹新宇：《新发现"成化禁书"与白莲教的关系——兼答王见川教授问题》，《清史研究》2015 年第 1 期。

曹新宇主编：《明清秘密社会史料撷珍·黄天道卷》（7 册），台北：博扬文化事业有限公司，2013 年。

车锡伦：《〈破邪详辩〉所载明清民间宗教宝卷的存佚》，《世界宗教研究》1996 年第 3 期。

车锡伦：《中国宝卷漫录四种》，《文献》1998 年第 2 期。

车锡伦：《中国宝卷研究》，桂林：广西师范大学出版社，2009 年。

车锡伦：《中国宝卷研究论集》，台北：学海出版社，1997 年。

车锡伦：《中国宝卷总目》，北京：北京燕山出版社，2000 年。

陈垣：《二十二史朔闰表》，北京：中华书局，1999年。

方国瑜著，秦树才、林超民整理：《云南民族史讲义》，昆明：云南人民出版社，2013年。

傅惜华：《宝卷总录》，北京：巴黎大学北京汉学研究所，1951年。

韩秉方：《罗教"五部六册"宝卷的思想研究》，《世界宗教研究》1986年第4期。

侯冲：《早期宝卷并非白莲教经卷——以〈五部六册〉征引宝卷为中心的考察》，《清史研究》2015年第1期。

胡恒：《清代佐杂的新动向与乡村治理的实际——质疑"皇权不下县"》，杨念群主编：《新史学》第5卷，北京：中华书局，2011年。

户华为：《学界新发现一批黄天道帛书与写经等重要数据》，《光明日报》理论·史学版，2013年7月11日。

贾题韬：《佛教与气功》，成都：四川人民出版社，1993年。

康豹：《从地狱到仙境——汉人民间信仰的多元面貌》，台北：博扬文化事业有限公司，2009年。

康豹：《西方学界研究中国小区宗教传统的主要动态》，《文史哲》2009年第1期。

李国庆：《新见明末还源教全套宝卷"六部六册"叙录》，《世界宗教研究》2005年第4期。

李明编：《印光"因果正信"居士观研究》，北京：宗教文化出版社，2012年。

李荣庆：《明代武职袭替制度述论》，《郑州大学学报》1990年第1期。

李世瑜：《宝卷论集》，台北：兰台出版社，2007年。

李世瑜：《宝卷新研——兼与郑振铎先生商榷》，《文学遗产》（增刊）第4辑。

李世瑜：《宝卷综录》，上海：中华书局，1961年。

李世瑜：《民间秘密宗教与宝卷》，中国北方曲艺学校编：《曲艺讲坛》

1998 年第 5 期。

李世瑜：《社会历史学文集》，天津：天津古籍出版社，2007 年。

李世瑜：《万全县的黄天道》，《文藻月刊》，南京，1948 年 4 月。

李世瑜：《现在华北秘密宗教》，成都：华西协合大学中国文化研究所、国立四川大学史学系联合印行，1948 年。

连立昌、秦宝琦：《中国秘密社会》第二卷，《元明教门卷》，福州：福建人民出版社，2002 年。

梁景之：《清代民间宗教与乡土社会》，北京：社会科学文献出版社，2004 年。

梁志胜：《明代卫所武官世袭制度研究》，北京：中国社会科学出版社，2012 年。

林国平：《林兆恩与三一教》，福州：福建人民出版社，1992 年。

林万传：《先天道研究》，台北：巨书局，1984 年。

刘一明：《道书十二种》，北京：书目文献出版社，1994 年。

路遥：《关于八卦教内部的一个传说》，《世界宗教研究》1994 年第 3 期。

路遥：《山东民间秘密教门》，北京：当代中国出版社，2000 年。

路遥：《义和拳运动起源探索》，济南：山东大学出版社，1990 年。

马西沙、韩秉方：《中国民间宗教史》，上海：上海人民出版社，1992 年。

马西沙：《宝卷与道教的炼养思想》，《世界宗教研究》1994 年第 3 期。

马西沙：《黄天教源流考略》，《世界宗教研究》1985 年第 2 期。

马西沙：《民间宗教志》，中华文化通志编委会编：《中华文化通志》，上海：上海人民出版社，2010 年。

马西沙：《明清时代的收元教、混元教源流》，载王见川、蒋竹山编：《明清以来民间宗教的探索——纪念戴玄之教授论文集》，台北：商鼎文化出版社，1996 年。

马西沙：《中国民间宗教研究回顾》，载丁伟志、郭永才、张椿年主编：《中国哲学社会科学发展历程回忆·哲学宗教学卷》，北京：中国社会科学出版社，2014年。

马西沙：《中华珍本宝卷》第三辑前言，《中华珍本宝卷》总第21册，北京：社会科学文献出版社，2015年。

马西沙主编：《中华珍本宝卷》第一辑，北京：社会科学文献出版社，2012年。

钮卫星：《唐宋之际道教十一曜星神崇拜的起源和流行》，《世界宗教研究》2012年第1期。

濮文起：《宝卷学发凡》，《天津社会科学》1999年第2期。

濮文起：《家谱宝卷表征》，《世界宗教研究》1996年第3期。

濮文起主编：《中国宗教历史文献集成·民间宝卷》，合肥：黄山书社，2004年。

普度：《莲宗宝鉴》，载杨讷编：《元代白莲教资料汇编》，北京：中华书局，1989年。

秦宝琦、晏乐斌：《地下神秘王国—一贯道的兴衰》，福州：福建人民出版社，2000年。

秦宝琦：《明清秘密社会史料新发现——浙闽黔三省实地考察的创获》，《清史研究》1995年第3期。

宋光宇：《试论"无生老母"宗教信仰的一些特质》，台湾《"中研院"历史语言研究所集刊》第五十二本，第三分，1981年。

宋军：《新发现黄天道宝卷经眼录》，《台湾宗教研究通讯》，第6期，台北：兰台出版社，2003年。

隋爱国：《佛说皇极结果宝卷考论》，《世界宗教文化》2015年第2期。

万晴川、陈苗枫：《〈西游记〉与民间秘密宗教宝卷》，载廖可斌主编：《2006明代文学论集》，杭州：浙江大学出版社，2007年。

万全县"三套集成"办公室编：《古洞山村有传奇：中国民间文学集成万全县资料本》，1988年。

王尔敏：《滦州石佛口王氏族系及其白莲教信仰传承》，台湾《"中研院"近代史研究所集刊》,第 12 期(1983)。

王见川、车锡伦、宋军、李世伟、范纯武编:《明清民间宗教经卷文献续编》,台北:新文丰出版公司,2006 年。

王见川、宋军、范纯武编:《中国预言救劫书汇编》,台北:新文丰出版公司,2010 年。

王见川:《关于〈金幢教渊源史实辨证〉——兼论明清民间宗教的某些问题》,王见川、江灿腾主编:《台湾斋教的历史观察与展望——首届台湾斋教学术研讨会论文集》,台北:新文丰出版公司,1994 年。

王见川:《黄天道早期史新探——兼论其支派》,王见川、蒋竹山编:《明清以来民间宗教的探索——纪念戴玄之教授论文集》,台北:商鼎文化出版社,1996 年。

王见川:《民间宗教经卷的年代及真伪问题——以〈九莲经〉、〈三煞截鬼经〉为例》,《清史研究》2015 年第 1 期。

王见川等编:《明清民间宗教经卷文献》,台北:新文丰出版公司,1999 年。

王见川等编:《明清民间宗教经卷文献续编》,第 1 册,台北:新文丰出版公司,2006 年。

王见川等编:《中国民间信仰·民间文化资料汇编》,第 2 辑,台北:博扬文化事业有限公司,2013 年。

王天有:《明代国家机构研究》,北京:故宫出版社,2014 年。

王熙远:《桂西民间秘密宗教》,桂林:广西师范大学出版社,1994 年。

王毓铨:《明代的军户——明代配户当差之一例》,氏著《莱芜集》,北京:中华书局,1983 年。

王毓铨:《明代的军屯》,北京:中华书局,1965 年。

王作安主编:《大辞海·宗教卷》,上海:上海辞书出版社,2013 年。

魏建猷:《跋黄育楩〈破邪详辩〉》,《燕京大学图书馆报》1933 年 2 月 15 日,第 44 期。

吴晗：《明代的军兵》，《中国社会经济史集刊》，第 5 卷第 2 期（1937 年）。

吴晗：《明教与大明帝国》，《清华学报》，第 13 卷第 1 期（1941 年）；收入氏著《读史札记》，北京：生活·读书·新知三联书店，1956 年。

吴昕朔：《中国明清时期的黄天道：宗教与政治层面的考察》，台湾政治大学宗教所硕士学位论文（李丰楙教授指导），2005 年。

谢忠岳：《天津图书馆藏善本宝卷叙录》，《世界宗教研究》1990 年第 3 期。

杨讷：《元代白莲教研究》，上海：上海古籍出版社，2004 年。

杨一凡：《明大诰研究》，南京：江苏人民出版社，1988 年。

叶文振：《我国妇女初婚年龄的变化及其原因 —— 河北省资料分析的启示》，《人口学刊》1995 年第 2 期。

于志嘉：《帮丁听继：明代军户中余丁角色的分化》，台湾《"中研院"历史语言研究所集刊》，第八十四本，第三分，2013 年。

于志嘉：《明代军户世袭制度》，台北：台湾学生书局，1987 年。

于志嘉：《卫所、军户与军役 —— 以明清江西地区为中心的研究》，北京：北京大学出版社，2010 年。

于志嘉：《再论垛集与抽籍》，《郑钦仁教授七秩寿庆论文集》，台北：稻乡出版社，2006 年。

喻松青、张小林主编：《清代全史》第 6 卷，北京：方志出版社，2007 年。

喻松青：《〈八牛宝赞〉探研》，王春瑜主编：《明史论丛》（二），兰州：兰州大学出版社，2003 年。

喻松青：《明代黄天道新探》，氏著《明清白莲教研究》，成都：四川人民出版社，1987 年。

岳永逸：《家中过会：中国民众信仰的生活化特质》，《开放时代》2008 年第 1 期。

岳永逸：《灵验·磕头·传说：民众信仰的阴面与阳面》，北京：生活·读书·新知三联书店，2010 年。

张金奎：《明代卫所军户研究》，北京：线装书局，2007 年。

张希舜等主编：《宝卷初集》，太原：山西人民出版社，1994 年。

郑鹤声编：《近世中西史日对照表》，北京：中华书局，1981 年。

郑振满、丁荷生编：《福建宗教碑铭汇编：泉州府分册》（三册），福州：福建人民出版社，2003 年。

郑振满、丁荷生编：《福建宗教碑铭汇编：兴化府分册》，福州：福建人民出版社，1995 年。

郑振满：《明清福建家族组织与社会变迁》，长沙：湖南教育出版社，1992 年。

政协万全委员会文史资料委员会：《万全文史资料》第七、八合辑，2006 年。

政协张家口市委员会文史资料委员会：《张家口文史资料》第 18 辑，1990 年。

中国会道门史料集成编纂委员会：《中国会道门史料集成》（上册），北京：中国社会科学出版社，2004 年。

周绍良：《〈救度亡灵超生宝卷〉跋》，《绍良书话》，北京：中华书局，2009 年。

周绍良：《记明代新兴宗教的几本宝卷》，《中国文化》1990 年第 3 期。

周绍良：《无为教经三种》，北京图书馆《文献》丛刊编辑部编：《文献》第十八辑，北京：书目文献出版社，1983 年。

附　录

附录一

"新发现"的重要明清秘密宗教文献
(《明清秘密社会史料撷珍·黄天道卷》代导言)

　　1475年一月二十日，明朝的宪宗皇帝批准公布了一份长长的"妖书"目录。据说，也在这一年，世界上第一本印刷的英文书在欧洲问世。明朝这份多达90种禁书的黑名单，是锦衣卫镇抚司历年办理"妖言"案件查没"妖书"的汇录。奏准这件事的，是都察院的左都御史李宾，目的就是警示无知百姓：这些经卷妄诞不经，既不灵验，也不包含任何真理，除了带来国法严惩的厄运之外，别无任何益处。查禁"妖书"，在历史上并不少见。唐代政令，有时将其唤作"小经"；而在两宋，一般叫"不根经文"。但很少像明成化十年（1474）这样，公布这么长的一个书单。在这份书单上，明人笔记《典故纪闻》、《涌幢小品》均有迻录，1961年李世瑜先生《宝卷综录》转为著录，始为学界广知。一般认为，成化"妖书"是明前期白莲教的道书，但经明廷严厉查禁之后，除了民间多见的《推背图》、《五公经》外，这些经卷均已失传。

　　近年来，王见川教授等学者在台湾陆续影印出版了两种不同版本的《三煞截鬼经》，因书名见于成化禁书目录，颇引行内人注目。此外，我还见过成化目录上的《通天混海图》（清心阁藏民国抄本），藏主慨允我借去研读，让我激动了很久。而在田野调查中，我在收藏者家中，发现了上述禁书中的四种经卷，即《照贤金灵镜经》、《聚宝经》、《通天彻地照仙炉经》、《应劫经》。另有一种《佛说定劫经》，与前四种为同函抄本，性质一致，应是未经收录的同类经卷。这些经折装的写本，全用精楷抄成，每折5行，每行19字。五种经卷，总共122折（收入该套书第二册《普明遗留末后定劫经》）。意外发现长期失传的文献就有这种好处：忽然间我意识到，自己成了世界上看过这批禁书最多的人！

一、"新发现"文献的有关背景

新发现的成化禁书，是在一批明清黄天道的文献当中找到的。收藏者起初也并不知道它们的意义。但在"圈内"，黄天道文献历来为民间宗教研究者所重视。实际上，黄天道也是中国学者最早实地调查的"秘密宗教"。1947年夏，李世瑜先生在察哈尔万全县（今隶属河北省）进行民俗地理学调查中"发现"黄天道，开启了中国学者实地调查民间教派之先河。此后，泽田瑞穗、司徒洛娃（E. S. Stulova）、喻松青、石汉椿（Richard Shek）、马西沙等学者，利用有限的一些黄天道宝卷，推进了对这个教派的研究。20世纪90年代后期，王见川、宋军、太田出等学者，又在古旧书市中陆续发现一批黄天道宝卷，大大拓展了学界已知的黄天道文献。通过民间文献之间的联系，学术界开始注意到，众多华北民间教派与江南斋教，均深受黄天道影响。

黄天道始创于明嘉靖末年，其创教祖师也叫李宾，恰巧与那位奏准将妖书榜示天下的"都老爷"同名。不过，他是宪宗皇帝公布"妖书"名单38年之后（正德八年），才降生到北直隶万全左卫牛角堡村的一个军户家庭。日后更出名的，是他的道号"普明"。普明因眇一目，教内又称"虎眼禅师"。据说，他自幼体弱多病，为了替他延寿，从9岁起，父母便送他寄名出家。他先后在庙里认过三个师傅，17岁上才"还俗"。成亲之后，他也成为一名守军，在野狐岭长城一带戍边。但中年的李宾遭遇不幸，戍值边庭时受伤，一目失明。后经岳父王达相劝，赴达达营，拜赵宗为师，吃斋修行。最初的修行，似乎并不理想。但在40岁那年的夏至，他得遇"周祖"真传，学会"卯酉香功"，半年内就"明心见性"。46岁时，终于大开法门，广收门徒。据说在世之日（三年后他即去世），普明亲传六万教徒，并留下《了义宝卷》和《清净真经》两种宝卷。民间教派的创教者大多名不见经传，关于李普明的这些生活细节，主要源自新发现的教内经典《普明遗留周天火候金丹蜜指心印妙诀》（见该套书第二册）。

普明身后的黄天道依旧充满传奇色彩。清乾隆二十八年（1763），清廷在膳房堡的黄天道祖庙碧天寺，查出反清复明的"逆词"。乾隆皇帝震怒，派出协办大学士兆惠钦差督办此案。直隶总督方观承亦亲赴现场办案，纵兵拆毁碧天寺。李宾家族中曾经"称佛作祖"的祖师，也被一一掘坟锉尸，并"橐至郡城，投弃城外车道，寸磔扬灰"。尽管清廷查办"逆词案"的手法骇人听闻，但在晚清同治、光绪时期，黄天道又暗中复教，并在平毁的碧天寺原址重建起规模庞大的普佛寺，由膳房堡为中心的十八村共同经理。值得庆幸的是，这次发现的文献中，竟然保存了乾隆年间清廷追查"逆词"的原貌（见该套书第一册《普明古佛遗留白华玉篆图》）。

李世瑜先生当年在万全县看到的，就是这座光绪初年重建的大庙。他也采访到了赵家梁村积极复兴黄天道的赵尔理（1878—1959）。但李老当年所见黄天道的经典，仅仅限于《慈航宝训》《挽劫俚言》《四圣救世真言》等民国华北地区常见的民间善书。"收获经典中最有价值的一本"，竟是一种《目莲宝卷》的节略抄本。黄天道复教是否有经典流传？一直是一个谜。我们此次新发现的文献，即将揭开谜底：此次出版的资料，实际上就是赵尔理等人当年秘不示人的黄天道经典。

赵尔理是万全县赵家梁村人。清末科举废除之前，他也曾几度投考生员，但均未得中，后学中医。赵尔理复兴黄天道与家庭背景有关，他的父亲赵进有，据说是山西黄天道师傅寿阳人任英，将黄天道回传到万全县的第一个传人。赵尔理学医可能也与黄天道有关，他童试受挫后，几次去山西学医，回乡后就在家里建起了佛堂，自任万全县黄天道第一会（复初会）的会主，他最得力的同志，也是他的会副（也有说是第二会的会主），就是他的妹夫崇善（1886—1944）。从现存的文献可以看出，当年赵尔理和崇善实际上在建设一个黄天道经典的"文库"。崇善也没有受过多少正规教育，靠种地、赶车为生。但崇善工小楷，抄了一辈子的经卷，是这个"文库"的直接负责人。本书收录的民国精抄本，卷末一般具名，大部分出自崇善之手。这些精抄本，都抄在每页 31cm×11cm 大小的宣纸上，经折装装帧，比传统官板大字刻本的明清宝卷略小。崇善抄经的数量惊人。虽然很多经卷已在"文革"中焚毁，但大部分经卷的题签在烧毁之前被无意间揭下，幸存至今。我曾利用这些幸存的题签，整理出一份存目，存目中目录类写本即有四种，而经卷类有 152 种。[①]。

李世瑜先生在 66 年前，竟与规模如此庞大的一座民间宗教"文库"失之交臂。而躲过"文化大革命"的浩劫保存至今的文献，主要有明清刻本、清代彩绘帛书，以及民国精抄本三类。藏品之精，保存之完好，都让人感到震惊。李老若是九泉之下有知，也一定会为此感到高兴。

二、"禁书"与民间宗教文献的谱系

黄天道的经卷中发现成化禁书的抄本，证明了黄天道与明前期民间秘密教派的密切联系。明成化年间查禁"妖书"之时，黄天道祖师李宾尚未出生。显然，明廷公布查禁书单之后，仍有一些遭禁的经卷在民间教派中暗中流转、传抄。上述明成化禁书的抄本，就出自崇善之手。而崇善抄自何处？现已无从探究。但从经卷名称《普明遗留末后定劫经》上来看，这些经卷被

[①] 详见拙文：《明清民间教门的地方化：鲜为人知的黄天道历史》，《清史研究》2013 年第 2 期，第 1—25 页。

冠以黄天道祖师"普明遗留"的头衔，说明它们在传写中早已被纳入黄天道的经典系统。

这些成化禁书抄本最令人吃惊之处，是其与敦煌写经的关系。如果对照敦煌文书中有关弥勒救劫的"本土汉文经卷"，或者所谓的"汉文疑伪经"的写经，如大不列颠图书馆所藏 S.136 号、S.417 号之《救诸众生一切苦难经》、《新菩萨经》等经本，此次发现的成化禁书，显然与之有密切的同源关联。上述敦煌写经中的核心母题："末劫人间疫病"、"裂石现经"、"抄经（诵经）免难"、"预言者眼出血津"、"念诵弥勒"，在成化禁书中均有呈现，而且在构词、用语的很多方面如出一辙。

值得注意的是，清代最著名的民间教派失传经卷《三教应劫总观通书》，在这次发现的文献中也有传本。该经卷因嘉庆十八年（1813）林清、李文成起义和嘉庆二十年（1815）方荣升起义所用，遭清廷多次下令严查销毁。李世瑜先生生前曾公布过一个抄本，但从内容上来看，显然为两种经卷的合抄，而且文字舛误很多。此次发现的精抄本《三教应劫总观通书》以及《大明诚意伯刘伯温先生遗留搜天宝鉴》，为目前该经卷最好的写本。有意思的是，《三教应劫总观通书》亦冠以"普明"的头衔，封面题签为《普明三期普渡》（见该套书第二册）。

这些发现对研究黄天道与明初白莲教系统的关系，以及黄天道在明清教派中的地位，乃至于重构整个白莲教的早期思想脉络都非常重要。

三、清代彩绘帛书手卷

此次刊布文献的另外一个特点，是大型清代彩绘帛书经卷的首次发现。本书影印帛书九种，除了一种大小约为 85cm×95cm 的《普明遗留半印真宝》之外，其他八种，均为卷轴装的长卷，宽幅在 38cm—41cm 之间，长短不一。最长的一卷《朝阳老耶遗留文花手卷》，长达 12 米；而短的，也有五六米。这批帛书保存条件较好，大多墨迹清新，彩绘鲜亮，加之丝织物色泽璀璨，更显得历久弥新。

　　九种帛书中，我只见过其中的《普明古佛遗留白华玉篆图》、《普明佛遗留末后一着灵符手卷神咒》、《七祖罗凭收元宝偈》三种经卷，有不同名的民间写本，以简单的折装线缝抄本的形式存世。其余六种，都是未见著录的孤本。而卷轴装手卷本身，也是明清"宝卷"形制上前所未见的孤品。明清宝卷的善本，多见经折装刊本，学界从未见过如敦煌文书中的卷轴装长卷。宝卷研究的西方权威学者欧大年（Daniel L. Overmyer）教授为了准确起见，甚至将其英译作 Precious Volume（字面意思即"宝册"）。这批黄天道大型彩绘帛书手卷的发现，无疑为认识宝卷的形制、工艺、制作等方面，提供了重要的实物范本。

　　这批彩绘的帛书，为我们从图像史的角度探索明清民间教派的思想和信仰提供了宝贵的资料。如帛书《古佛遗留先天文榜》，即保存了清代手绘的"银城考选"彩色图像，属于目前唯一的孤品（见该套书第一册）。"银城"之说，民间宗教运动史上出现甚早。史载唐玄宗开元初年，即有谣谶传说：弥勒佛出世，当出"银城"；李唐将灭，刘姓当兴。明清教派经卷中，银城往往写作"云城"。一般认为，银城或云城，是乾坤毁坏、末劫来临之时，教门信众的"避劫"之所。《古佛遗留先天文榜》的银城图像，城头云雾缭绕，城门口端坐一人。此公头戴道巾，身披黄袍，足踏云履，手持文簿，长髯背剑，煞是威风。而他面前，不少等待入城之人伏拜门外，手执号牌文表，等待验明身份入城。其后尚有人群，个个执表敬立，等候"考选"。卷尾还绘有因为没有印信、凭证不得入城的人，其中一位被赶出银城的人，从装束上看，是典型的胡人。这类有关民间教派民族认同的消息，往往不见文字，尤其值得研究者重视。

　　这九种帛书中，有两种题写了制作日期、地点和制作人。其一为《朝阳老耶遗留文花手卷》，据卷末所题，造于"乾隆二十九年甲申季冬"。其二为《灵符手卷》，造于"乾隆三十二年十二月二十三日"。造卷者来自山西寿阳两个不同的村子。他们对参加黄天道的活动并不避讳：会主、会副、茶头、写手，都一一署具实名。最长的一卷帛书《朝阳老耶遗留文花手卷》是以清初万全县为中心的黄天道一百二十会的会名、会主、村落状况，似乎也都是实名。这些资料无论在规模还是细节上，都远远超出以往学术界所知的一种局部的黄天道二十四会的记载。

这一情况表明，到乾隆中期，清廷尚未将查办"邪教"案普遍政治化，也没有无限扩大对黄天道的追查。山西寿阳出资造卷的普通村民，显然对于直隶严酷镇压黄天道的消息浑然不知。而乾隆二十八年（1763）清廷查办直隶万全黄天道案后，山西寿阳马上制作出宣传以万全为中心的一百二十会的黄天道大型帛书，也显示出黄天道已暂时逃离万全，在寿阳一带迅速发展。这些道内重要文献，在同光年间，又从山西回传到直隶万全，用于黄天道复教，进而由赵尔理收藏。这种经卷制作、流动、传写的个案资料，对认识清代民间教派网络的特点，及其与清代各级官僚机构之间的互动，都有非常重要的史料价值。

四、星神、历日与五代、宋、元以来民间宗教文献脉络

宋元以降，中国民间教派与摩尼教、祆教、景教等中古"夷教"之间的关系，向来为学界重视，然而苦于民间教派内部文献难得，此种讨论并不深入。例如：元末红巾军起义，是否与摩尼教、明教、白莲社或弥勒教有关？抑或是上述各种宗教混杂于民间的社会运动？学术界对此一直争议很大。70多年前，吴晗即提出，明帝国国号大明，是明太祖朱元璋信奉明教所致。然而赞同者与反对者，均缺乏民间教派内部的文献支持。近年来，摩尼教汉文文献和明清民间教派的道书，均有不少重要的新发现。但不少学者仍旧习惯从传统的儒、释、道哲学思想入手，以文化上的"类似"甚至"误读"，推断某教曾受到某教的影响。

最近中古"夷教"研究的进展，给学界不少启示：传统认识中"夷教"华化的文化适应和文化融合现象，确实普遍存在，但实用类的宗教性知识，

如历日、星占、科仪等传统,在文化嬗变中并不会轻易失去其固有之特色。而此次发现的黄天道帛书、写经,即详细地提供了明清教派中的"救劫银城"、"陀罗尼符"、"罗"、"计都"、"石女"、"九曜"、"十一曜"、"四十二宿"(根据"九曜"注日及九十花甲,推算出来的末劫换天之后的假想历日)等重要的星神信仰与历日嬗变的资料,为学界重新考虑明清教派是否与晚唐、五代以来的摩尼教有关,或者与哪些宗教文化有关,提供了新线索。

这次影印的文献,不算帛书、科仪手本,仅刻本、抄本的宝卷中,即有近三十种未见著录的孤本,史料价值不言而喻。此外,同以往出版的由古旧书市与图书馆善本部所获的民间文献不同,这批文献是田野调查中发现的一个完整的"民间文库"的菁华。由于未完全脱离其生存环境和历史地域,这批资料对于微观社会史和宗教史的探索更具优势。

至于这些文献对于研究民间宗教史、地方化的佛教禅宗史、道教丹道、符箓派的历史,以及俗文学和戏曲史方面的意义,更是学术界熟知的民间教派经卷的史料价值,本书在上述方面,不乏富有启发的新史料,此不一一赘述。

鸣 谢

此次调查资料公开出版,首先要感谢当地学者、民间文书收藏家丁山先生和文化工作者甄山先生。在田野调查中,除了罕见的历史文献,我收获更多的,是他们的友谊和信任。没有他们的帮助,这项工作是不可能完成的。一向呼吁秘密社会史与民间宗教史领域,要打破"资料封锁"的南台科技大学的王见川教授,在促成此事上,更是奔波任事,不遗余力。为了保护历史文献,赵涛博士、齐静女士、范世琦先生和我一起,仔细整理、修复和扫描了所有的资料。中国人民大学清史研究所黄兴涛、夏明方、杨念群三位教授,对此项田野调查一直非常关心,并在筹建清代民间文书的资料库上给予大力支持。上述田野调查,曾获得中华人民共和国教育部文科基地项目"明清民间宗教的地方化研究"（2009JJD 770029）以及蒋经国基金会的国际学术合作课题"Text and Context: Redemptive Societies in the History of Religions of Modern and Contemporary China"的部分资助。谨向上述支援和帮助这项旷日持久的研究工作的机构和个人深表谢意！

最后，我特别要向玉成此事的台湾博扬文化事业有限公司的杨莲福社长、李淑芬主编致敬。博扬文化多年来支持民间宗教的研究和学术出版，是他们的高效率工作，以及在无数细节上的努力与耐心，最终让这批珍贵的历史文献，在较短的时间内得以与读者见面。

附录二

《明清秘密社会史料撷珍·黄天道卷》总目录

第一册

朝阳老耶遗留文花手卷

普明佛遗留末后一着灵符手卷神咒

灵符手卷

普明遗留灵符文花手卷

七祖罗凭收元宝偈

古佛遗留先天文榜

普明遗留七家手卷合同

普明古佛遗留白华玉篆之图

普明遗留半印真宝

第二册

普明遗留周天火侯金丹蜜指心印妙诀（一卷）

云外青霄显明直指宝卷（上卷）

普明遗留末后定劫经

佛说西来意返唱经

三佛正劫识宝九精八怪照妖镜妙偈（残本）

古佛遗留三极九甲天盘偈

朝阳古佛遗留三佛脚册末劫了言唱经（卷中）

普明古佛三期普渡

大明诚意伯刘伯温先生遗留搜天宝鉴

第三册

普明定劫护坛真经宝卷躲劫真实归家

朝阳遗留九甲灵文宝卷（上册）

朝阳遗留九甲灵文宝卷（中册）

朝阳遗留九甲灵文宝卷（下册）

混源道德金丹龟灵古月宝卷（卷上）

混源道德金丹龟灵古月宝卷（卷下）

寒山石德留呼吸静功要诀

第四册

普光四维圆觉宝卷（上）

佛说普光四维圆觉宝卷（中）

普明古佛遗留末后一着扣天真宝

普明老祖遗留悟道篇

普明无为了义宝卷（上册）

普明无为了义宝卷（中册）

乘舟得路证道了心宝卷（下）

周祖传普明指诀

太阳登殿日时默诀

第五册

清净无为妙道真经宝忏

蕴空明宝透玲真经

透玲圆觉华严真经

佛说玉液还丹捷径真传口诀

乾隆五十七年壬子高昌抄本

普明遗留修养密诀

九祖遗留收元罗凭宝偈

黄天救度援亡宝忏

普明古佛遗留收元宝赞

普明古佛遗留天门宝赞

普明遗留八牛宝赞

普明古佛遗留青龙宝赞

第六册

佛说清心戒赌文洗心论

普明遗留珣璃印记文篆

太上黄庭经

路粮米

关圣帝君觉世经直讲

箴言星图杂抄

普贤菩萨星图

佛说如意心陀罗尼神咒

省悟家庭打药理

五瘟文表

圣诞文表

普明古佛遗留悟道篇附医方符咒

了义卷宝卷

观世音菩萨感应灵课

龙雷之火

第七册

混源道德金丹龟灵古月宝卷（上）

混源道德金丹龟灵古月宝卷（下）

静休斋志

佛说大悲心陀罗尼经

万法经

清静妙法莲华真经

清静无为妙道真经宝忏

普照银砂海中取心经

普光手本

普明如来无为了义

普照银砂海中取心经

普圆宗古佛五十三参扣寅偈

蕴空明宝真经

佛说三月六候利生宝偈

附录三

新发现黄天道符图牌印

附图 01　上天梯

观音金旨

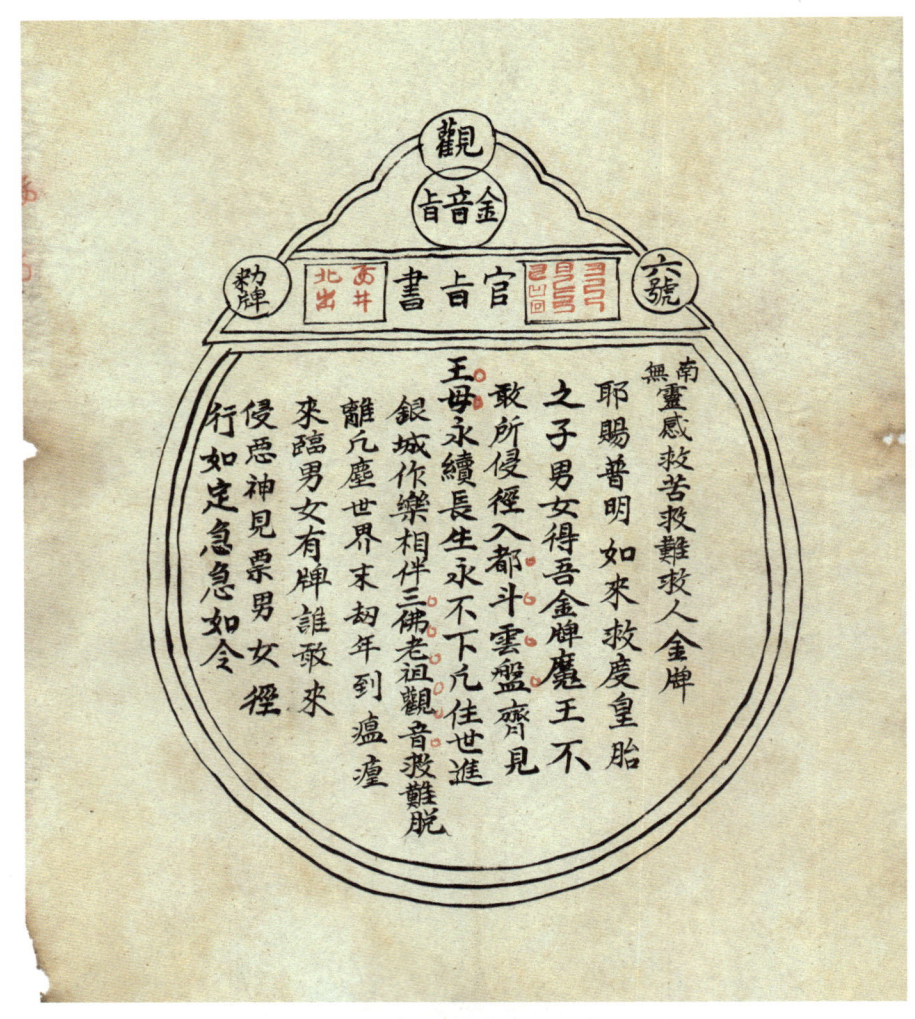

勅牌　官旨書　六號

南無靈感救苦救難救人金牌
耶賜普明如來救度皇胎
之子男女得吾金牌魔王不
敢所侵徑入都斗雲盤齋見
王母永續長生永不下凡住世進
銀城作樂相伴三佛老祖觀音救難脫
離冗塵世界末刼年到瘟瘟
來臨男女有牌誰敢來
侵惡神見票男女徑
行如定急急如令

附图 02　观音金旨六号敕牌

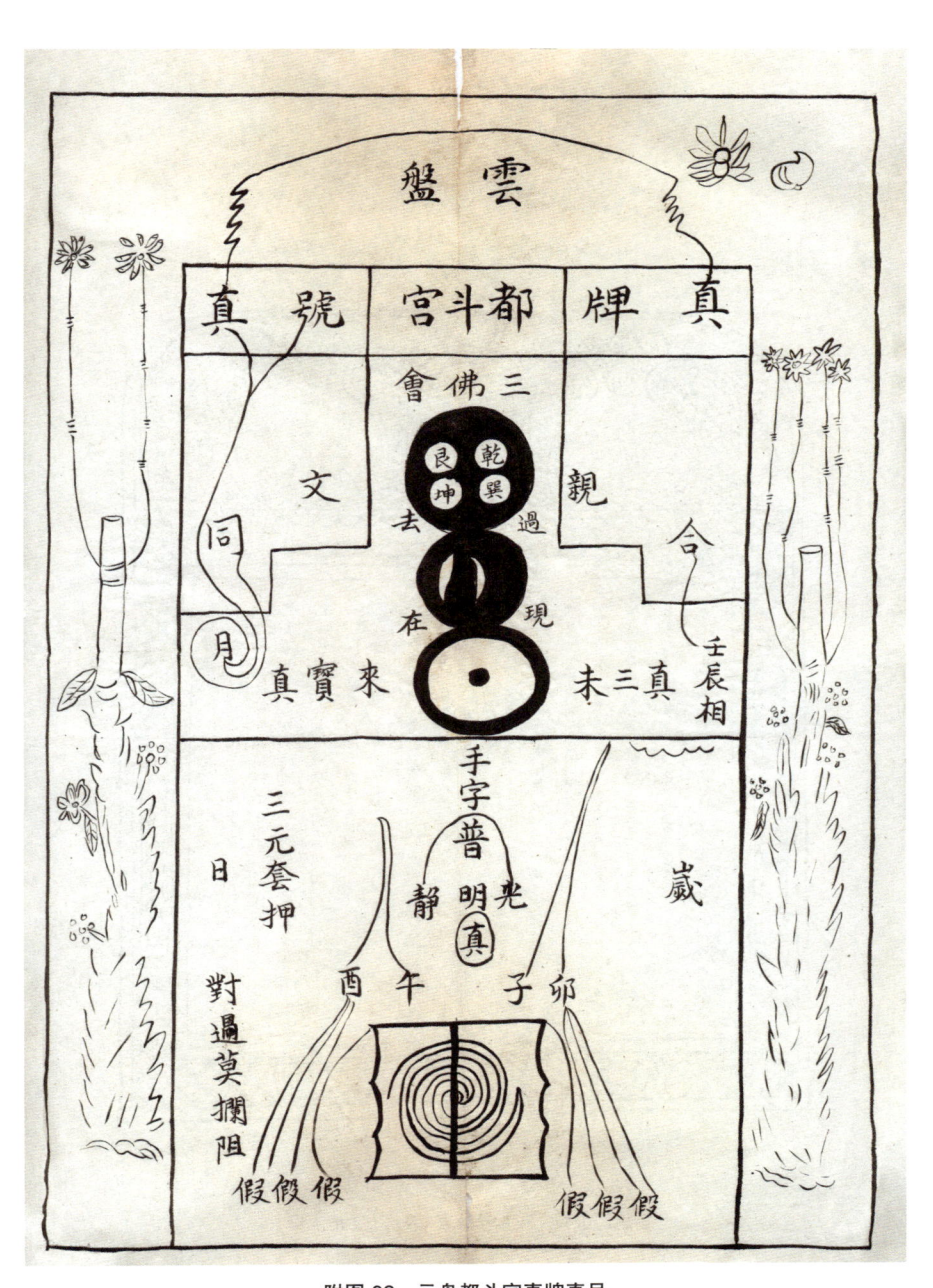

附图03　云盘都斗宫真牌真号

附图 04　无生老母家书默旨收元宝册

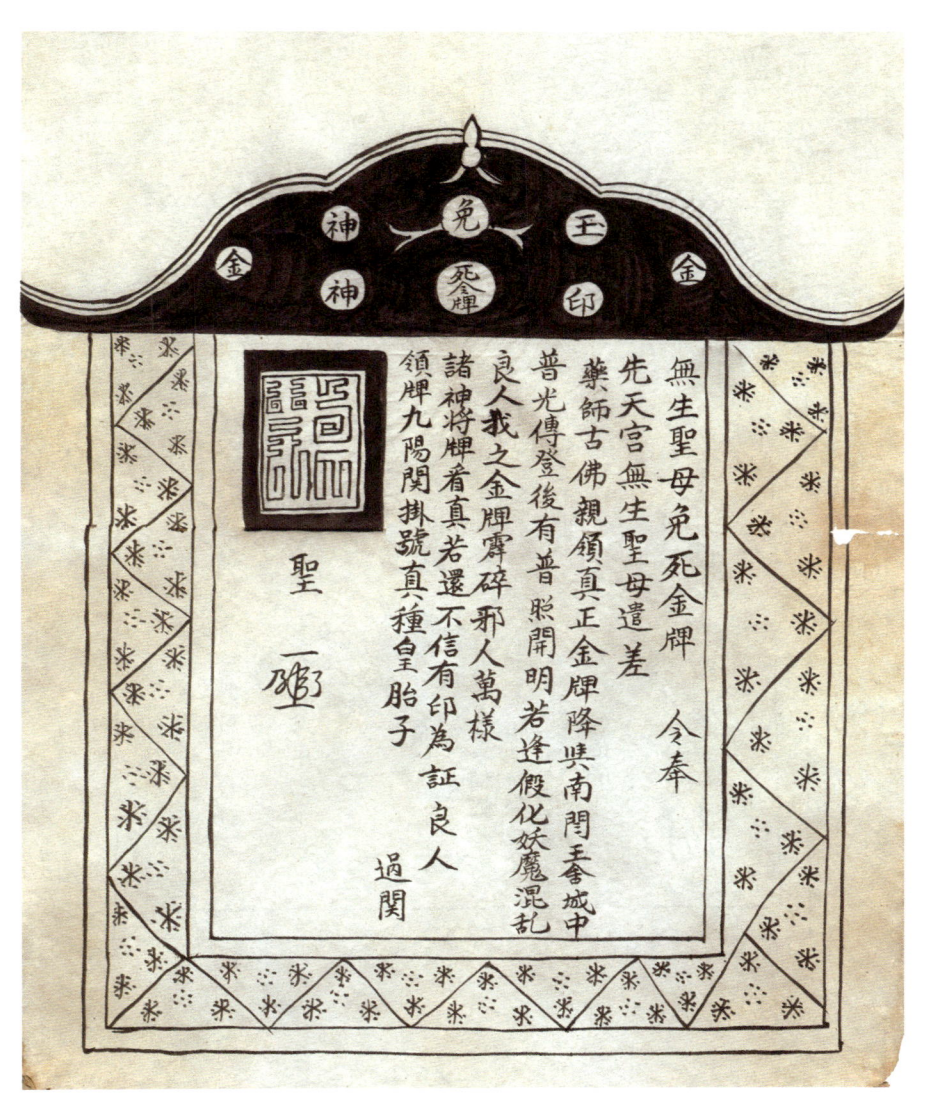

無生聖母免死金牌　令奉
先天宮無生聖母遣差
藥師古佛親領真正金牌降興南閻王舍城中
普光傳登後有普照開明若逢假化妖魔混乱
良人我之金牌霹碎邪人萬樣
諸神將看牌看真若還不信有印為証良人
領牌九陽關掛號真種皇胎子　　過関

聖　璽

附图05　无生圣母免死金牌

246　祖师的族谱

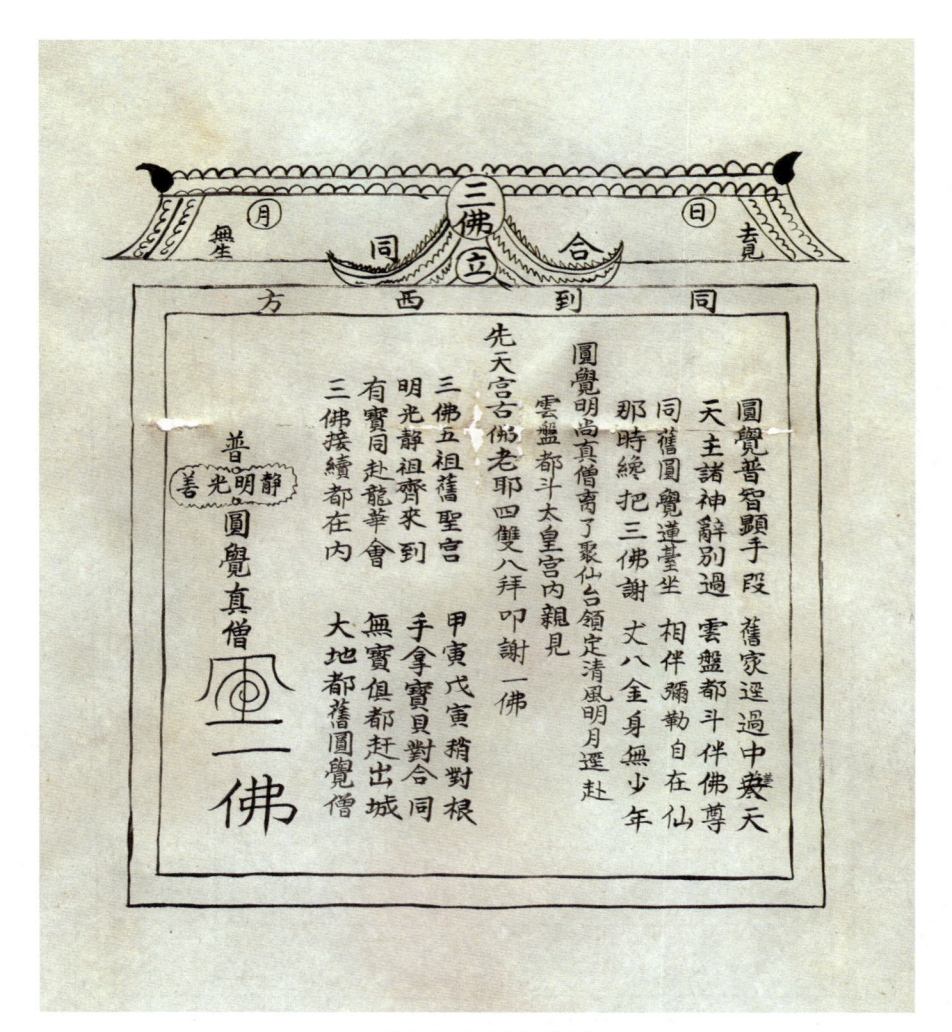

三佛合同立同到西方

月無生　　日壹

圓覺普智顯手段　舊家逞過中葵天
天主諸神辭別過　雲盤都斗伴佛尊
同舊圓覺蓮臺坐　相伴彌勒自在仙
那時總把三佛謝　丈八金身無少年
圓覺明尚真僧離了聚仙台領定清風明月逞赴
雲盤都斗太皇宮內親見
先天宮古佛老耶四雙八拜叩謝一佛
三佛五祖舊聖宮　甲寅戊寅稍對根
明光靜祖齊來到　手拿寶貝對合同
有寶同赴龍華會　無寶俱都趕出城
三佛接續都在內　大地都舊圓覺僧

靜　普　　圓覺真僧
明　光
　善

鳳二佛

附图 06　三佛五祖合同

附图 07 银城大水符

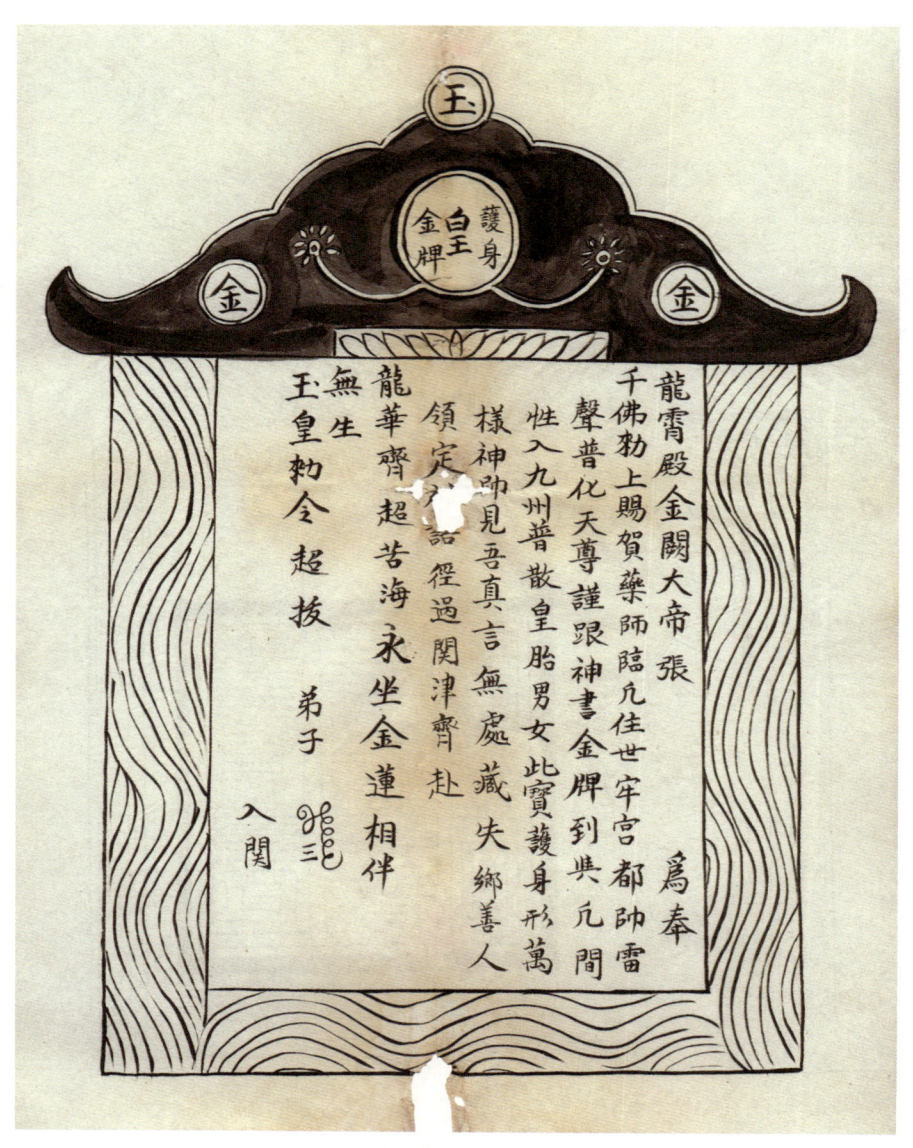

附图 08　龙霄殿张玉帝贺药师佛临凡

附图 09　普明第二牌

250　祖师的族谱

先天宫古佛都斗牌

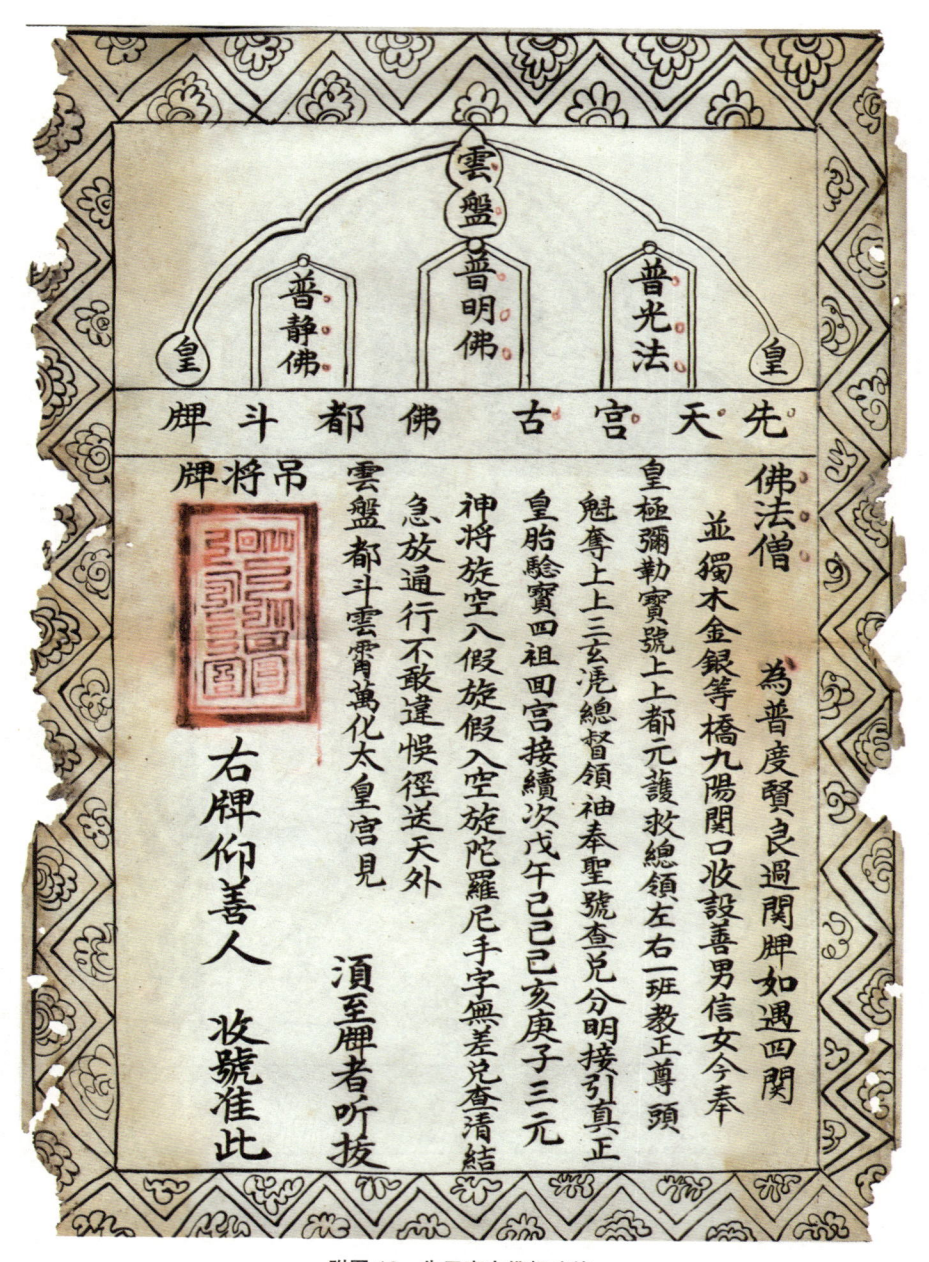

先佛法僧 為普度賢良過関牌如遇四関
天 並獨木金銀等橋九陽関口收設善男信女今奉
宮 皇極彌勒寶號上上都元護救總領左右一班教正尊頭
古 魁奪上上三玄㳒總督領袖奉聖號查兒分明接引真正
佛 皇胎驗寶四祖回宮接續次戊午己巳己亥庚子三元
都 神将旋空入假旋假入空旋陀羅尼手字無差兒查清結
斗 急放通行不敢違悮徑送天外
牌 雲盤都斗雲霄萬化太皇宮見
吊
牌 　　　　　　　　　　　須至牌者聽㧞

右牌仰善人　收號準此

附图10　先天宫古佛都斗牌

皇勅勒令委善人
無生勅令到　萬神都依從
開鎮東關　憑說紫金容
賢人續長生
徑送祇園城

明
豐
三
家
源三壺會
惡神休違票

古佛八句真言　第五牌

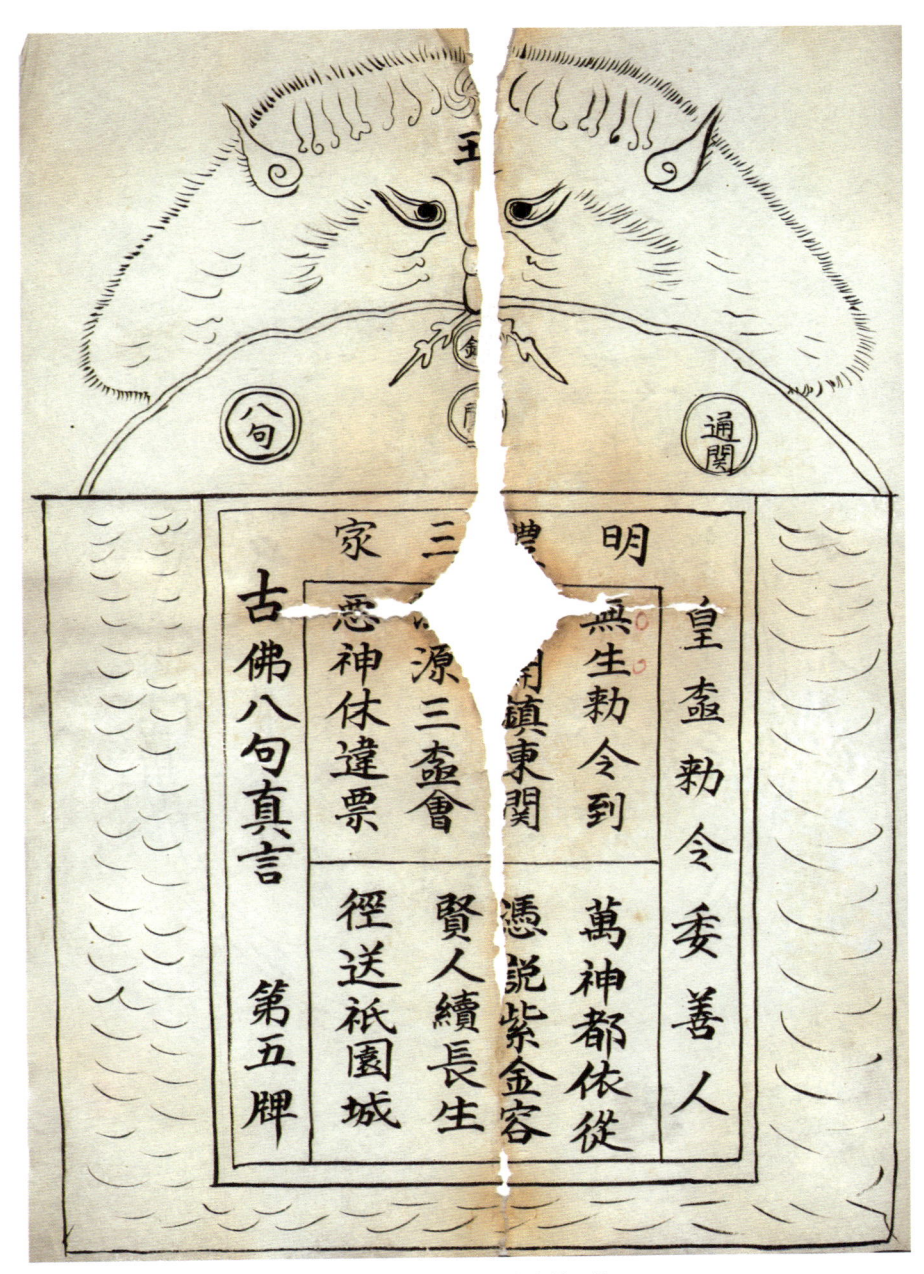

附图 11　古佛八句真言第五牌

附图 12　观音金旨六号敕牌

附 录　253

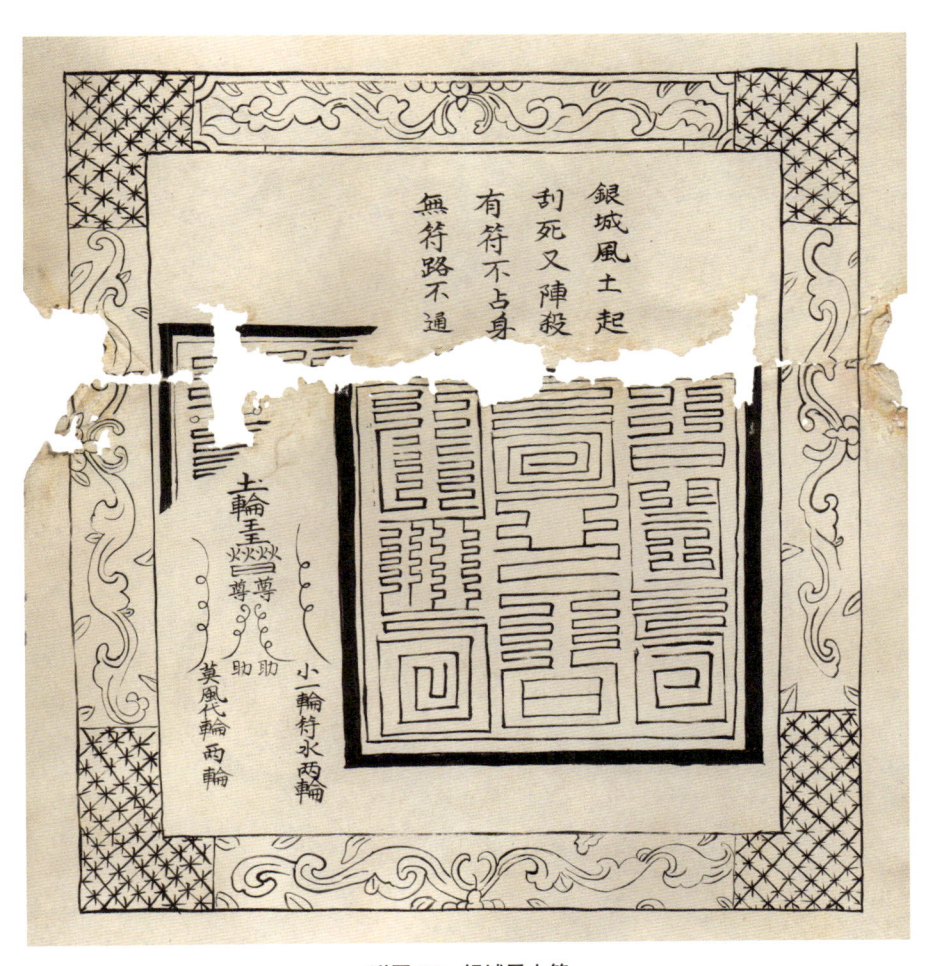

附图 13　银城风土符

254　祖师的族谱

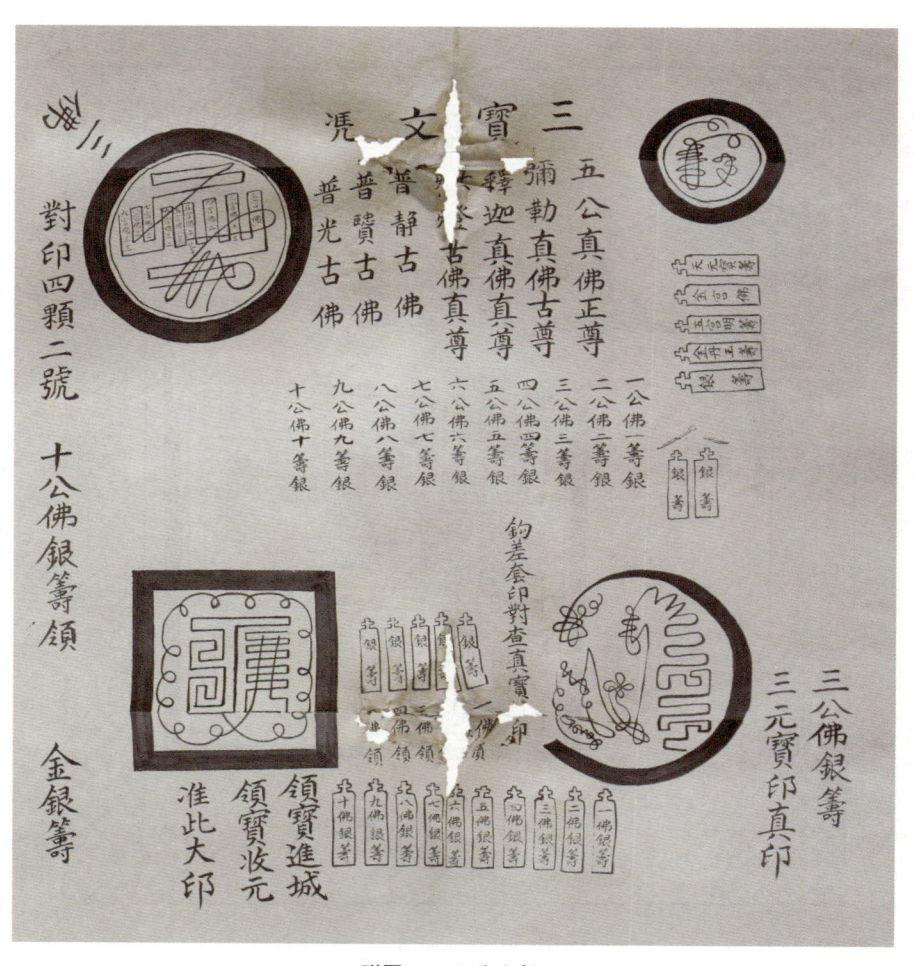

附图14　三宝文凭

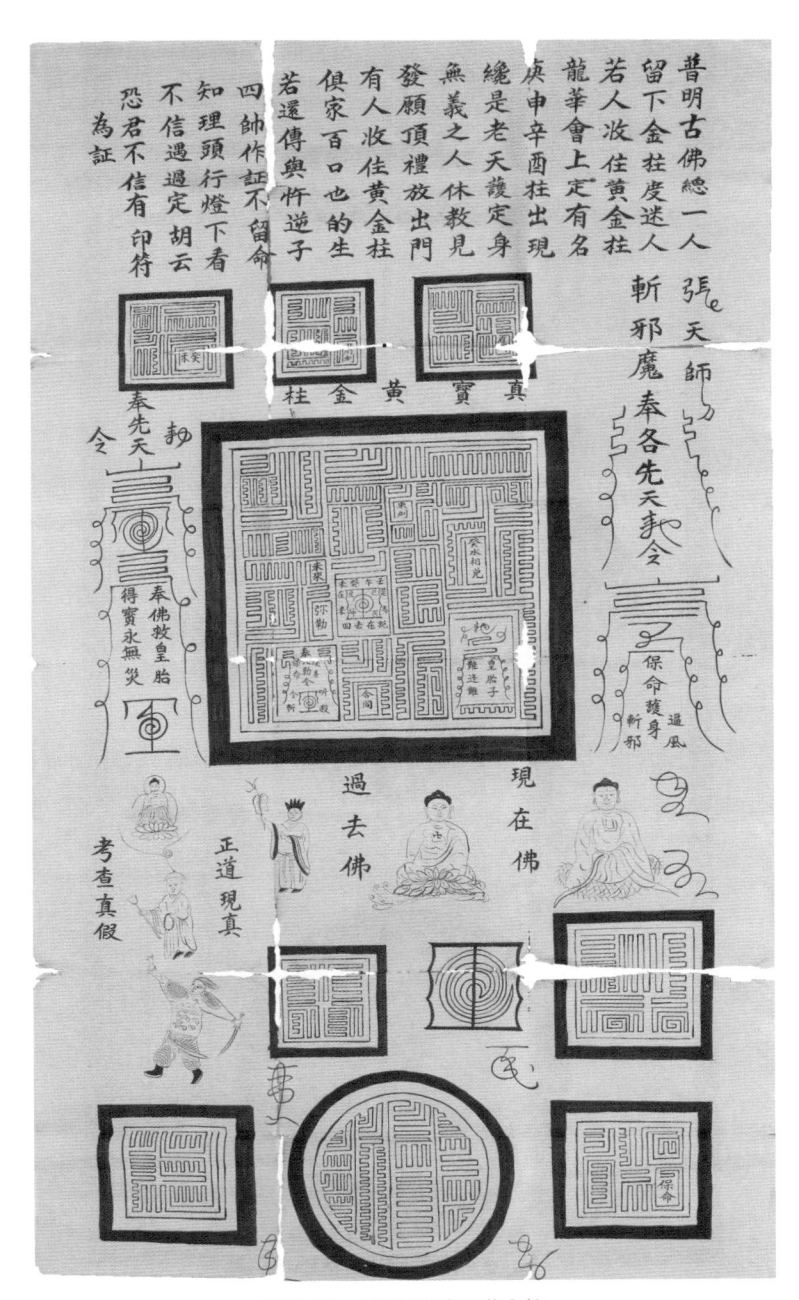

附图 15　普明遗留真宝黄金柱

256　祖师的族谱

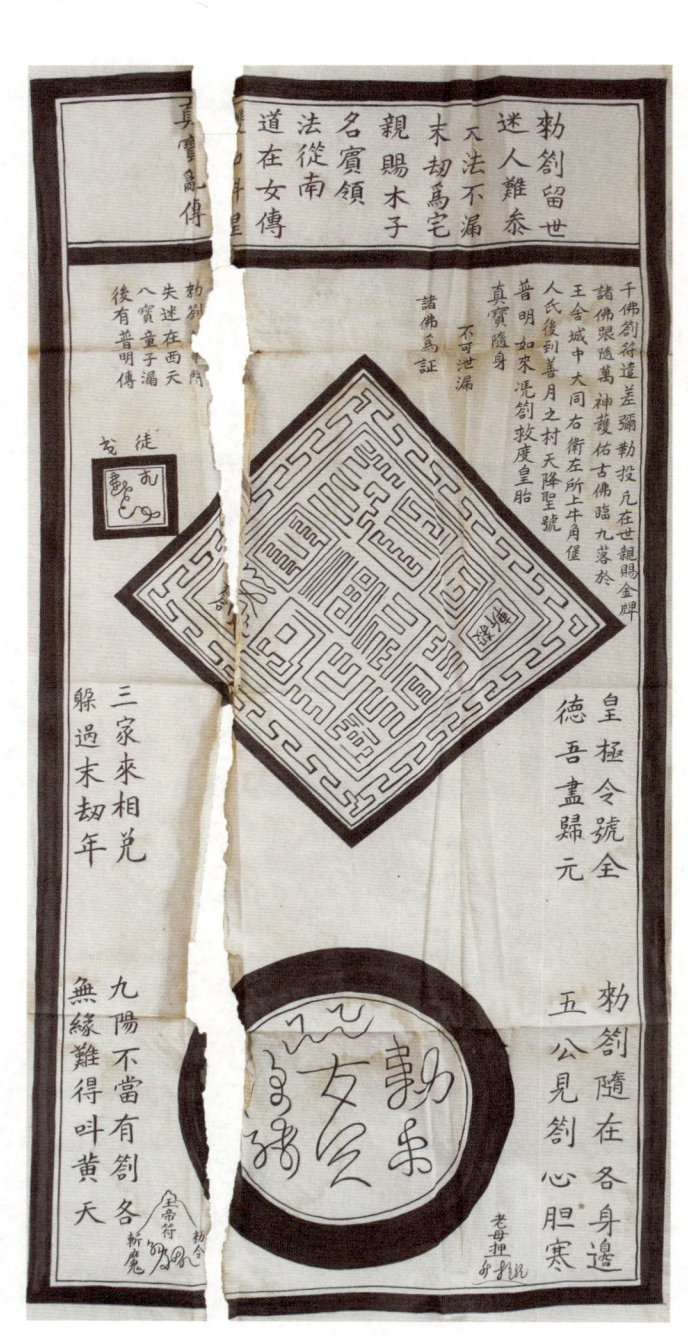

勅剳留世　千佛剳符遣差彌勒投凡在世覲賜金牌
迷人難泰　諸佛跟隨萬神護佑古佛臨九落於
末法不漏　王舍城中大同右衛在所上午月住
末刧爲宅　人氏後到善月之村天降聖號
親賜木子　普明如來憑剳救度皇胎
名寶領　　真寶隨身
法從南　　不可泄漏
道在女傳　諸佛爲証

真寶爲傳

勅剳在西天　　　　　皇極令號全
失迷八寶童子漏　　　德吾盡歸元
後有普明傳　　　　　五公見剳心胆寒

徒

三家來相兄
躲過末刧年

九陽不當有剳各
無緣難得叫黄天

附图 16　千佛敕札

附录　257

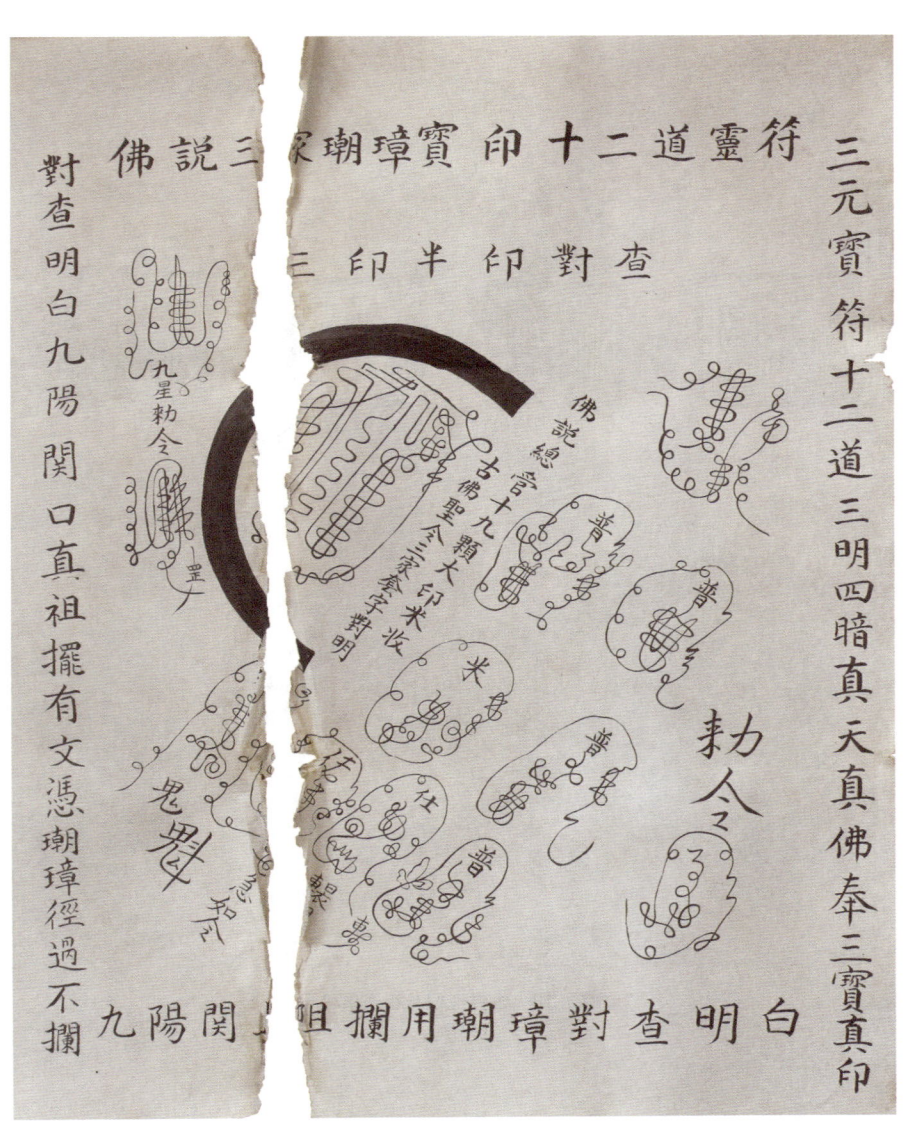

佛説三家瑚璋寶印十二道靈符　　　三元寶符十二道三明四暗真天真佛奉三寶真印

三印半印對查

對查明白九陽關口真祖擺有文憑瑚璋徑過不攔　　　九陽關□祖攔用瑚璋對查明白

附图17　三家朝璋宝印十二道灵符

258　祖师的族谱

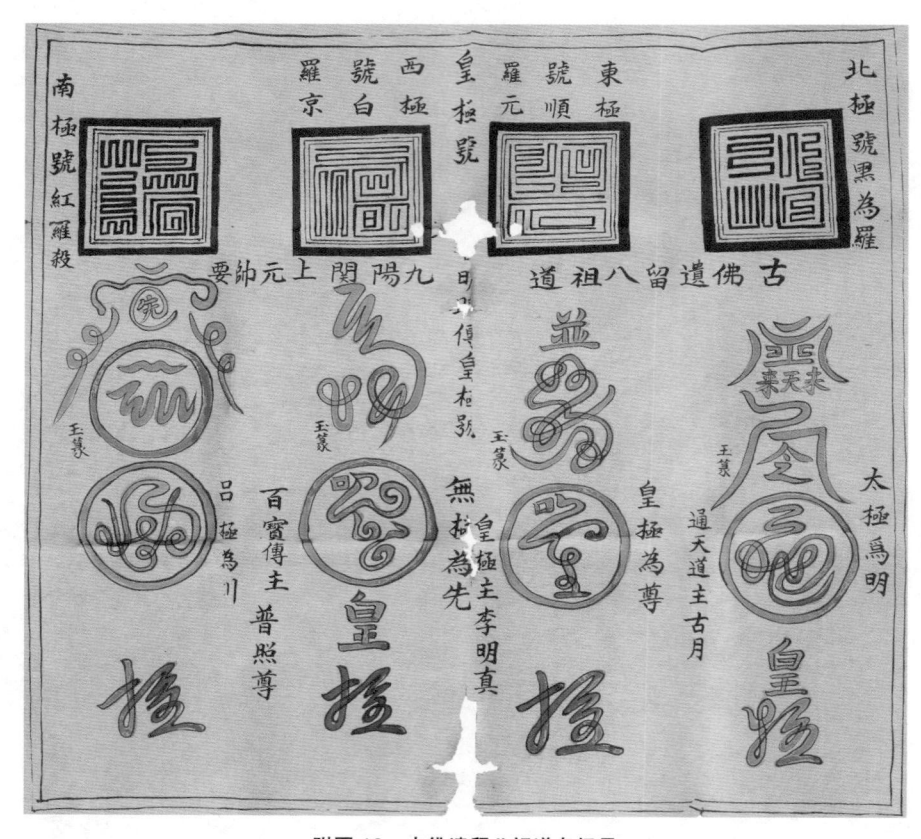

附图 18　古佛遗留八祖道皇极号

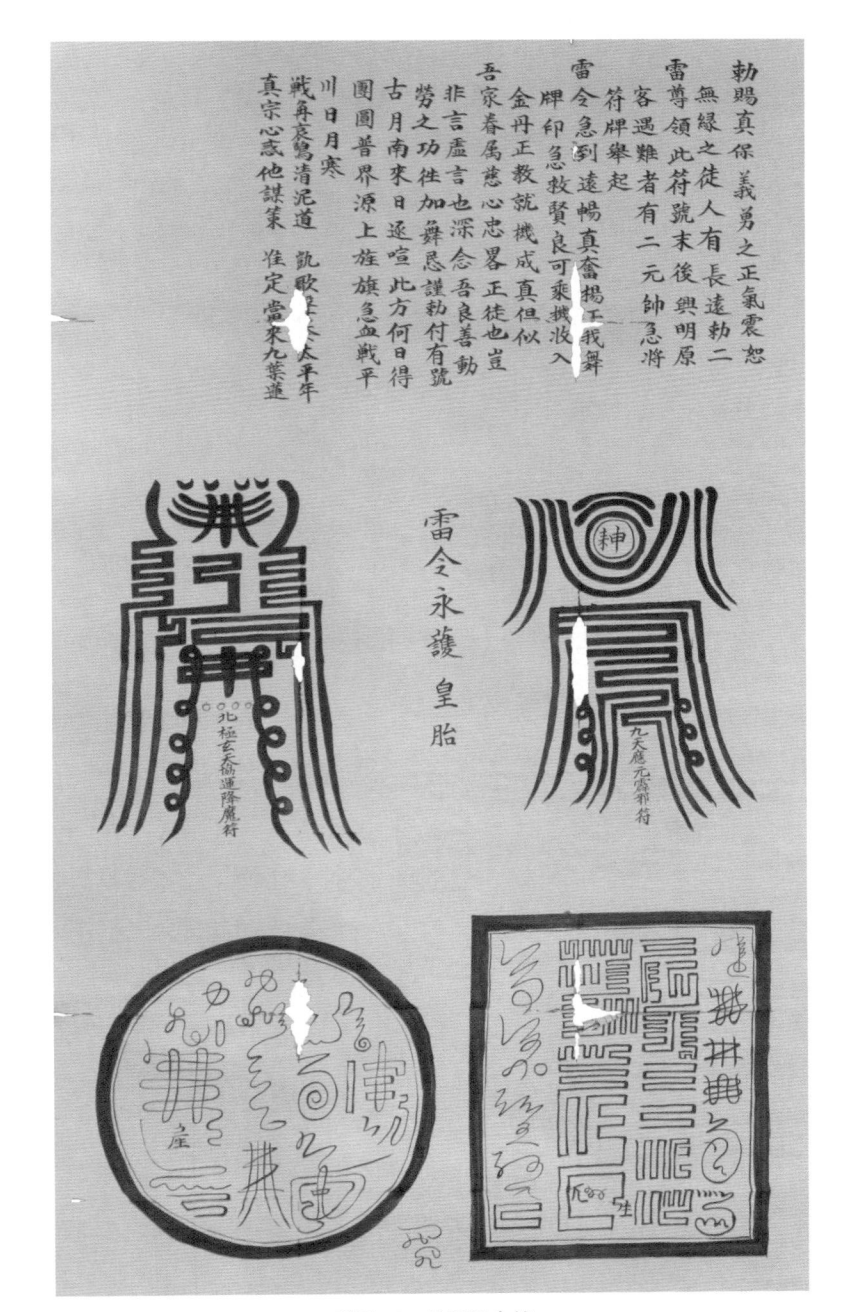

勅賜真保義男之正氣震怒
無緣之徒人有長遠勅二
雷尊領此符跪末後興明原
客遇難者有二元帥急將
符牌樂起
雷令急到遠暢真奮揚工戰舞
牌印急救就賢良可乘撼沒入
金丹正教就撼成真俱似
吾家春屬慈心忠暑正徒也宣
非言盧言也深念吾良善動
勞之功往加舞恩謹勅付有號
古月南來日逐喧此方何日得
圍圖普界源上旌旗急血戰平
川日月寒
戰舞哀鳴清泥道 凱歌上下太平年
真宗心志他謀策 淮定當來九葉蓮

雷令永護 皇胎

附图 19 敕赐雷令符

260　祖师的族谱

附图 20　朝阳罗凭圣号（红）

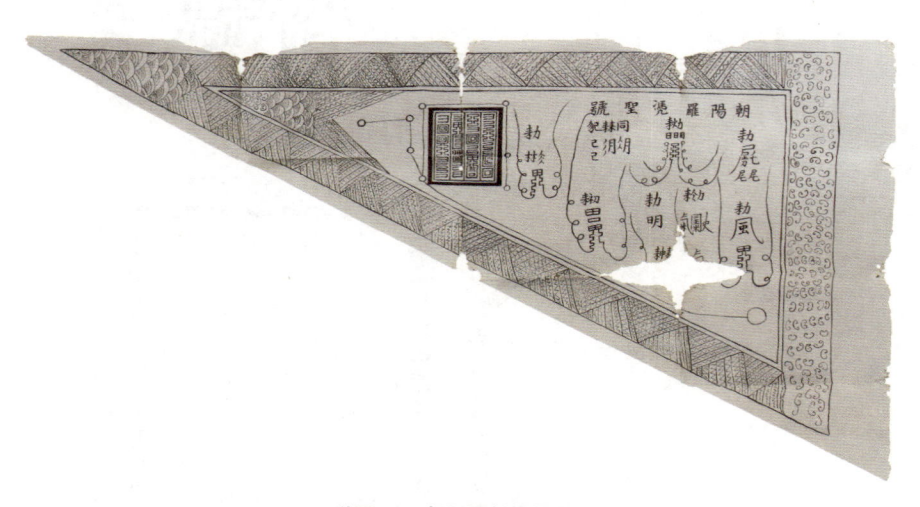

附图 21　朝阳罗凭圣号之一

附图 22　朝阳罗凭圣号之二

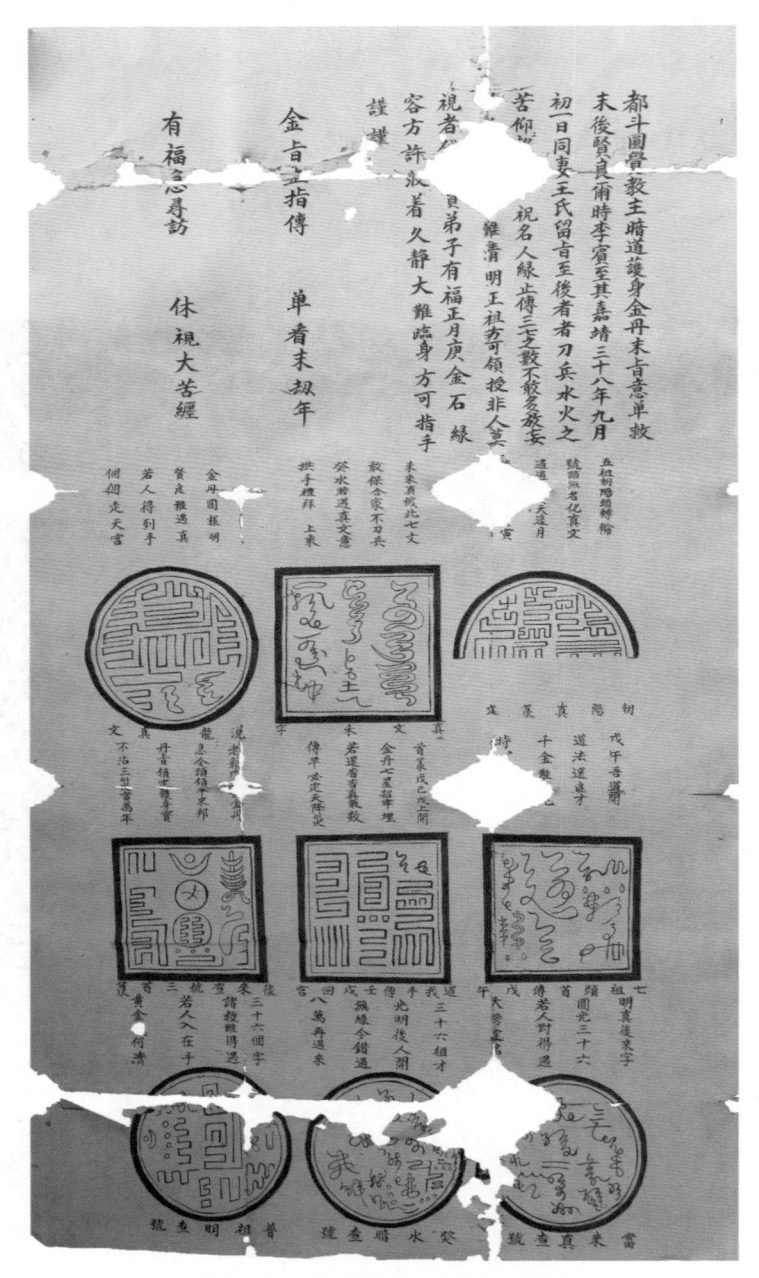

附图 23　都斗圆觉教主暗道护身金丹末旨

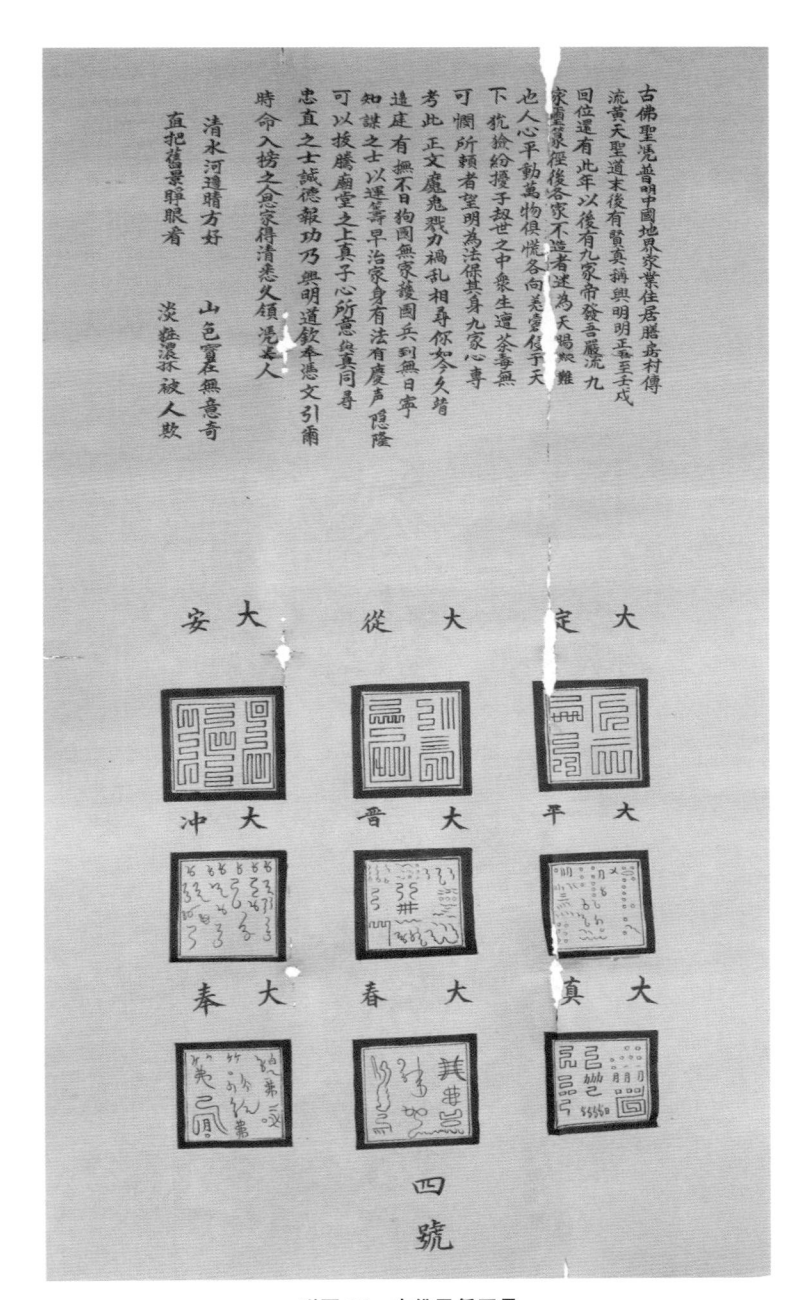

古佛聖凭普明中國地界家業住居膳島村傳
流黃天聖道末後有貿真稱與明明正輪至壬戌
回位還有此年以後有九家帝發音臨流九
家書法家經俊各家不造者述為天錫恩難
也人心平動萬物俱慌各向美壺俊于天
下抗搶紛擾子叔世之中象生遭茶毒無
可憫所頼者望明為法保護身九家心專
考此正文虛鬼戮力禍孔相尋你冬久靖
遵定有撫不日狗圖無家護國兵到無日寧
知謙之士以遷壽早治家身有法有虞声隱隆
可以按騰廂堂之士真子心所意與真同尋
忠直之士誠德報功乃興明道欽奉憑文引甬
時命入榜之貪家得清悲久鎮凭老人

清水河邊晴方好　　　山色蒼在無意奇
直把舊景聊眼者　　　淡墊浪抹被人敷

大　　　大　　　大
定　　　從　　　安

大　　　大　　　大
平　　　晋　　　冲

大　　　大　　　大
真　　　春　　　奉

四
號

附图 24　古佛圣凭四号

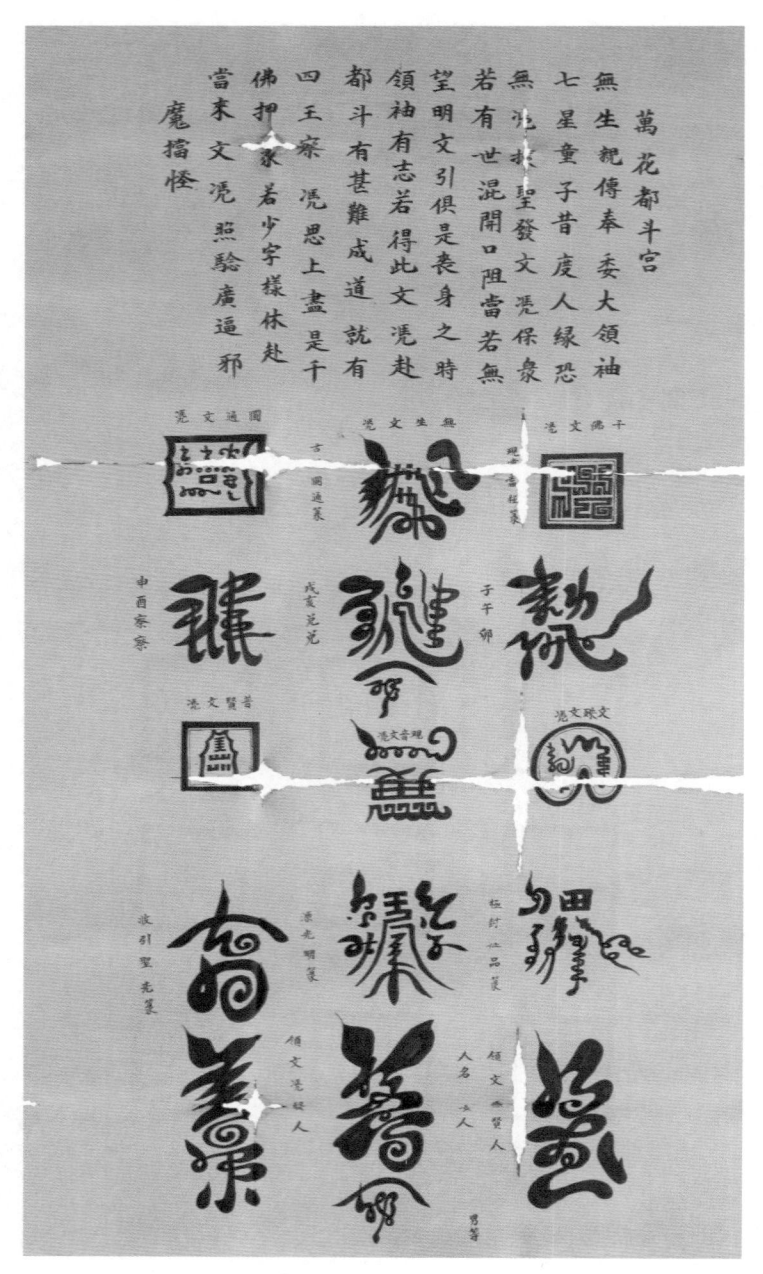

萬花都斗宮
無生親傳奉委大領袖
七星童子昔度人緣恐
無凭捄聖發文凭保像
若有世混開口阻當若無
望明文引俱是衰身之時
領袖有志若得此文凭赴
都斗有甚難成道就有
四王家凭思上盡是千
佛押人象若少字樣休赴
當來文凭煞驗廣遍邪
魔擋怪

附图 25 万花都斗宫圣发文凭

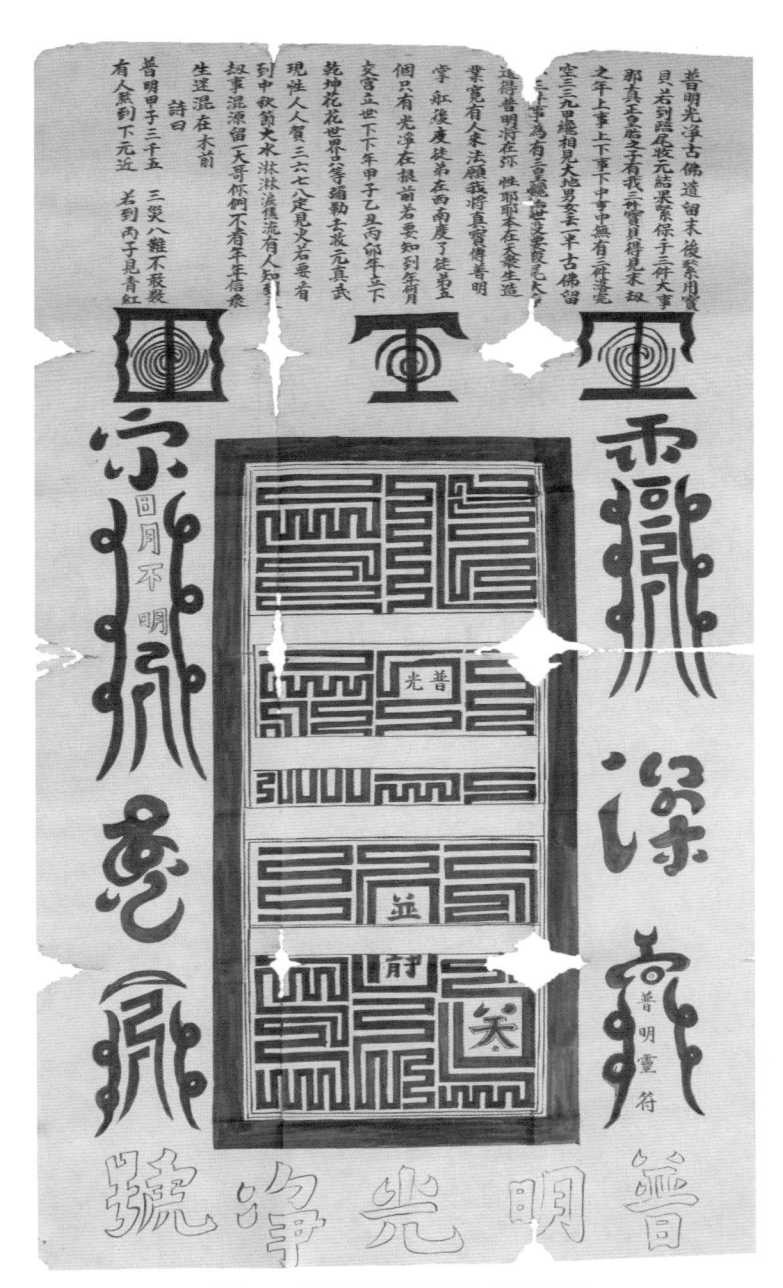

附图 26　普明光净古佛遗留末后紧用宝贝

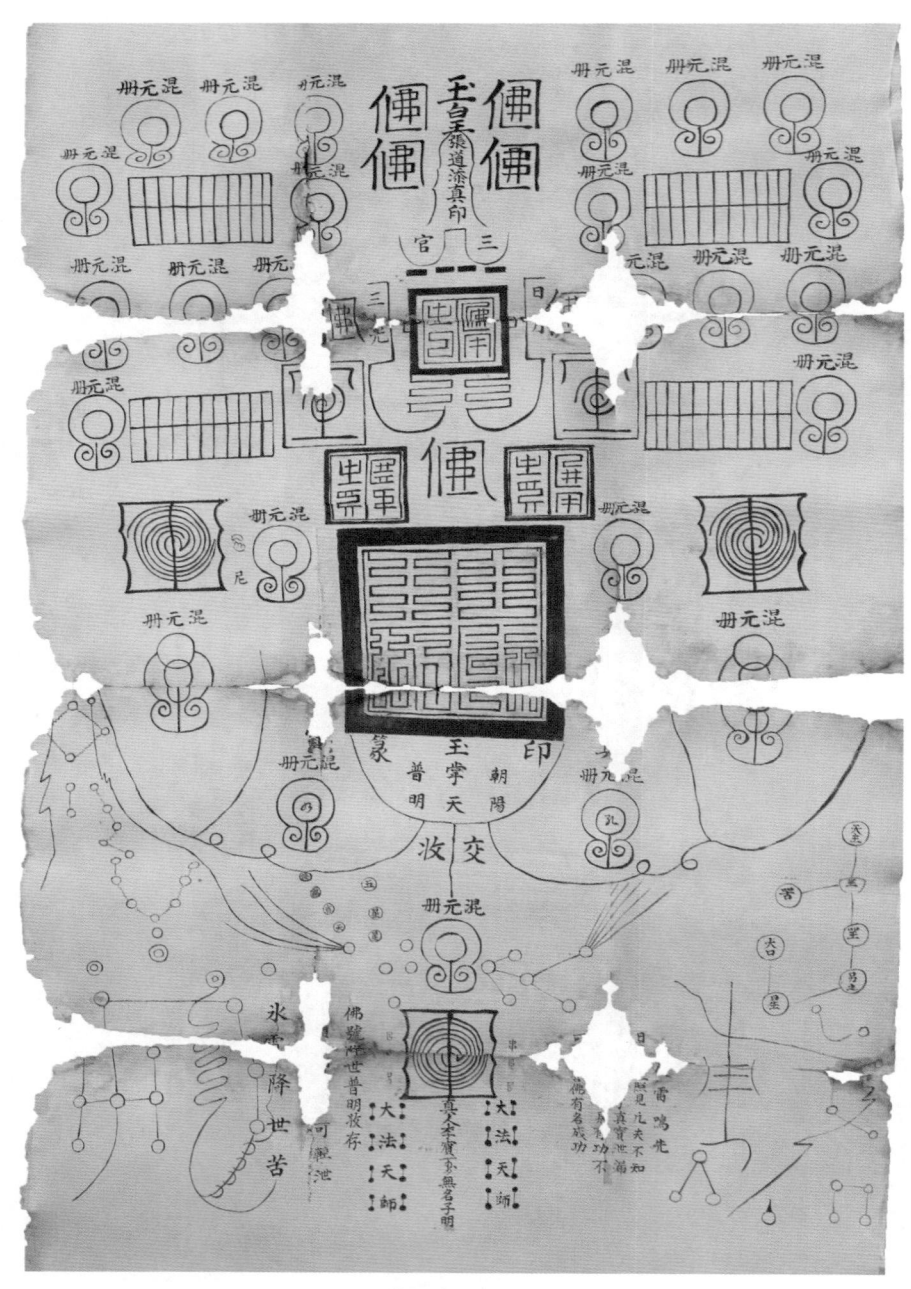

附图 27　混元册

附录　267

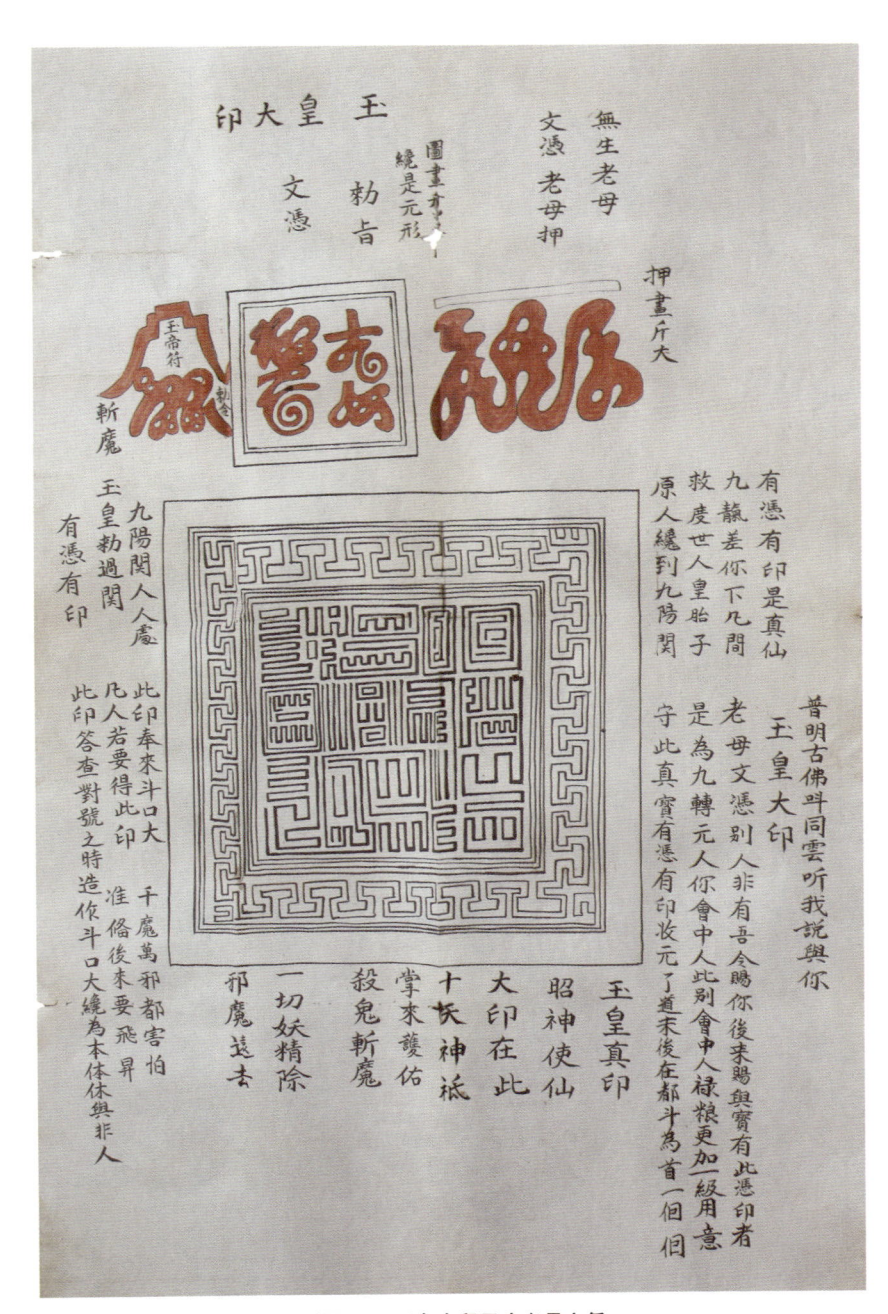

無生老母文憑老母押
玉皇勅旨
大印文憑

圖畫有道繞是元形

押畫斤大

玉帝符斬魔

有憑有印是真仙 九蘢差你下凡間 救度世人皇胎子 原人繼到九陽關 守此真實有憑有印

普明古佛叫同雲听我說與你

玉皇大印

老母文憑別人非有吾令賜與寶有此憑印者是為九轉元人你會中人此別會中人祿糧更加一級用意收元了道末後在都斗為首一個佀

玉皇真印
昭神使仙
大印在此
十妖神祇
掌末護佑
殺鬼斬魔
一切妖精除
邪魔退去

九陽關人人慮
玉皇勅過關
有憑有印

此印奉來斗口大 千魔萬邪都害怕 凡人若要得此印 准俗後末要飛昇 此印答查對號之時造你斗口大繞為本体体與非人

附图 28　玉皇大印无生老母文凭

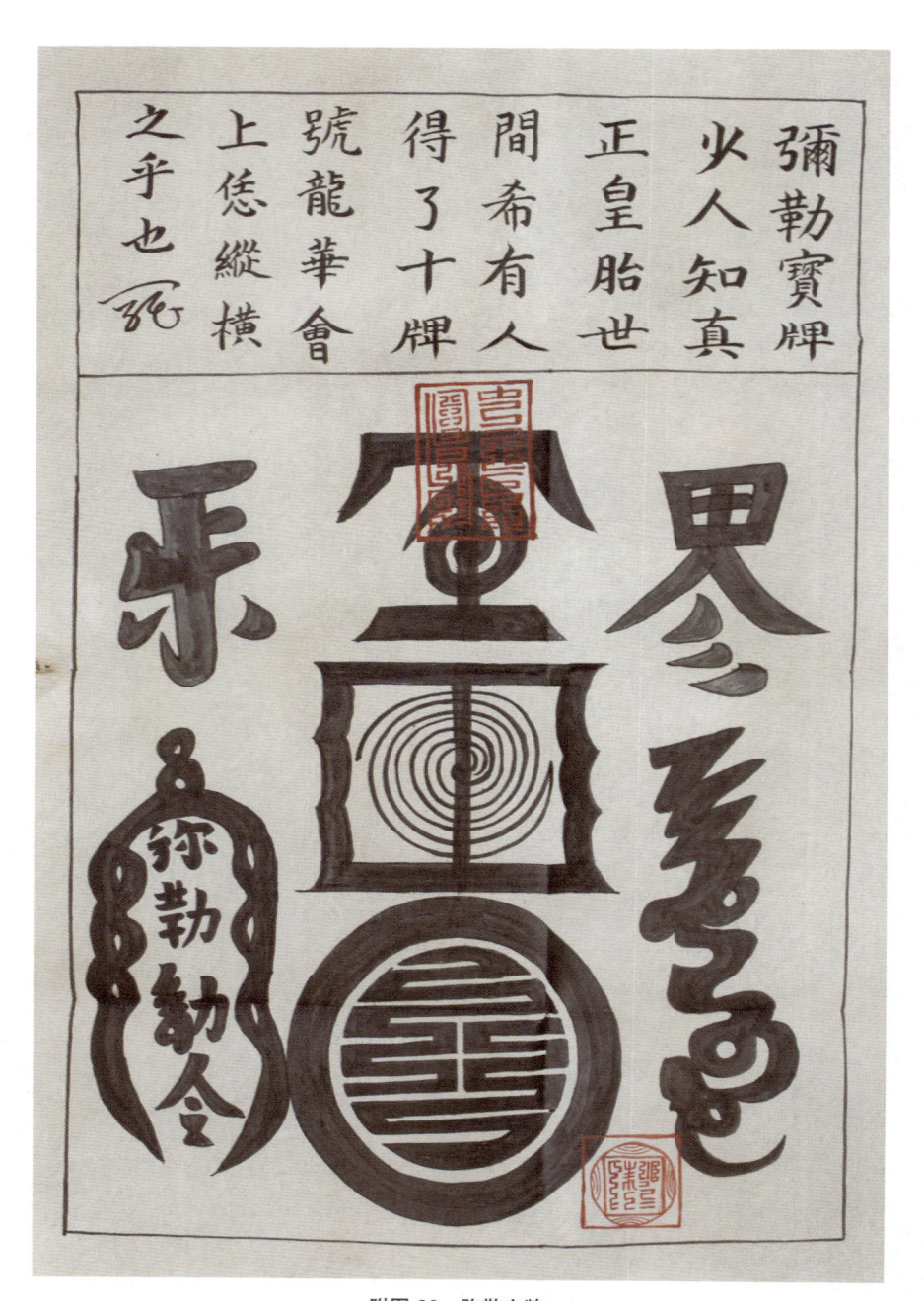

彌勒寶牌
火人知真
正皇胎世
間希有人
得了十牌
號龍華會
上恁縱橫
之乎也死

附图 29　弥勒宝牌

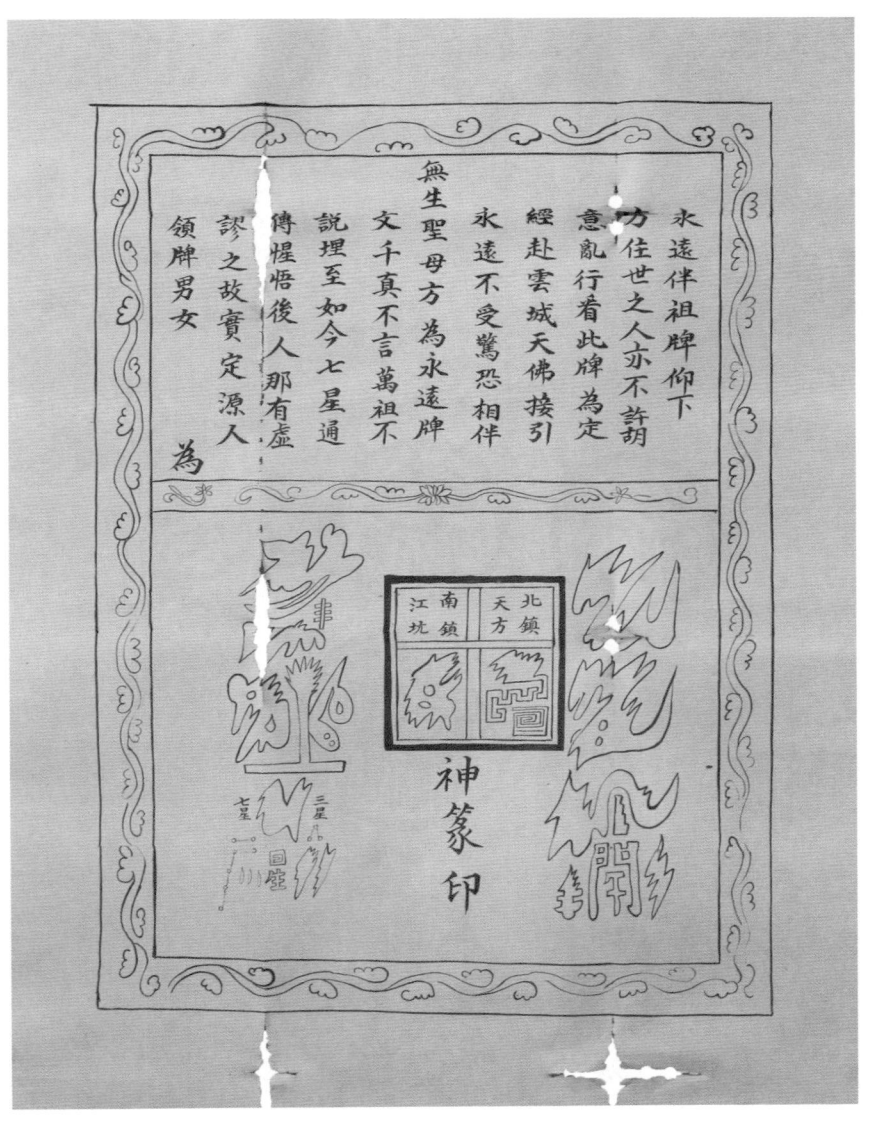

永遠伴祖牌仰下
方住世之人亦不許胡
意亂行看此牌為定
經赴雲城天佛接引
永遠不受驚恐相伴
無生聖母方為永遠牌
文千真不言萬祖不
說埋至如今七星通
傳惺悟後人那有虛
謬之故寶定源人
領牌男女　　為

南鎮　北鎮
江坑　天方

神篆印

附图30　永远伴祖牌

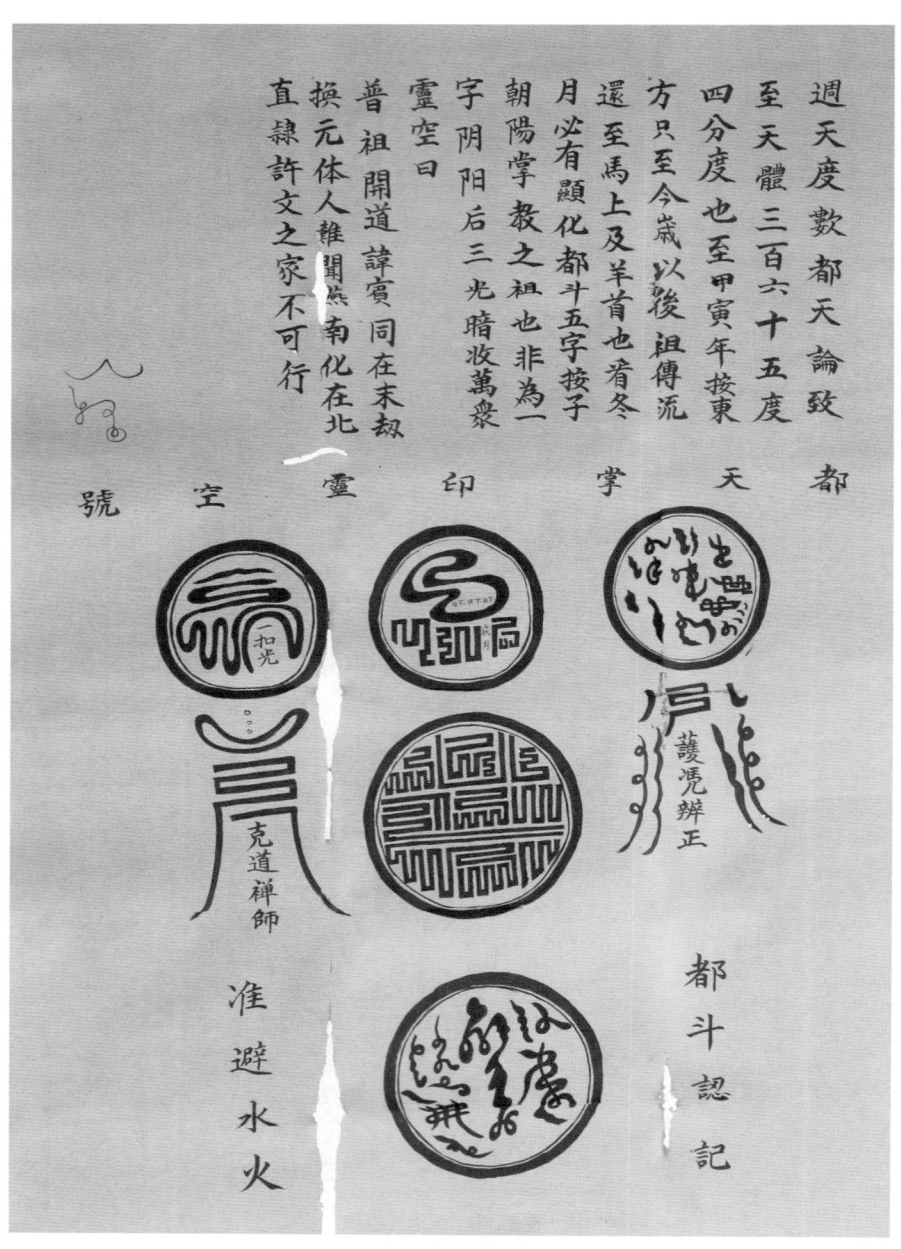

週天度數都天論致都
至天體三百六十五度
四分度也至甲寅年按東
方只至今歲以後祖傳流
還至禹上及羊首也者冬
月必有顯化都斗五字按子
朝陽掌教之祖也非為一
字阴阳后三光暗收萬彙
靈空曰

普祖開道諱賓同在末劫
換元体人雖聞於南化在北
直隸許文之家不可行

天掌印靈空號
都斗認記
護憑辨正
克道禪師
准避水火

附图31 周天度数都天论

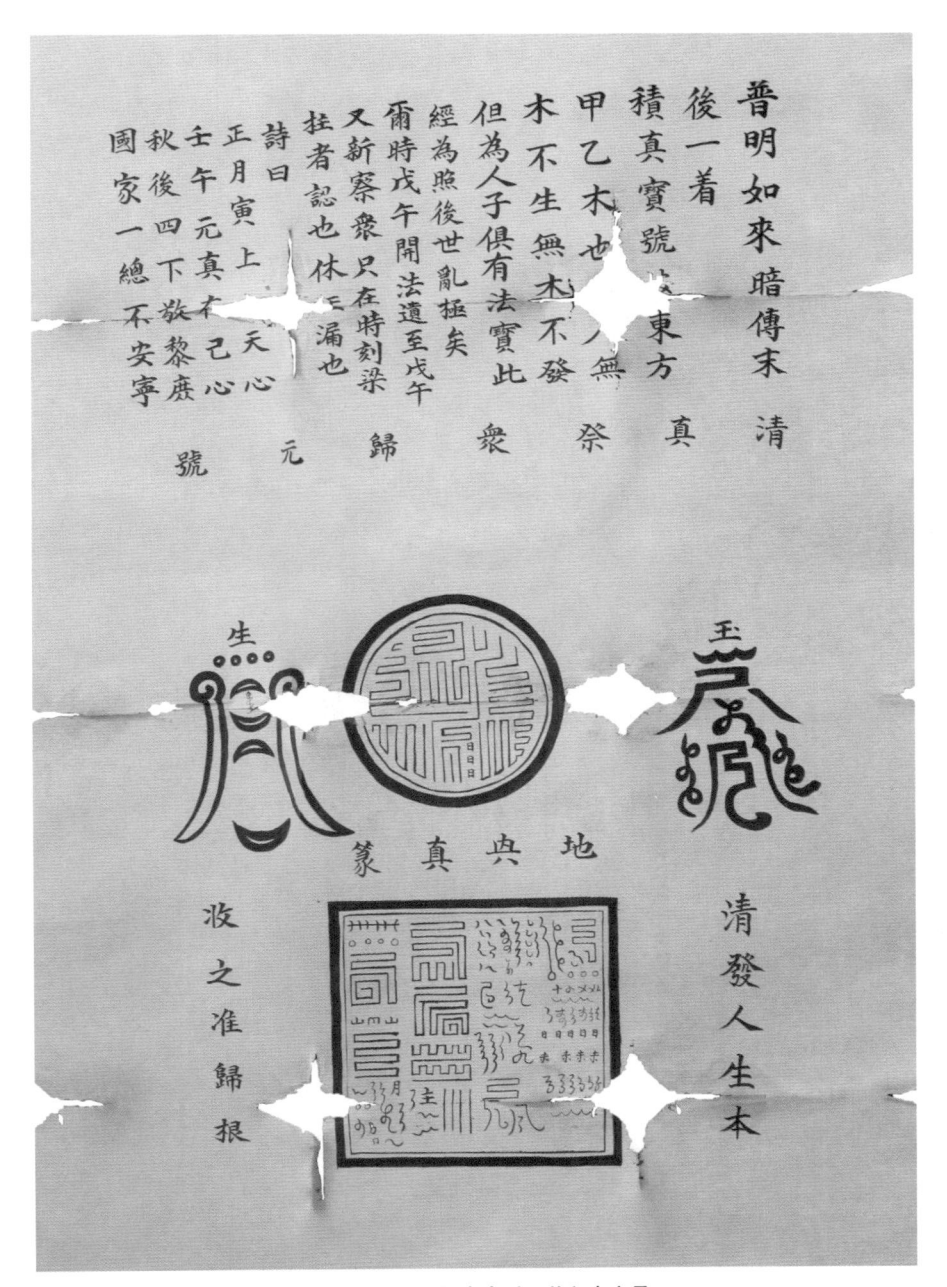

普明如来暗傳末清
後一着
積真寶號東方真
甲乙木也八無余
木不生無木不發
但為人子俱有法寶此衆
經為照後世亂挭矣
爾時戊午開法遺至戊午
又新察衆只在時刻梁歸
掛者認也休漏也
詩曰 天心
正月寅上才己心
壬午元真號
秋後四下敬黎庶
國家一總不安寧

生 玉

篆 真 典 地

清發人生本

汲之准歸根

附图 32　普明如来末后一着积真宝号

272 祖师的族谱

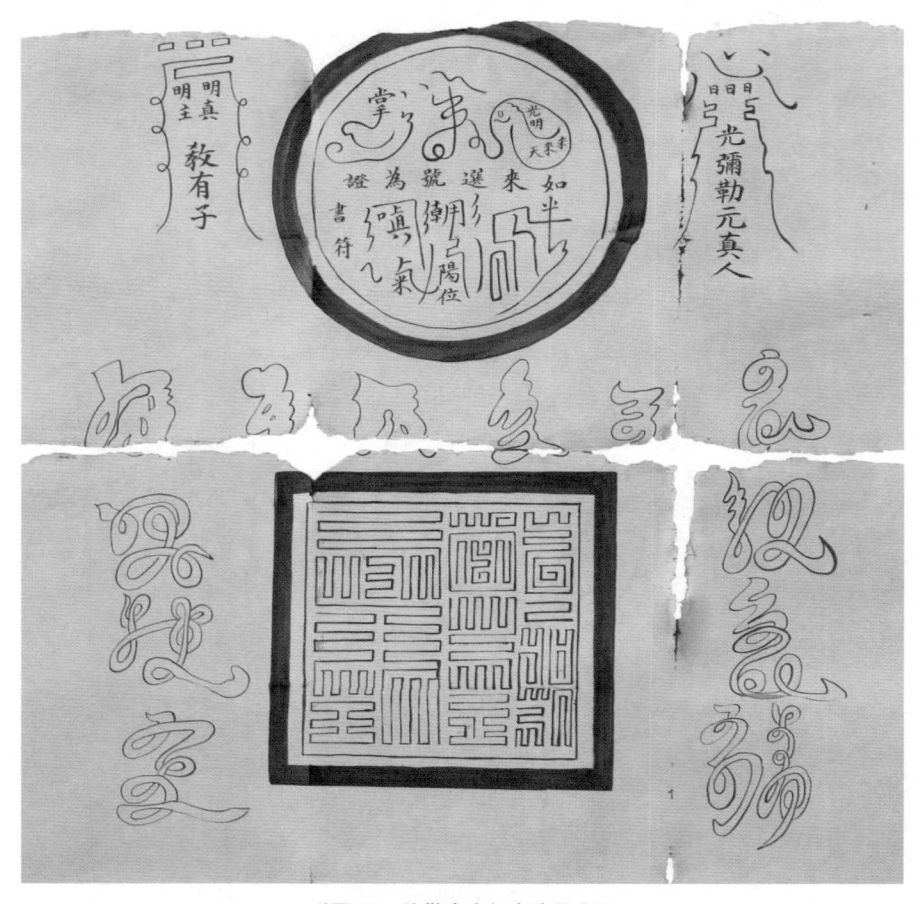

附图33 弥勒真人如来选号为证

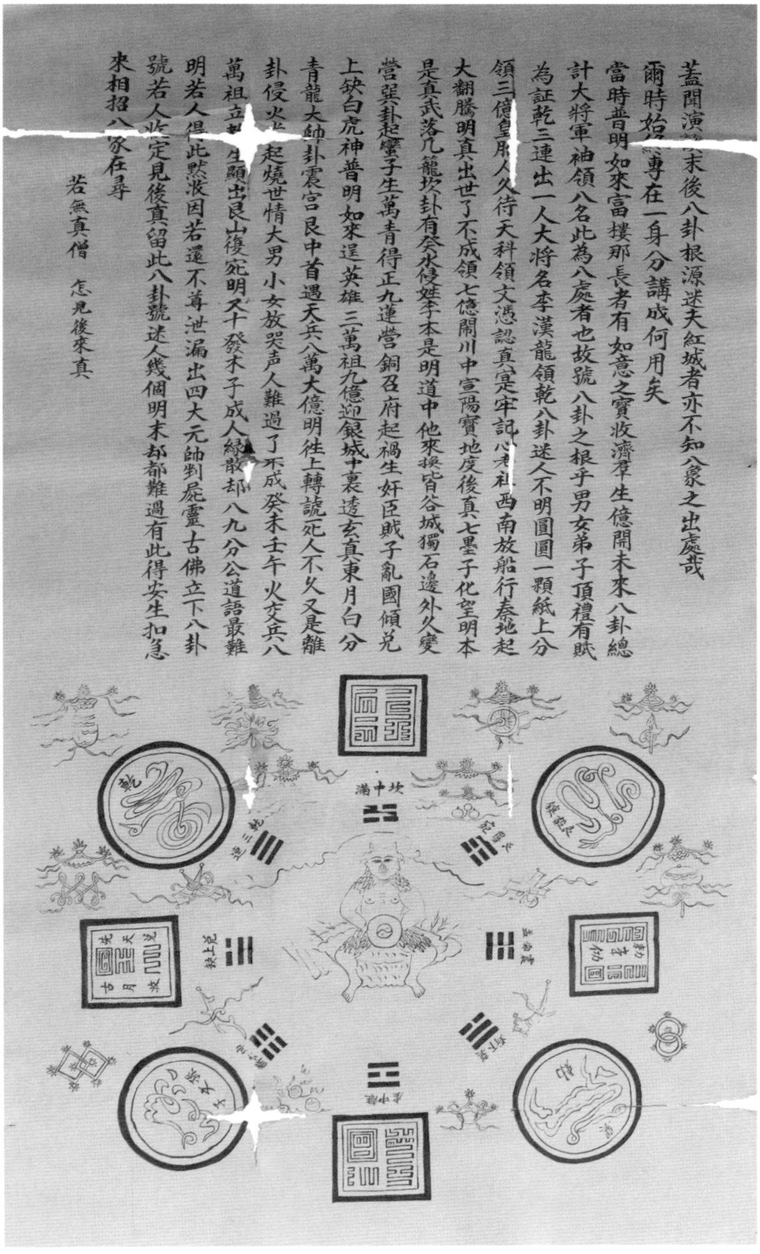

蓋聞演末後八卦根源述天紅城者亦不知象之出處哉
爾時始八專在一身分講戒何用矣
當時普明如來富摸那長者有如意之寶收濟羣生億開末末八卦總
計大將軍袖領八名此為八處者也故號八卦之根于男女弟子頂禮有賦
為証乾三連出一人大奉漢龍領乾八卦迷人不明圖圓一顆紙上分
領三億皇所八久待天科領文憑認真定牢記心身祖西南放船行泰地起
是真武落兌龍坎八卦有叁次傳娃手本是明道中他來换宮谷城獨石邊外火變
營巽卦起寧子生萬青得正九連營銅召府起禍生奸臣賊子亂國傾兌
上欠白虎神普明如來逞英雄三萬祖九億迎銀城中襄造玄真東月白八
大翻騰明真出世了不成領七億開川中宣陽實地度後真八千子化空明本
青龍大帥卦震宮艮中首遇天兵八萬大億明往上轉說死人不久又是難
卦侵火起嬈世情大男小女放哭聲癸末壬午火交兵八
萬祖立起顧出艮山復㝠明不毒泄漏出四大元帥判屍靈古佛立下八卦
明若人得此熙淡因若真留此八卦號述人幾個明末都難過有此得安生扣急
號若人此定見後真八卦
來相招八爾在尋
若無真僧 怎見後來真

附图 34 演谈末后八卦根源

274　祖师的族谱

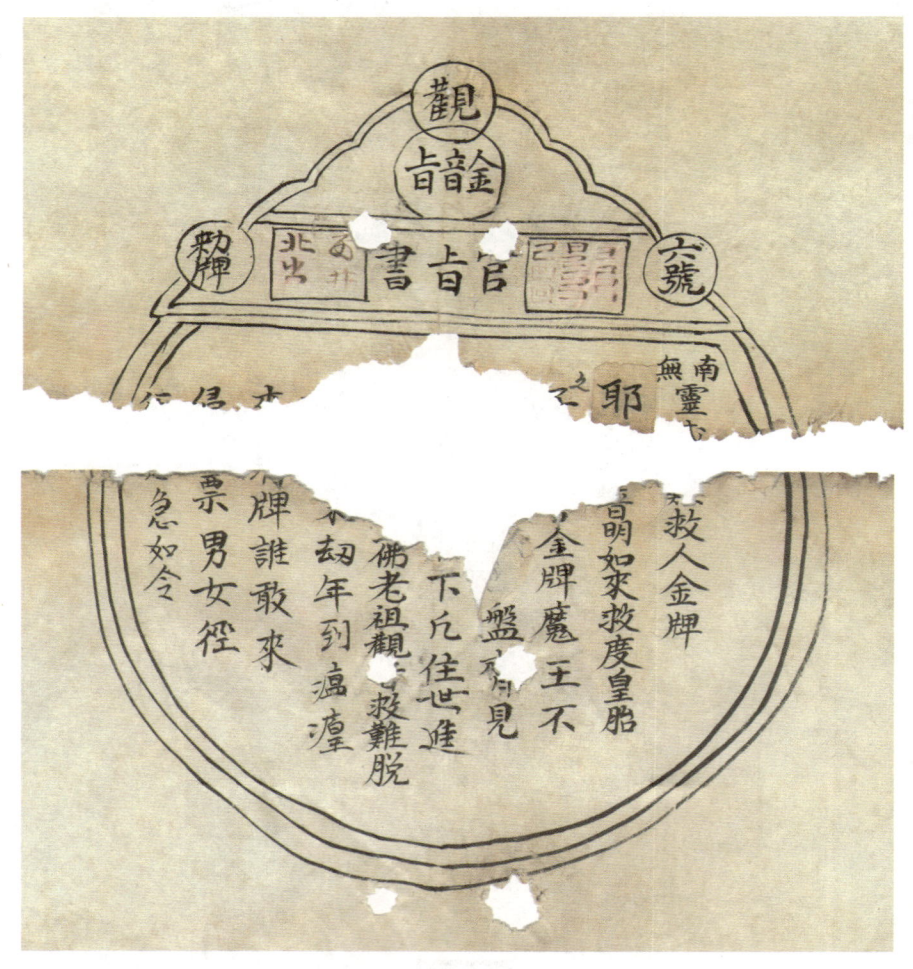

附图35　观音金旨六号敕牌

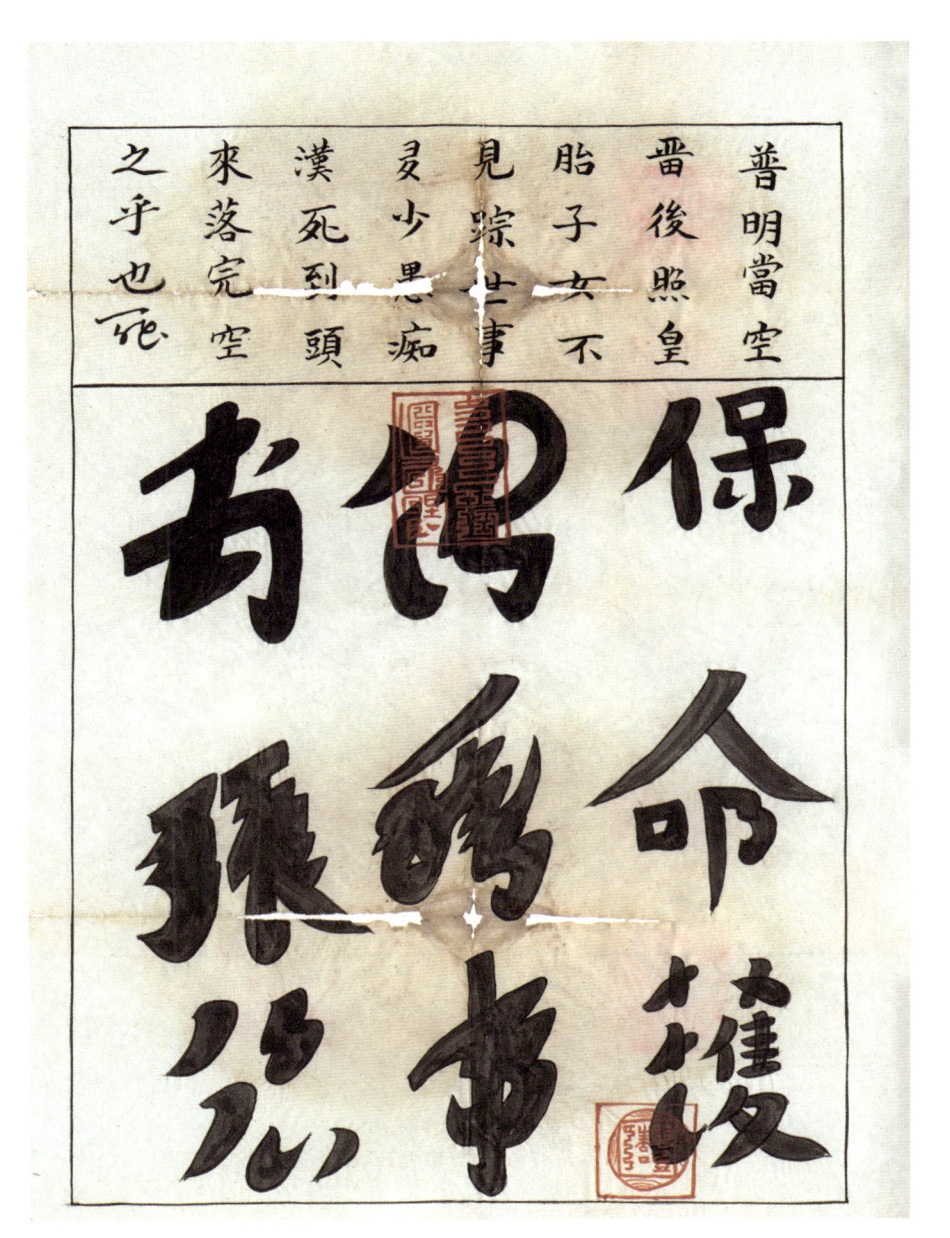

普明當空
晉後照皇
胎子六不
見踪廿事
叟少思痴
漢死到頭
來落完空
之乎也㖿

保命人權没
鵯鷦事
堵乌

附图 36　普明留后照

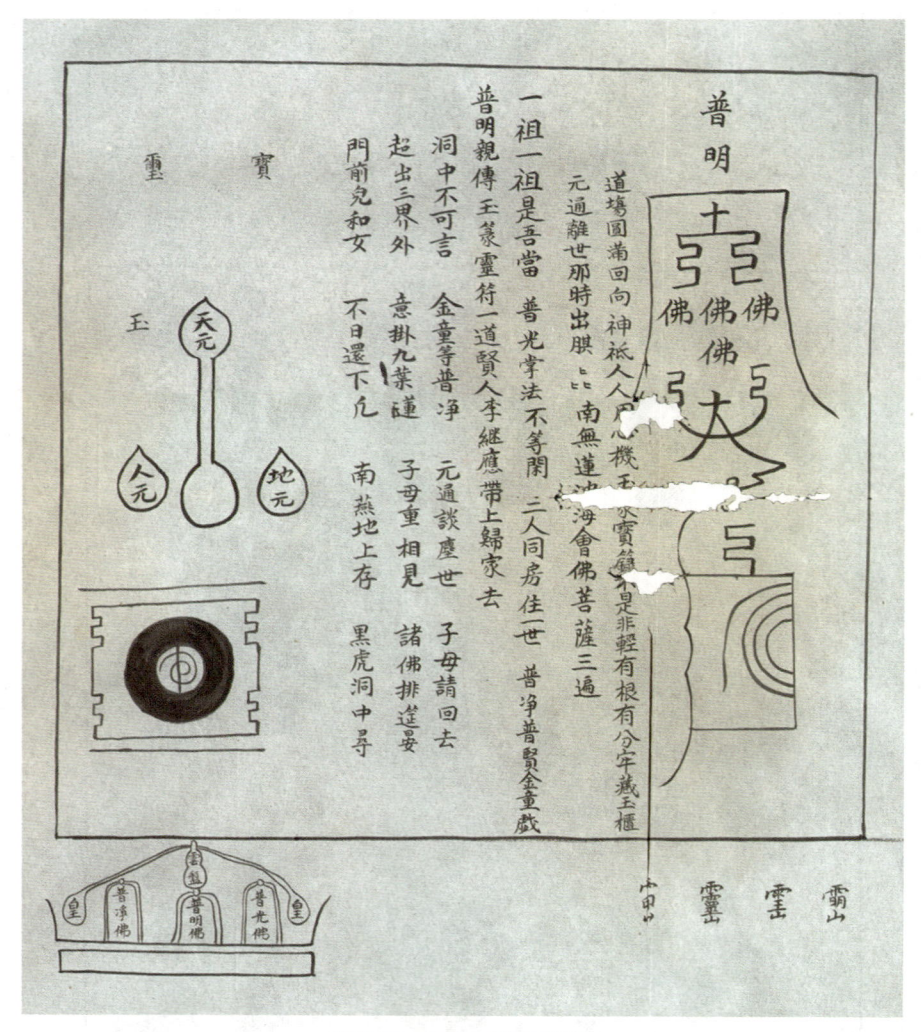

附图 37　普明十佛明王灵印

附图 38　天符四道

278　祖师的族谱

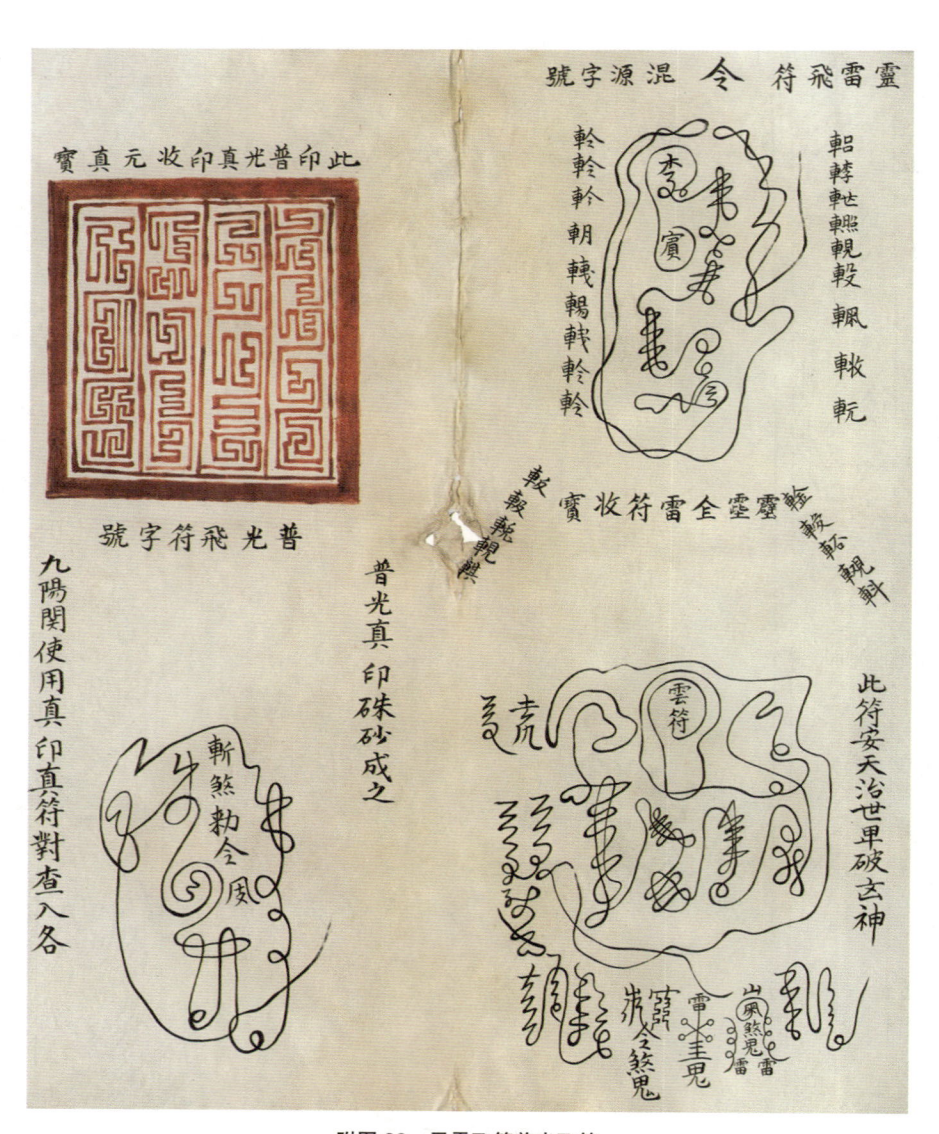

附图 39　灵雷飞符普光飞符

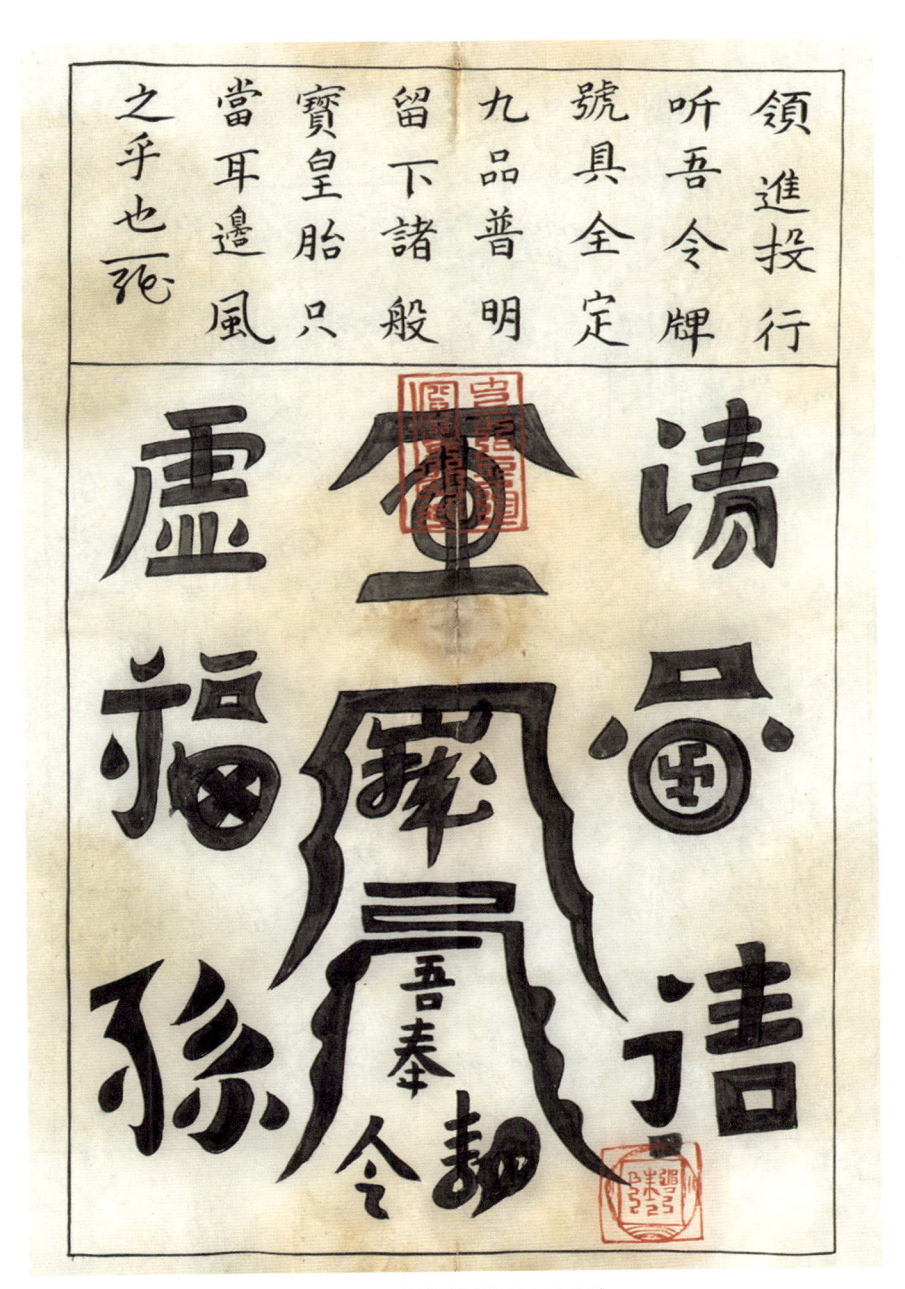

領進投行
听吾令牌
號具全定
九品普明
留下諸般
寶皇胎只
當耳邊風
之乎也死

附图 40　普明留下清虚九品令牌

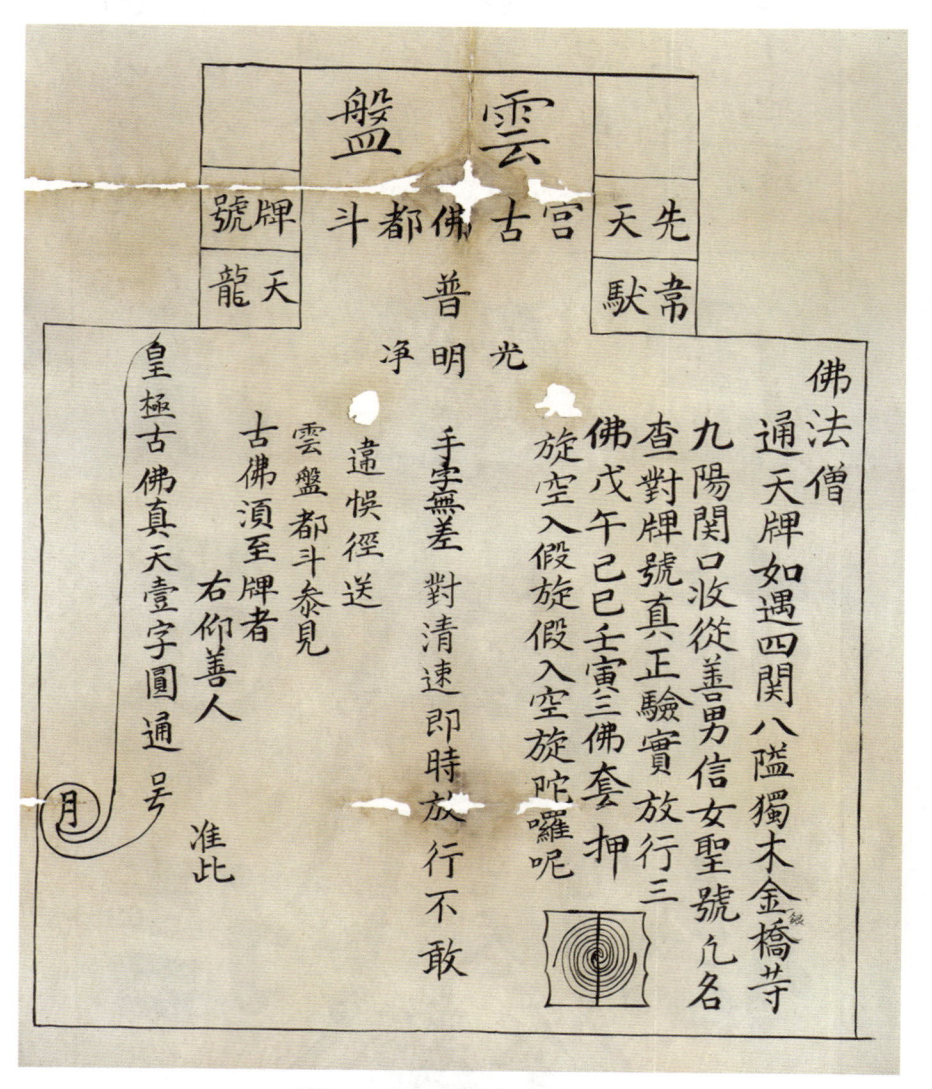

附图 41　云盘宫古佛都斗先天牌号

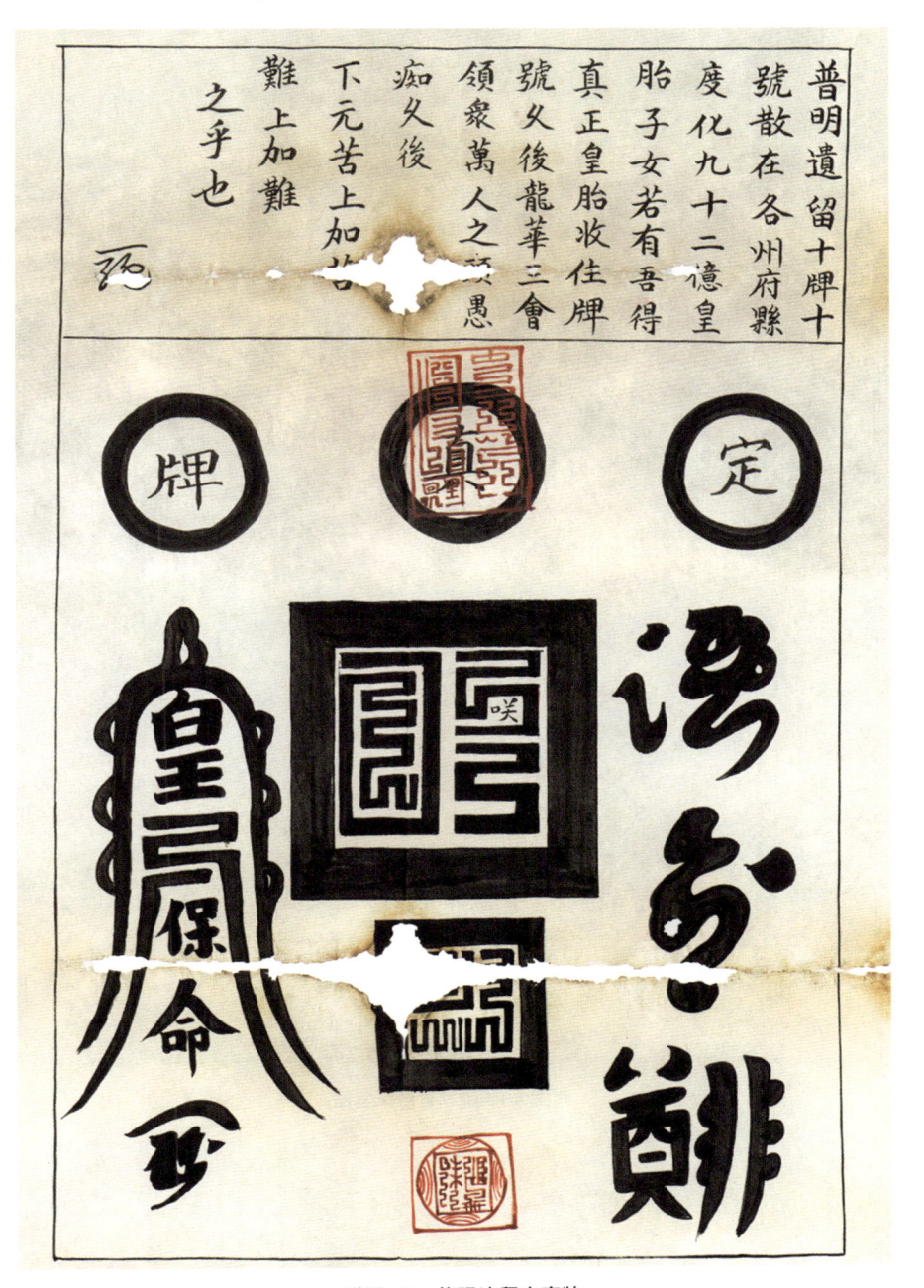

普明遺留十牌十號散在各州府縣度化九十二億皇胎子女若有吾得真正皇胎收住牌號久後龍華三會領衆萬人之領愚痴久後下元苦上加苦難上加難之乎也

附图 42　普明遗留定真牌

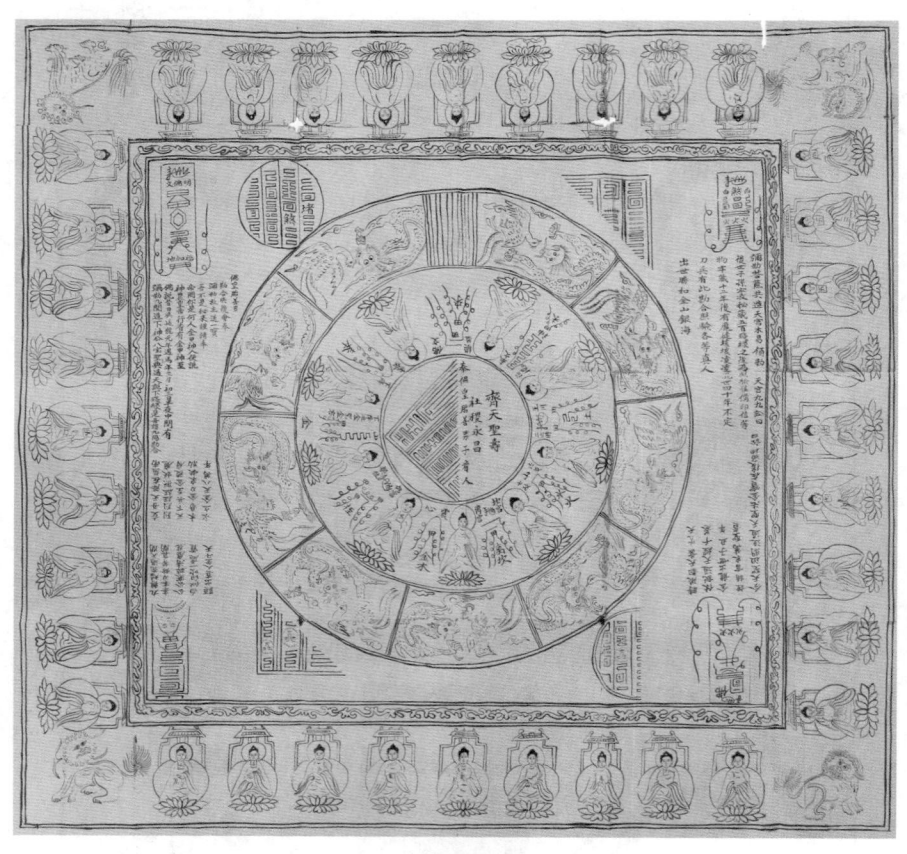

附图 43　弥勒菩萨天宫图

附图 44　葫芦花瓶钵盂禅杖四件文凭

附图 45　扣天真宝花押十二字

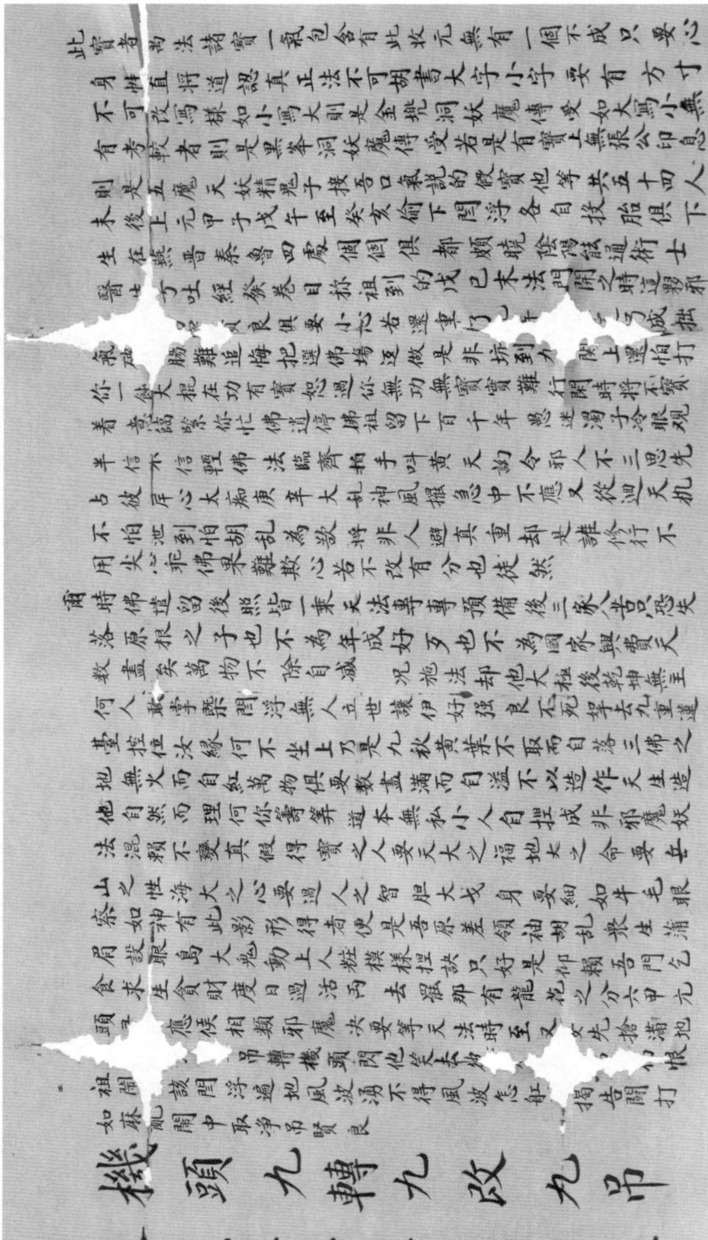

附图 46 机头九转九改文

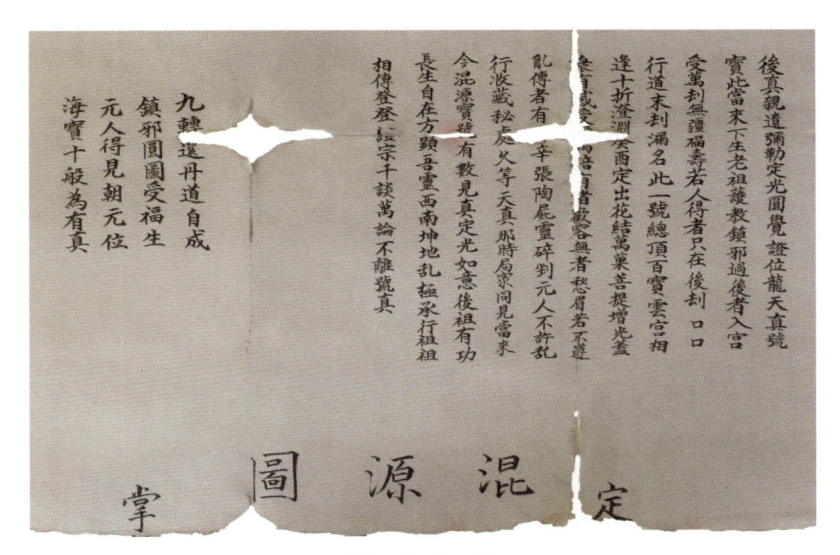

附图 47　混元图

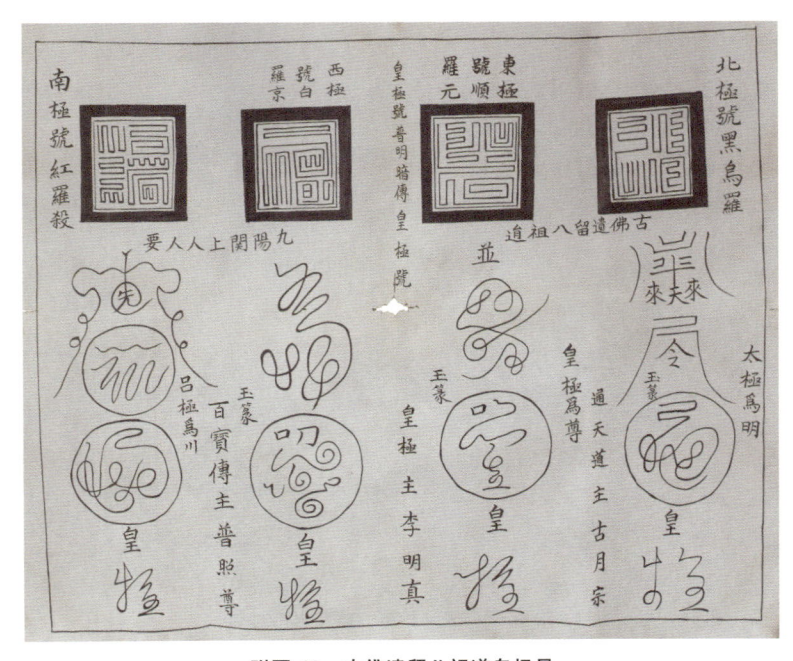

附图 48　古佛遗留八祖道皇极号

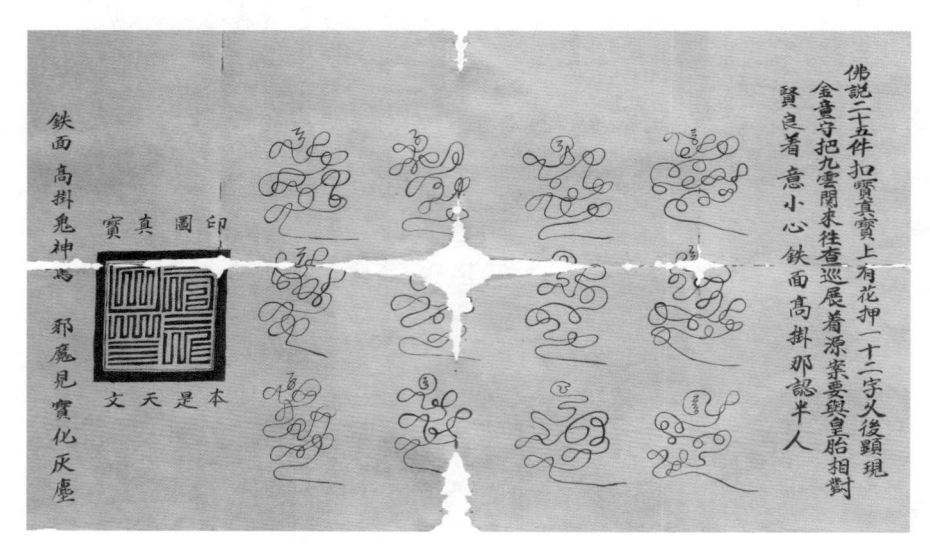

附图 49　佛说二十五件扣宝真宝

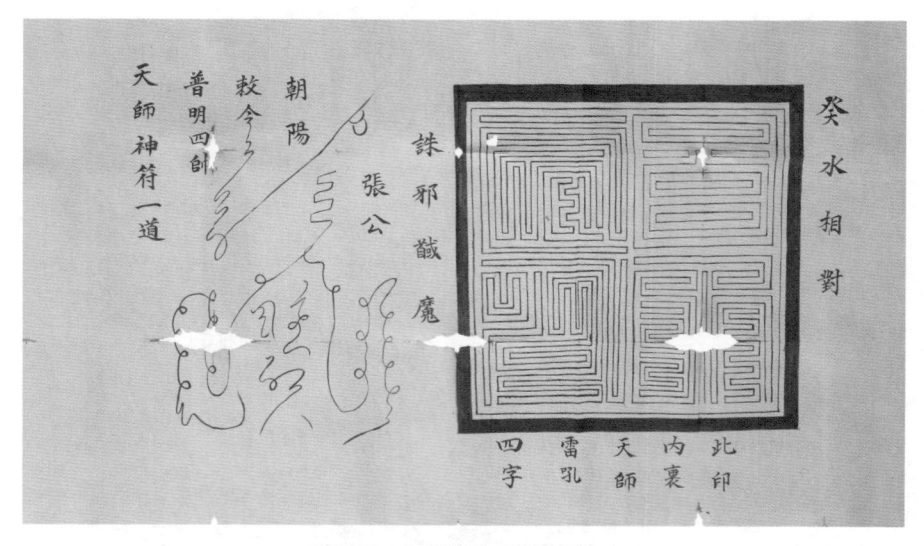

附图 50　天师神符一道癸水相对

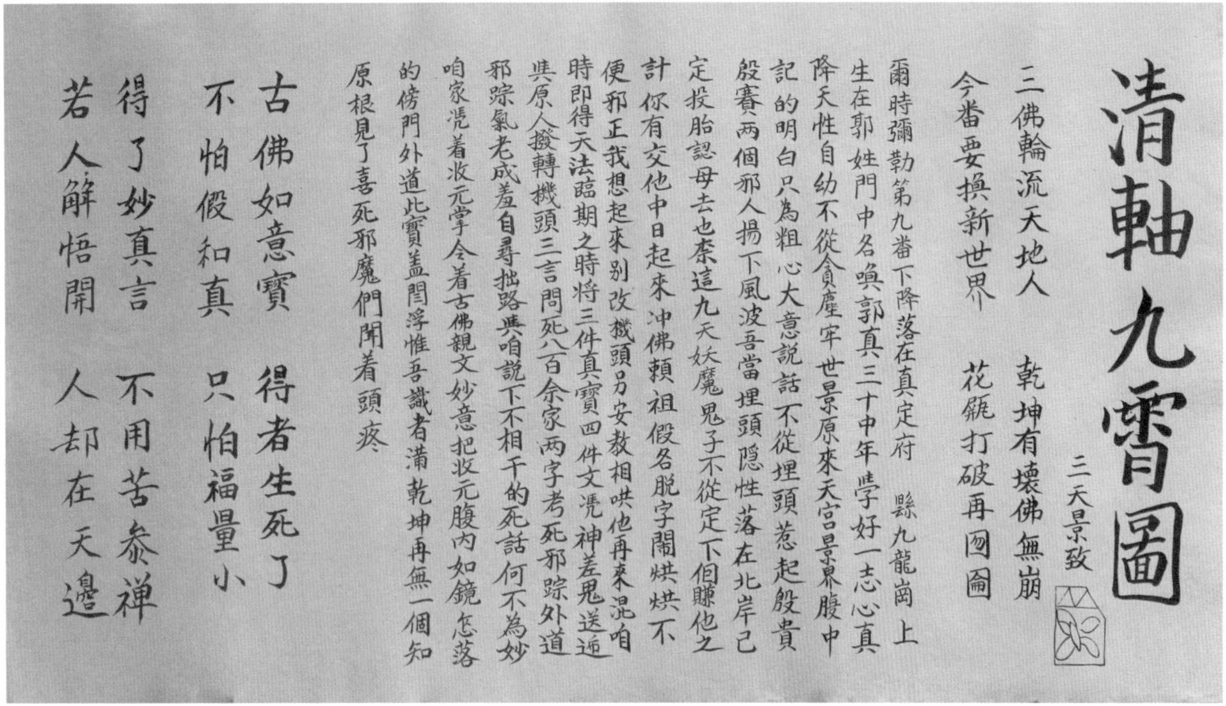

清軸九霄圖

三天景致

三佛輪流天地人　乾坤有壞佛無崩
今番要換新世界　花瓶打破再囫圇

爾時彌勒第九番下降落在真定府　縣九龍崗上
生在郭姓門中名喚郭真三十中年學好一志心真
降天性自幼不從貪塵牢世景原來天宮景界腹中
記的明白只為粗心大意說話不從埋頭惹起般貴
般賽兩個邪人揭下風波吾當埋頭隱性落在北岸已
定投胎認母去也柰這九天妖魔鬼子不從定下但賺他之
計你有交他中日起來冲佛賴祖假名脫字鬧烘烘不
便邪正我想起來別改攢頭另安教相哄他再來混咱
時即得天法臨期之時将三件真寶四件文凭神差鬼送追
哄原人撥轉機頭三言問死八百余家兩字考死邪踪外道
邪踪氣老成羞自尋拙路哄咱說下不相干的死話何不為妙
咱家凭着妝元掌令着古佛親文妙意把妝元腹內如鏡怎落
的傍門外道此寶蓋閆浮惟吾識者滿乾坤再無一個知
原根見了喜死邪魔們鬧着頭疼

古佛如意寶　得者生死了
不怕假和真　只怕福量小
得了妙真言　不用苦參禪
若人解悟開　人却在天邊

附图 51　清轴九霄图

288　祖师的族谱

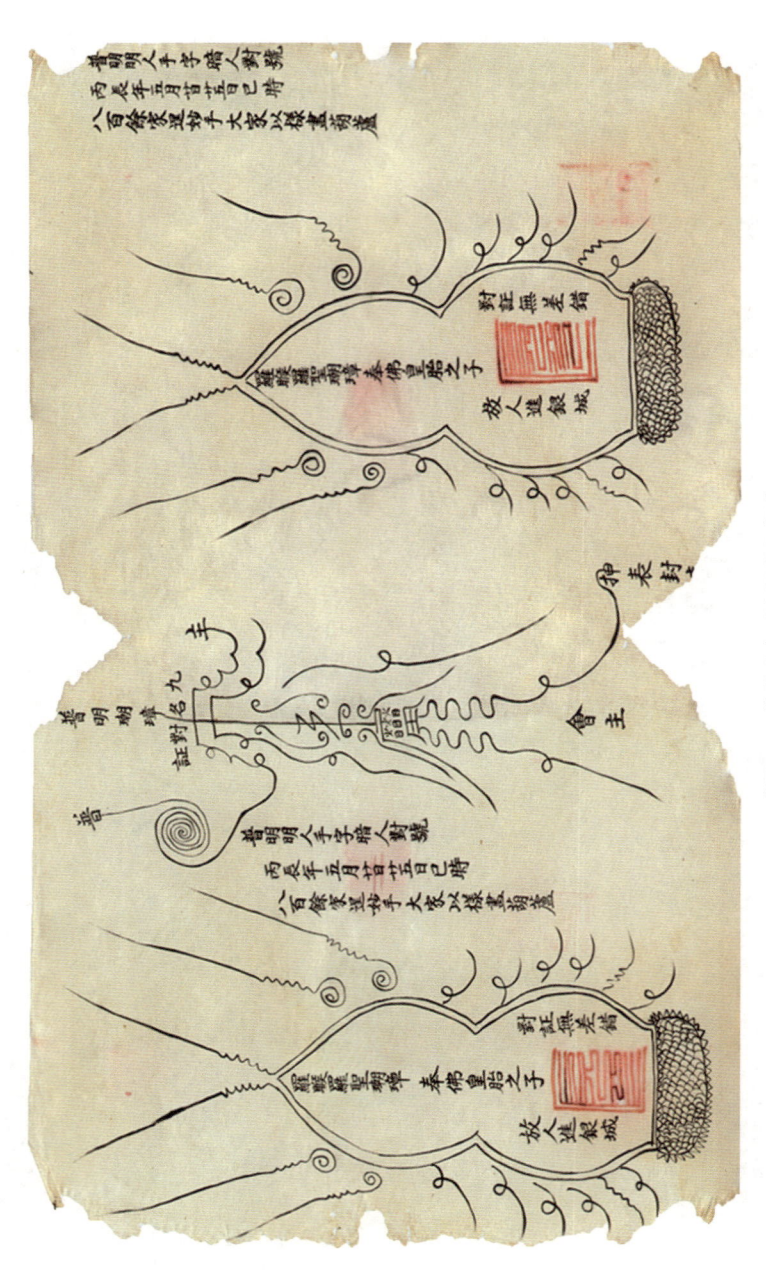

附图 52　普明明人丰字罗睺罗朝璋

附录四

"民间"何在?
——评述曹新宇新著《祖师的族谱：明清白莲教社会历史调查之一》

王见川　李世伟

有关中国民间秘密宗教的研究，向来被学界视为极具难度者。在"大传统"历史的主流文化中，此类宗教经常被视为左道异端，加上历代政权的压抑，不仅使得民间教派的存在本身较为隐微，也使其研究比其他的宗教更为晚进。民国时期佛、道教研究成果丰富，名家、名著辈出，相形之下，这一领域的研究，寥落无几，直到1948年李世瑜的《现在华北秘密宗教》问世[1]，方才有了像样的代表作。《现在华北秘密宗教》这本著作反映出作者敏锐的历史感，李世瑜以人类学及民俗地理学的研究方法、视角，结合史料收集与社会调查，取得重要成就，叩响该研究领域的第一个钟声。它不仅是第一本中国民间宗教研究的中文论著，也宣告新形态的中国民间宗教研究正式展开。因此，李世瑜被海外学者称为第一代的中国民间宗教学者。

李世瑜《现在华北秘密宗教》出版不久，他从事调查的张家口、平津等

---

[1] 李世瑜：《现在华北秘密宗教》，华西协合大学中国文化研究所、国立四川大学史学系联合印行，1948年。此后该书由台湾古亭书局1975年翻印。2010年台湾兰台书局获得李世瑜授权出版该书增订版。2016年武内房司监译此增订版约四分之三内容成日文，改名『近代中国の秘密宗教』，由东京研文出版。

地相继解放。此后的 30 年，民间秘密宗教研究只能在白莲教起义、义和团运动调查等农民战争史、近代中国革命史领域略有涉及。直到改革开放之后的 20 世纪 80 年代，这一学术传统才又接续其路，只是传统的社会生态已然巨变，重寻故人陈迹已属困难，加之当时的学术环境仍不免受到历史原因的影响，学界投入者甚少。当时的研究进路有二：一是以官方档案为主，分析农民起义与教派反叛的历史。二是发掘图书馆残存之经卷或使用私人所藏宝卷，描述民间教派的历史与教义，二者鲜少结合对照，使其研究成果难尽完整充分。以致有的人戏称前者为口供史，后者为宝卷史。

这样的局面，直到 1992 年马西沙、韩秉方合著的《中国民间宗教史》问世才改观。[①] 这本巨著篇幅大，涉及时间长，讨论教派众多。全书讨论的重点，是明代中叶兴起，清代仍在流行，及明末清初兴起的民间教派：如无为教（罗教）、黄天道、弘阳教、八卦教、青莲教（先天道）等。作者充分利用档案、官书等官方文献，与民间教派内部宝卷互相参照，叙述这些教派的历史与教义。虽然《中国民间宗教史》在民间文献利用方面或有纰漏，甚少参考先行研究[②]，但在总体上，却成功地在民间宗教史研究领域立下一个学术范式，即在史料方面，不使用档案与宝卷是不够资格讨论明清民间宗教的。这个资料上的要求，使得后来的明清民间宗教研究者不得不另寻生路以突显研究意义：要么对旧史料做新诠释，要有新视野（或新视角）；要么另找新史料来源。在这样的情况下，1994 年《宝卷初集》（40 册），1999 年《明清民间宗教经卷文献》（12 册）的出版[③]，替当时不易见到教派宝卷的学者提供史料新诠释的机会。这也提醒了研究者：公私收藏者以及古旧书籍市场上，仍有不少宝卷或民间教派经卷文献。

[①] 马西沙、韩秉方：《中国民间宗教史》，上海人民出版社，1992 年。此书后由中国社会科学出版社于 2004 年重新排版，分上下册出版。

[②] 详见江灿腾、王见川：《读马西沙、韩秉方著〈中国民间宗教史〉》，《历史月刊》75 期（1994 年 4 月），第 90—96 页。

[③] 张希舜等主编：《宝卷初集》40 册，山西人民出版社，1994 年。王见川、林万传主编：《明清民间宗教经卷文献》12 册，台北新文丰出版公司，1999 年。

20世纪90年代以来，随着中国社会进一步开放，经济情况持续改善，中、新生代学者的国际交流及海外留学的机会增加，他们的研究视野更为宽广，更加注重国际学界的前沿动向，强调国际学术对话。中国民间宗教研究也因之有了长足进展。宋军的《清代弘阳教研究》，即是这方面的一个代表。[①] 该书虽然是马西沙《清代八卦教》之后第二部专门研究单个教派的专著，但其学术意义更为重要。在《清代弘阳教研究》中，我们不难感受到作者挖掘史料之勤奋与治学风格之严谨。不论在吸收国内外先行研究前沿成果与国际学术同行展开对话，还是通过对海内外现存弘阳教宝卷的细致爬梳，再现出弘阳教的传承、信仰、经典、功能与清代政治及地方社会的关系等方方面面，作者均显示出突破陈说、厚积薄发的功力。可以说，之后的研究者，若想要在明清民间宗教研究领域有积极突破，势必要兼具对前沿先行研究的把握，以及对民间史料的发掘精神。宋军借助民间文献调查，重新认识与解读民间宗教的文化构成、社会生态，可以说是民间教派史研究的另一重要方法，也可以说是重新衔接了半个世纪前李世瑜的学术传统。

然而，尽管与官方文献相比，民间调查（包括民间文献调查）似乎让人容易体会民间宗教的实然面貌，理解传统中国的民间社会究竟为何。但此种探索的成功与否，涉及研究者的知识能力与悟性。就可行性而言，李老倡导的社会科学化的研究方法本身，效法起来并不困难，但对民间宗教的社会生态有新的解读与认识却不容易。因为民间宗教中充斥各式杂学：如术数、历法、堪舆、占卜、谣谶、炼养以及各种"迷信"，这些知识在现代新式教育下都被排除，研究者只能自学，依靠自己摸索，方能逐渐看懂、读透经卷（或宝卷）与口供等史料中的信息。所以，在实践中，能将档案史料与教派经卷成功结合的研究者甚少。而中国人民大学清史研究所教授曹新宇，就是其中之一。因此曹新宇的论文，往往有令人耳目一新之感，这或与他一向重

---

① 宋军：《清代弘阳教研究》，社会科学文献出版社，2002年。在此之前，有路遥《山东民间秘密教门》（当代中国出版社，2000年），这一杰作，因其田野调查得到当地公安部门协助，就一般学术情况来看，这样的机会极为罕见，是个例外。

视跨学科研究有关。

借助田野调查，曹新宇致力重返乡村社会的宗教世界，与过往文献与先行研究相互印证，并搜罗散佚民间的珍贵资料，以此重新编织明清民间宗教历史图像。近年来，他致力于明末成形，至今尚活跃华北的民间教派黄天道的调查，踪迹遍及河北、山西之地，踏破铁鞋无数，获得大量经卷资料，并将相关资料汇编成《明清秘密社会史料撷珍·黄天道卷》七册，2013 年由台北博扬文化出版公司出版。民间宗教研究同行者皆知，秘密教派内部道书难寻难见，偶获一二，便成珍本，如今一举大量出版，堪称莫大功德。搜求文献同时，曹新宇也在不断推进黄天道的相关研究，最近集结成《祖师的族谱：明清白莲教社会历史调查之一》（台北博扬文化事业有限公司，2016年）一书，是其长年努力的心血结晶，极值得我们关注。

该书除引言以及附录《"新发现"的重要明清秘密宗教文献：代导言》、《〈明清秘密社会史料撷珍·黄天道卷〉总目录》、《新发现黄天道符图牌印》外，共分六章，相互间既可独立成章，也彼此关联，从不同的面向探究四百多年来黄天道的历史、宗教经纬。

第一章《村落——膳房堡的故事》：从 20 世纪 40 年代末李世瑜最早调查黄天道以来，学界已经注意到，黄天道不仅是明中叶民间教派的代表，而且对众多明清华北民间教派以及江南的斋教产生过重要的影响。作者以黄天道的发源地河北省万全县膳房堡，以及重要传播地山西为核心，长年调查所获口述资料、民间传说、乡村戏剧，以及大量珍贵黄天道文献，首次澄清黄天道在华北乡村社会四百多年来的历史脉络。本文不仅是对李世瑜调查的再研究，而且从微观上考察了民间教派"地方化"的历史状态，最具象征性者为膳房堡的信仰中心普佛寺，于民国时期已从原来的宗姓、教派掌控，逐步转型为"村社化"。

第二章《宗族——祖师的族谱》：作者从万全县发现的有关创教主李宾世系的《老家族谱》，再赴李宾的原籍山西寿阳，寻获韩沟村李姓族人所藏"家布"，其中有普明（李宾）、普光夫妇画像，交相比对下，确认《老家族谱》即李宾家之族谱。然而,普明是清朝才被吸收到原籍宗族中,原不明其世系,在他"得道成佛"后,在宗教的帮助下,始返原籍编入族谱。作者形象地指出其意义为:"民间教门"与乡村宗族长期互动之"谈判",其结果为在族谱上,为民间道门开辟了一个显要的位置。

第三章《卫所——戍边军户的来源与生计》:黄天道教祖李宾为军户出身,一生都在宣府、万全一带的边卫中度过,本章细述明代卫所制度的特点与沿革、卫所余丁的身份与出路(李宾所属身份),文后从教内宝卷说明李宾在当时涉及粮草官司而受难,后来得到黄天道派下信众的支持。总结李宾时代的卫所武职、军役的世袭制度囿于祖宗之法,无法变革,明代边政处于日益深重的危机中。

第四章《夫妇——普明、普光组成的边堡家庭》:本章综合新旧经卷文献,细致地勾勒创教祖普明(李宾)、普光(王氏)夫妇之生平状况,以及王氏娘家之家族背景。黄天道强化教祖夫妇之重要地位,非仅是圣者崇拜,更在于教内强调"在家修行",以及重要的修行法门"泥水金丹"法有关,这种男女"双修"的法门与宋代以降之丹道修炼有其历史渊源,李宾尤其强调"日月二气"对修丹之重要性。普明死后,普光(王氏)成为教内祖师,其修行方法亦别具一格,除了承其丈夫之门派外,她也探究修炼其他道派法门,包括全真教与白莲教之炼丹法、禅宗的参话头等。在神明信仰的建构上,普光也立新说,称"孔雀明王"菩萨为"诸佛之母",也是炼丹之护法,称孔子化显为弥勒,为早期道门"儒童菩萨"之信仰。

第五章《经典(上)——"成化禁书"的消息》:作者发掘出来的黄天道经卷文献,与明宪宗成化十一年(1475)查禁的民间教派经卷"成化禁书"相互比对印证,对民间教派得到更详尽的理解。经由《照仙炉经》的解读,得知民间流传的《三煞截鬼经》神话母题之源头:末劫时分,上天派三十六洞鬼在东土引发灾难,交劫过渡后,它们还会被天收回。又如《九州汉地银城图》及相关文物,得知"银城信仰"较为完整的样貌,在黄天道的教义上"银城"是凡间躲避灾难的太平家园,但非超脱此世的彼岸天堂。又清代黄天道该信仰与政治性谶语关系密切,其重要目的是在信徒中争夺正统性。

第六章《经典(下)——"最早的"教派宝卷》:1990年代学界提出1430年代的《佛说皇极结果宝卷》,为现存最早的教派(白莲教)宝卷,经作者考证后断定,天津图书馆所藏的《佛说皇极收元宝卷》为《佛说皇极结果宝卷》之底本。作者更进一步从他所发掘的黄天道文献中,发现《佛说皇极收元宝卷》提及的"摘光祖"即黄天道内的女性祖师十祖普贤,而《佛说皇极收元宝卷》与《佛说皇极结果宝卷》的造经,均与普贤等教内人士有关。

每一本学术著作都有学者的一家之言,但我们展读曹新宇的这本新书,更能在诸多精彩的论述之前,可先一提其书写特质,而这又与他的研究方法有关,也就是他以历史文献考辨解读为核心,结合田野调查、人物访谈、文物分析等方式,交叉运用铺展其论,于是作者在故史与现场、传说与史实、文字与图像,灵活地出入其中;有板有眼的析理论证、娓娓道来的故事叙述,善巧地洄游其间,这使得其书在"可信"之外,更添加"可读"之况味,即便非专业者亦容易被带领到这个宗教世界,这是许多学术著作所少见者,因此阅读本书,也形同欣赏作者的一场学术展演。

值得一提的是作者的田野调查。作为学术研究方法的"田野调查",本为人类学家所长,历史学家参习其技而用之,但两者的特质有所差异:前者聚焦一地,长期蹲点、同其吐纳,得其生活实态与背后文化脉络;历史学家则长于贯时性地考察,田野现场的重访既是与典籍文献相印证,更致力于发掘新文献(文物)以澄清旧说,解答历史疑点。好有一比,人类学家的田野调查工作像是个"卧底者",而历史学家则近乎"侦探员"。优秀的历史侦探,需要具备丰厚扎实的历史知识,以及敏锐的学术观察能力,能捕捉到关键的文献与线索,进一步比对并解答历史悬案。如唐史专家赖瑞和教授,1990年只身远赴河南省宝丰县香山寺,寻获《大悲菩萨传》碑文,补合失传许久的前半篇,将观音妙善公主的传说完整地和盘托出[1],成为中古史研究

---

[1] 赖瑞和:《万里寻碑记 我怎样找到〈大悲菩萨碑〉》,《台湾宗教研究通讯》第三期,2002年4月,第134—183页。

的著名一例。而在《祖师的族谱》一书中，我们也可看到作者充分发挥其敏锐的学术嗅觉，在田野中侦探出诸多关键性线索，并循线追踪，解开黄天道长期隐秘未详的疑团，其过程堪比破案，也为本书平添不少趣味性。

当然，整个调查过程绝不轻松，作者奔波于冀晋北部交界之地，穿梭于历史与现场之际，充满诸多不可预期性，非无比的耐心、细心与背后深厚的学术功力，难以竟其功。想必作者发此真心真愿，吸引许多"善缘"提供信息，方能真正深入社会，贴近实相，让田野调查大有斩获。其中最重要者，即前述《明清秘密社会史料撷珍·黄天道卷》七册出版，大大地嘉惠于学界，而本书正是运用这批新文献收获的部分成果。

这一批经卷文献的公布，厘清诸多黄天道，乃至相关民间教派长期悬宕的问题，举其要者，如《佛说普明原籍宝卷》为有关普明、普光教祖夫妇生平最详尽者；又如《清静无为妙道真经宝忏》提及"日月二气"修丹之法，与《普明如来无为了义》提及之"男女双修"法门，两者交互印证下，使得黄天道修行法门更为明晰；再如从《普光四维圆觉宝卷》中，发现了从元末于民间教派流传的救世主"明王"信仰，过渡到明代后期常见的佛母信仰的重要线索。

而作者在本书第五、六章中以《经典》为题，更是有意识地凸显新文献的学术价值。在新文献与"成化禁书"相互印证比对下，有了不少新的发现：对照《照仙炉经》与过去学界所知的《三煞截鬼经》，使其神话母题更为细致、完整。例如，末劫时分，上天派三十六洞鬼在东土引发灾难，交劫过渡之后，它们还会被上天所收，返回天宫。又从《照仙炉经》的内容，对比明廷查抄到的"勘合、朝璋、朱书符式、银城图样"等符咒图本，即末劫降临时信徒赶赴"银城"避劫的信物。类此甚多，都能大大地丰富与深化我们对于民间教派的视野。

有关民间宗教的研究，虽然是个专精的领域，但可以从一个更大的脉络来理解。"五四"前后，为了更深刻地认识中国社会，知识界已经发出了"到民间去"的呼声；1990年代的中国大陆学界也兴起"眼光向下"、"重探民间"的思潮与实践，相关的民间文化研究成果颇丰，民间宗教作为数百年来民众自主性的结社组织，并不时与政治、社会运动关联相系，其实更是理解中国民间社会的关键。因此，民间宗教的研究不仅仅是学术猎奇，更是对数百年来中国民众百姓的宇宙观、价值观与信仰世界的认识，而这正是影响民间社会最深刻之所在。然而，长期以来，在明清官府的敌视与"正统"儒、佛、道教的贬斥下，民间宗教惯于潜修密行、不张声色，而随着内外环境的变迁，其宗教生态与经卷文书流散破坏极大，也因之造成极大的研究困难。

但是，学界有心一探究竟者，已然发现民间宗教是一个认识中国"民间"的宝库：民间宗教不仅从儒佛道三教中撷取资源再融合创造，同时也融入谶纬、预言、天文、地理、法术等大量民间文化内涵；在社会生态上，又广泛涉及宗族、地缘、业缘等等面向，展现出中国民众世界的组织能量与文化创造力，由此入手，我们当能对中国的"民间何在"课题，找到更有力的切入点。依此回看曹新宇的这本新作，其意义不止于单一教派的探究。作者的关怀，更在于如何从新的视角理解明清以降的民间社会。让我们择要从以下几个面向论之。

一、组织运作。作者在本书中一个重大的创见是：明清民间宗教的"地方化"，这里可以看到民间宗教的转变，也可见到民间组织运作与文化特质。例如乾隆二十八年膳房堡的黄天道案，尽管牵连颇大，但受到官方认可的地方宗族，依然可以为教门提供政治庇护，还可以充当道门宗教权威与知识的载体；清末民国在膳房堡的黄天道，通过"地方化"的策略，完成从"香会"到"村社"的转化，这也消解了后来1949年以来的政治压力。这些都是独到且中肯的学术创见，也相当程度地修正了宗教社会学家杨庆堃的"制度化宗教"与"散漫化宗教"分野，中国社会的宗教组织活动其实有更多的暧昧性与变动性。另外，从传说故事在民间的流传，也可看出黄天道的"地方化"。在膳房堡流传有民间道门与方观承（乾隆年职司取缔黄天道的直隶总督）斗法的传说，但在相邻的怀安县狮子口村的传说，多是祖师李宾济世救人的乡土化传说。

二、教义修行。明清以来的民间教派相当兴盛，也让我们见识到在具"正统性"身份的佛、道教之外，在民间还有如此丰富的宗教结社活动。对于民间宗教的教义与修行活动，外界多半以儒佛道三教混融视之，这原则上是没错，但也容易简化看待。本书所揭启的黄天道诸多教义修行，其中"在家修行"与"男女双修"为其紧要之处。"在家修行"，不仅于儒家的"日用伦常之间"用功，更在于道家的"绝尘修丹"上努力，教祖普明与普光便是修炼成真的典型。而黄天道内部一直流传的"泥水金丹"法，便是"男女双修"之道。书中翔实地叙述了黄天道内的密修之术，尤其将普光王氏以及黄天道另一祖师普静的修行法门与宗教观和盘托出，成为有关中国民间女性宗教家修道生活难得一见的论述。另外，有关该教对于"摘光"（扣日月）之意，运用咒术，制造日月食以遮掩日月，此涉及民间教派对于天文历算的推演、法术的运作，也都是相关研究中罕见者。

三、宗教经典。在此书第五、六章中，作者以多年的学术功力，深入黄天道的经卷文献进行细致的内部论述。此外，他也特别注意从社会史的视角呈现民间道书的外部意义，其中一例，即民间开经造卷，是民众世界"正统／异端"之分辨依据。在乾隆查办黄天道教案时刻，山西寿阳的教内无畏清廷查办"逆词"大案的政治风暴，刊印《文华手卷》中，详列各会主的真实姓名、会址。作者强调这是教门内部"别同异"、"明异端"的法宝，即标出谁是教门内的"正统"。其二，是经典作为权威的象征，民国时期，从山西寿阳传到河北万全膳房堡的大量黄天道帛书，由崇善等所保存，拥有教内众多经文，本身就形成一个"权威"系统。这些论述都是很重要的提示。

以上所提点者，只是聚焦于黄天道这个教派的"民间性格"简论，尽管是单一个案，但以树见林、以小窥大，其实本书建立了很好的参考坐标，帮助我们重构中国民间社会图像的可能，端赖有心读者细细品味。

不过，在品读的过程中，我们同时看到部分论述不完整，或者可兹再深究之处，或可与作者及方家对话。

有关黄天道"地方化"与"村社化"，这是作者重大的创见并再三致意之处。的确，从此一个案可以看出民间教派生存策略的调试及其宗教性格之变化。不过，黄天道"地方化"究竟经历什么样的外部政治环境演变而致，书中并未太多地着墨。乾隆二十八年的黄天道教案发生，万全县黄天道祖庙在镇压后难以发展，成为其"地方化"的关键转折。但作者已提及山西寿阳的黄天道牵连极小，发展几乎未受影响，那么，寿阳一带黄天道的发展，是否也朝向了"地方化"，文中并未交代。也许，同一教派在不同地方发展的个别性，需要再予精细地考量对比。另外，历史发展经常是辩证性的，"地方性"的转化，固然保留了民间教派的一丝命脉，但如此一来，其"宗教认同"大为稀释，反为"地方认同"所替代，如此要再发展成跨地域性的组织恐怕就不容易。这虽是后话，但有关民间教派的历史变化与存续可能，背后的影响条件与社会、文化脉络，需要更多的理解。我们或可对照其他华人地区晚近的案例：如转向慈善事业经营者并且出现道教化的香港先天道，或者大幅转向佛教化的台湾斋教，甚至某些积极创办大学、广设传统文化读经班，致力于文教方面转型的教团，都可资对比思考。

又，在此书第三章一开始，作者便提点读者留意：有关军户生活对李宾的影响。不过，在仔细梳理明代卫所制度后，仅最后少数篇幅带出李宾的宗教生命，但也只有提及粮草官司的受苦经验，至于对其宗教生命有何影响，文中并未提及，而且文中也告诉我们：他是"得道"后才惹"官刑"，看不出军户生活对李宾的宗教有何影响。对照同样处于明末时期的罗教教祖罗孟鸿，也是军户出身，他在边境亲历兵灾，目睹生死无常而生宗教心。军户生活伴随着李宾早年的生活，对其宗教生命影响为何，或有必要再做梳理。

有关民间教派内部的具体教义与宗教实践，向来是隐晦莫明者，本书大幅掀开神秘之面纱，是其贡献所在；但其中仍有轻略之面，似应继续深入探讨。

其一，是细笔勾勒普明等创教主及相关领导者，但相对的信徒之身影面貌显得模糊，黄天道信徒的信仰动力何在？教派祖师如何引动庞大信众的入教热情？对于原本就缺乏"话语权"的凡夫百姓，这些问题本来就不好解答，但本书所提供的线索倒是可以做连结。作者披露的黄天道文献中，有许多是图像式的，这对传统识字无多的民众，是否起了具象化的认识作用？例如逃避末劫的过渡区"银城"，其《银城图样》彩绘，应该从视觉经验中发挥着重要的宗教召唤，远胜于千言万字之铺陈吧。其二，是相关的宗教仪式讨论有限，作者从新发掘的民间文献中，呈现黄天道教内诸多炼丹修持、神明、符咒、法术、图本等，但这些都有赖于仪式的操演才能竟其功，也唯有经由宗教仪式，才能显化其神圣性，遗憾的是，仪式这个关键的宗教要素很少呈现出来。其三，民间宗教的教义与修行资源，与儒佛道三教相涉，也会吸收其他民间教门的法义，作者是个中行家，自然相当清楚，不过在本书中，有关黄天道与不同宗教的互动，相当大的篇幅是侧重在道家的炼丹系统，余者仅淡笔带过，例如在本书中我们看到：具有贡生身份的李蔚将儒学与黄天道相结合；普光的修行法门中，将孔雀明王菩萨视为"诸佛之母"及炼丹的护法，这应该是受到密教的影响；同时普光的丹法也采用禅宗的"话头"；等等，是否这些宗教资源与丹道相形之下未见重要？或者因不同的教派领导人而有不同选择？其四，民间宗教的一个特质为"在家修行"，其中女性宗教家的修行法门及其主导性角色，是本书一个精彩的亮点。我们见识到教祖之一的普光王氏，气象万千地撷取各类型宗教法门，自创一格成就修炼之道。十祖普贤在教内号称"摘光祖"，宗教地位非凡，其坟茔墓塔堪比王侯，并影响到后世家族的显达。相较之下，黄天道女祖的几位夫婿，虽然也被分封神号，但职位仅是教内的监坛，竟成为辅助性的配角地位。在宗法制度严明与父系社会中，反倒在民间宗教世界中男女优势易位，其因素为何？民间宗教内女性地位的优越与宽松，是否更鼓舞她们投入宗教事业？这会是个有趣的社会史课题，值得进一步探究。

而关于"成化禁书"的探讨，是此书的一大贡献，可能是限于时间，作者只举《佛说三煞截鬼经》作说明与解读。可是，王见川在《汉人宗教、民间信仰与预言书的探索》一书中①，早就提出民国时期流行的多种《东明历》，其中二种提及苗光义的《历朝兴废显明历》，可能就是"成化禁书"的《显明历》。显见"成化禁书"流传于世的情况，远超乎以往的认知。以作者的功力，相信在不久的将来会给我们更多的例证。

最后，一个不大不小的问题：本书书名为《祖师的族谱：明清白莲教社会历史调查之一》②，但全书的对象为黄天道，固然它与白莲教有历史承续关系，但毕竟有别，名相的混同，莫说行外的读者，只怕连行内专业人士，也一时难辨吧？莫非作者有难言之隐，才使用历史名词白莲教，还是着意提醒读者黄天道经卷文献中反映的讯息是追寻明清白莲教活动的线索？期待作者未来有进一步的说明！

总之，《祖师的族谱：明清白莲教社会历史调查之一》是明清民间宗教研究的重要著作，特别是在民间宗教经卷的解读，及其与历史文献的关联分析方面，更具典范意义。在此意义上，它是这一领域很难绕开的研究成果。未来的研究者要引起学界注意，恐怕要在曹新宇《祖师的族谱》展现的研究范式基础上前进，才能对明清民间宗教的研究有所推进！

【王见川、李世伟：《"民间"何在？——评述曹新宇新著《祖师的族谱：明清白莲教社会历史调查之一》，收入范纯武主编：《历史、艺术与台湾人文论丛》（十六），台北博扬文化事业有限公司，2019年。】

---

① 王见川：《汉人宗教、民间信仰与预言书的探索》，王见川自选集，第385—394页，台北博扬文化事业有限公司，2008年。
② 台北博扬文化事业有限公司2016年出版。

后　记

《祖师的族谱——明清白莲教社会历史调查》简体字本出版，让我有机会重校旧著，并向支持与关注此项研究的广大师友表示一下感谢。

写这本书前后历时十多年，实在不算短。书中集中调查的万全县，就是20世纪40年代末，辅仁大学人类学研究所教授贺登崧（Willem Grootaers, CICM）神父带领研究生李世瑜、张冀文最早开展人类学调查的地方。不过，相比辅仁师生利用暑假完成的方言、民俗调查，我的田野工作花去了太多时间。

一个体会是，这种复杂的历史调查，要多去几次，甚至多年往返，才容易取得当地朋友的信任。事实证明，蹲点、往复，虽然费时，但效果不错。我们发现了一个罕见的民间经卷宝库。这批珍贵文书经整理、修复，已于2013年出版，公诸学界。令人感慨的是，李世瑜在1947年夏天，其实已经访问到了这批文书的藏主家里，可惜所获无几。显然，在陌生环境中建立信任还是需要投入时间。最好，再加上那么一点儿运气。

发现大宗史料，对史学研究的意义不言而喻，又何况是在苦于"文献不足"的秘密社会史领域。2013年6月，中国人民大学清史研究所召开"新发现黄天道帛书写经"学术研讨会，[1] 万全县文联主席张振山及当地学者王德山，作为合作调查者及人大清史文献馆兼职民间文书资料馆员，为与会学

---

[1] 研讨会由陈昊与笔者共同召集，报道见《光明日报》（2013年7月11日）及《中国社会科学报》（2013年8月21日）。

者现场展示了新发现的一种孤本宝卷。牟宗鉴、秦宝琦、程歗、马西沙、郝春文、刘成有、尹虎彬、郑永华、邓庆平、陈侃理、张梅雅、孟宪实、黄兴涛、杨念群、夏明方、陈昊等前辈学者及中青年专家，共同赏鉴这部长达12米的卷轴装帛书宝卷，清乾隆二十九年（1764）《朝阳老爷遗留文华手卷》。未能参会的余欣、王媛媛通过邮件提交了意见。韩秉方老师没来开会，会后专程来人大清史文献馆，详细询问了这批文献的收藏情况。

与会专家充分肯定这批文献的重要价值，但大家最关心的，还是这批新发现文书中，是否发现了摩尼教或白莲教的线索。

摩尼教与中国本土教团的关系受到关注，起初是由于敦煌文书中发现了汉文及粟特文的摩尼教写经。抗战期间，牟润孙《宋代摩尼教》、吴晗《明教与大明帝国》等论文，都是在敦煌学鼓舞之下的"预流"之作。待金庸武侠小说《倚天屠龙记》文学想像渲染之后，整个华语圈的"金庸迷"，都知晓了元末红巾军实为明教，即华化的摩尼教。连我上小学六年级的女儿，都知道朱元璋、常遇春是明教中人。

而在田野调查中，我还真的遇到几位老先生，坚持说自己手里的经文就是明教经书；他们的法会，就称明会。其中一位见多识广的，还告诉笔者，朱元璋也是明会。晋剧里有一部戏《火烧庆功楼》，讲朱元璋诛杀功臣，就是要铲除明教。明初以降，明教只好改了装，由原先的白衣道改着青衣。说话者是认真的，我亲眼看见他保存着《人民日报》刊登关于吐鲁番发现摩尼教遗存的报道剪报，虽然不够专业，但与学者做研究的资料卡片，道理上没什么不同。

摩尼教或明教是否在元末传播到了华北？北方民间宗教文书里真的杂糅了摩尼教教义？我一直疑心。然而，"杂糅说"影响很大，不少书上，就是这么依样画葫芦写的。但我核对各种"杂糅说"征引的史料，至今未找到有力的确证；相反，倒是发现有些学者，基础史料即引错了。

证据的稀薄，也刺激了学术界从另一个极端，对中国民间教派历史作出大胆推论。荷兰汉学家田海（Barend ter Haar）提出，白莲教是明中叶之后，被逐步"制造"出来的一个污名化"标签"。"标签论"对研究白莲教历史有一定的解释力。这种现象在清代档案里更加明显：某些时候，审案的官员确实会诱迫被捕的教派头目，供认自己是白莲教。

田海这一理论在欧美汉学界有着重要影响，近年来，国内也不乏追随者。当然，梳理某个污名化标签的形成过程，并不代表真正弄清了标签背后的历史，特别是当历史家并不拥有理想的史料前提下，将历史约化为概念史，或者某种诠释学，同样面临极大的反历史风险。白莲教问题非常复杂。除了事涉历史上下层社会的反抗运动，史迹晦暗不明之外，还有一个困境，就是文献释读。哪怕就传统史料的解读而言，似乎也不应过于乐观。

举个例子，明朝官书上，特别是官府查案的公文中，"白莲教"一词并不少见。以往论者多将之与《大明律》上加以禁止的"白莲社"混为一谈。但细说起来，二者并不一致。明初的白莲社，是在"禁淫祀"的名目下被禁的，与之并列提到的，还有明尊教、白云宗，甚至"巫觋扶鸾祷圣、书符咒水诸术"。"淫祀""左道""妖言"，这些概念在现代人听来，似乎都差不多。但在古代法理上，却有本质的不同。熟悉明初以降律例的学者应该知道，"禁淫祀"更代表着儒礼世界的神权灰色地带。长远看来，淫祀从来都是越禁越多的。措之刑罚，淫祀过犯颇轻，而妖言则不同。与淫祀相比，妖言是另一极，特别是"大逆妖言"之类。明代的妖言罪，往往是要处以极刑的。而官书上说的白莲教，更近"妖言"，因此也有文书上干脆称其为"莲妖"。问题来了，如果白莲教本系子虚乌有，明朝官员何必用这个概念指称如此重罪？①

事实上，田海是繁体字版《祖师的族谱》（2016 年）最早的读者，我拿到样书的当天，田海教授正从五台山的学术会议上赶来，计划参加我组织的长城沿线调研。当然，第一个问题，便是书名副标题为什么使用了"白莲教"一词？南京大学李恭忠教授、中科院自然科学史研究所赵涛博士、牛

---

① 不像清代很多法律词汇和观念系沿用明律而来，明代律例此类适用称谓，应有所本。

津大学的李娜博士也参加了这次小型研讨会。稍后，台湾学者王见川教授和李世伟教授，几乎提出了同样的问题。北京大学刘永华教授也在一次学术会议中指出：笔者考证教派宝卷的早期谱系言之成理，但关于其背后的教派脉络、组织体系、人际网络，仍有待继续深入探讨。

但显而易见，学界关于摩尼、白莲源流谱系这些复杂问题，不是《祖师的族谱》这本社会史小书能够容纳的。从民间文书自身的脉络，全面梳理这些源流谱系的工作，只好以待来日吧。

田海知道我对其学术观点不尽同意，但仍在多种场合下尽力提供各种帮助和推荐，胸襟之广，令人钦佩！而上述文献发现以来，笔者应邀参加了日本学习院大学（2012 年 10 月）、中国台湾"中研院"文哲所（2013 年 1 月）、德国莱比锡大学（2014 年 1 月）、法国高等研究实践学院（2014 年 2 月）、香港大学人文社会研究所（2014 年 11 月）、瑞士日内瓦大学（2016 年 6 月及 2018 年 9 月）、澳大利亚国立大学（2016 年 10 月）主办的专题报告会或学术研讨会，收获意见良多。笔者特别感谢孙江、武内房司、王见川、范纯武、李丰楙、刘苑如、柯若朴（Philip Clart）、苏为德（Hubert Seiwert）、高万桑（Vincent Goossaert）、汲喆、宗树人（David Palmer）、杜赞奇（Prasenjit Duara）、王大为（David Ownby）、丁荷生（Kenneth Dean）、杜博思（Thomas Dubois）、周越（Adam Chau）、范华（Patrice Fava）、戴文琛（Vincent Drand-Dastès）、裴凝（Benjamin Penny）等组织者及参会师友提出的问题及建议。

另外，倪来恩（Brian Moloughney）教授寄来有关贺登崧在辅仁大学期间的相关史料；钟思第（Stephen Jones）博士提供了他在华北调查的田野手记和大量照片；高士达（Blaine Gaustad）教授将本书的第一章译成英文；小友朱明川将自己收藏的黄天道《佛曲》清抄本见赠，均让笔者感激莫名。还要感谢赵昕毅教授多次邀请笔者撰写相关田野调查的论文，惭愧由于当时身体欠佳未克交稿。

人大清史所的师友学长，长年支持我的这项"试错性"研究，在量化考核几乎要摧毁人文学术研究的今天，我的这类近乎任性的历史田野调查，得到了所领导黄兴涛、夏明方、杨念群的鼎力支持与最大程度的宽容。时任国学院副院长的孟宪实表示对这类研究一定要支持。历史学院的学友陈昊（现已就职北大）多次帮助我组织学术活动，并介绍中古史研究的最新成果给我。

张家口市当地学者张克东、张振山、王德山、佟建华、谢绍坤、姚卫平，为本书提供了大量关键性材料和照片，振山、德山与笔者一道，多次采访过当地乡亲。受访者的名字恕不一一列出。这些田间炕头的促膝长谈，与我们共同走过的沟沟坎坎，一直是这本小书重要的灵感源泉。

在山西省寿阳县的调查中，笔者临时返校。赵涛博士按照我们讨论好的调查提纲，创造性地在多个村镇中开展调研。所到之处，赵涛与乡亲们同吃同睡，很快就掌握了重要的线索，并获得了珍贵的族谱、家布与口述材料，实在是功不可没。

最后，笔者要特别感谢商务印书馆的杜非博士。在万全县新河口堡长城遗址，怀安县牛家堡村、狮子口村，以及蔚县各村镇最初的几项摸底调查中，由于当时交通不便，车载导航、通讯信号也还不能全面覆盖偏僻山区，是杜非承担了驾车下乡的任务，在手持卫星GPS的指引下，一路前往长城沿线的各个堡寨墩台。在通往新河口堡长城遗址的山路上，山野静谧中安然踱步的雉鸡，突然受到汽车的惊吓，纷纷张开华丽的尾翎，扑棱棱地从车头前飞过。奔波之余，惊魂又难忘的那一抹绚烂，定格在我的记忆当中。或是预示，在坎坷的尽头自有令人惊叹的宝藏，值得再进一步，勇敢地探索下去。